JN446053

스마트TV IDEC 플랫폼 센터

Curriculum Series IV

Smart TV-Contents Platform Terminal Network

스마트 TV-CPTN

이혁준 | 박지호 | 윤경로 | 이주화 | 한종기 지음

홍릉과학출판사

발간사

1996년에 시작된 IDEC은 국내 반도체설계인력양성사업을 정착시켜서 현재 반도체 산업의 위상 및 가능성의 기반을 이룩하였습니다.

최근 반도체산업은 소프트웨어 및 시스템산업 등과 함께 디지털 컨버전스의 핵심 역할을 수행하게 되어, 차세대 정부 정책 및 산업 수요에 따라 시스템반도체육성에 필요한 고급 설계인력양성과 대학의 연구능력향상 등에 대한 효과적인 해결책을 요구하고 있습니다. 이에 기존의 IDEC을 인력양성, 팹리스 및 파운드리와 시스템 제조 등의 경쟁력 강화를 위한 IPC(IDEC Platform Center)로 발전시키고자 합니다. IPC는 교육과 연구 영역뿐만 아니라 산학연 교류를 위한 플랫폼을 구축하고, 시스템반도체(SoC)와 소프트웨어(SW) 및 시스템(System) 분야가 상호 연동하는 플랫폼을 개발 및 보급하고자 합니다. 광운대학교 IPC는 스마트TV 융합시스템에 대한 3S(SoC, SW, System) 연동 및 ERB(Education, Research, Business) 집적의 산학연 플랫폼을 구축·개발·보급하는 목표를 추구하고 있습니다.

Education 플랫폼은 스마트TV 시스템 디자인에서 SoC 설계까지의 T형 인재양성을 사업목표로 합니다. “나노설계방법론”, “스마트TV 아날로그 및 디지털 SoC”, “스마트TV UI/UX”, “스마트TV CPTN+α” 등 5종의 교재 개발을 14개 대학의 23분 교수님과 산업체의 전문가들께서 추진하고 있습니다. 현재 글로벌시장에서 차지하고 있는 국내기업의 TV단말기 경쟁력을 유지·발전할 수 있도록 국내 스마트TV 인력양성 기반 구축에 기여할 것입니다.

본 교재를 통해 스마트TV 생태계 시스템에 대한 체계적인 이해를 바탕으로 산업수요 기술을 미리 갖추는 준비된 인력이 되기를 바랍니다.

2012년 10월
광운대학교 스마트TV IPC센터장
공 진 흥

목차

제4장 스마트 TV 터미널 기술

제5장 스마트 TV 네트워킹 기술

제 1 장

서론

전통적인 TV에 IP 네트워크가 결합되면서 이제 TV는 기존의 단방향 전송매체에서 벗어나 시청자들의 요청에 따라 능동적으로 다양한 정보를 제공할 수 있는 양방향 매체로 진화하고 있다. 이러한 시청자들의 미디어 소비 패턴 변화에 대응하기 위해서 동영상 단순 전달 기능을 제공하는 전통적인 TV 시스템과는 혁신적으로 차별화된 스마트 TV가 개발되고 있다. 이 스마트 TV에는 부가정보 제공, N-Screen, 소셜 미디어와의 결합 등 기존의 PC와 스마트폰에서 제공되던 서비스들이 도입되고 있다. 스마트 TV로 가능한 서비스의 종류에는 영상 전화, 게임, 비디오 공유, TV를 시청하면서 트위터나 페이스북 같은 소셜 네트워킹 이용, 홈 네트워크와 결합된 가정 내 기기 원격 조종 등이다. 스마트 TV의 등장으로 오락, 교육, 보안, 재택근무, 정보검색, 쇼핑 분야에 큰 변화 및 발전을 일으킬 전망이다.

현재 스마트 TV 시장이 형성되기를 기다리면서 스마트 TV 개발에 참여하는 기업으로는 애플, 구글, 마이크로소프트, 삼성전자, LG전자, 소니 등이다. 구글은 소니, 인텔, 로지텍, 베스트바이 등과 컨소시엄을 구성하여 이미 구글 TV를 출시하였다. 애플은 스마트폰 및 태블릿 PC와 연동되는 새로운 스마트 TV 출시를 계획하고 있다. 삼성전자와 LG전자와 같은 전통적인 TV 제조 기업들은 기존의 전통적인 TV 개발 패러다임을 탈피하여 네트워크 연동 및 혁신적인 GUI 등이 강화된 스마트 TV를 개발하고 있다. 향후 3D TV 및 초고해상도(Ultra HD) TV 기술들과 접목된 스마트 TV 개발을 기대할 수 있을 것이다.

1.1 스마트 TV의 도래

2007년 1월 MacWorld 2007에서 최초로 공개된 미국 애플사의 아이폰(iPhone)은 2008년 7월의 아이폰 3G 모델의 출시와 함께 강한 시장 장악력을 보이며, 2009년 9월 발표된 구글 안드로이드 플랫폼을 최초로 채택한 HTC의 G1(드림)으로 시작되는 안드로이드 폰들과의 경쟁을 통하여 전 세계에 스마트폰 열풍을 불러 일으켰다. 이는 편리한 사용자 인터페이스(UI/UX), 운영체제 기반으로 사용자가 선택하여 설치할 수 있는 다양한 응용 애플리케이션, 3G/4G 네트워크와 무선랜(WiFi)을 이용한 끊이지 않는 인터넷 접속과 이에 기반한 소셜 네트워크 등으로부터 기인한다.

이러한 스마트폰의 열풍은 사회 전반에 불어 닥쳐 스마트 열풍이 되었고, 스마트폰 시장에서 각각 아이폰과 안드로이드폰을 위한 스마트폰 생태계의 구축에 성공하고, 그 안에서 애플리케이션 판매 수익과 광고 수익을 통하여 가능성을 확인한 애플사와 구글은 그 눈을 2010년 TV 시장으로 돌려 스마트 TV 시장을 열기 시작하였다.

이는 기존의 TV의 발전 방향에 가속을 가한 것으로 TV는 전통적인 TV에 IP 네트워크가 결합되면서 기존의 단방향 전송매체에서 벗어나 시청자들의 요청에 따라 능동적으로 다양한 정보를 제공할 수 있는 양방향 매체로 진화하고 있었다. 스마트 TV의 등장은 이러한 시청자들의 미디어 소비 패턴 변화에 대응하며, 동영상 단순 전달 기능을 제공하는 전통적인 TV 시스템과는 혁신적으로 차별화된 모습이 되었다. 이 스마트 TV에는 부가정보 제공, N-Screen, 소셜 미디어와의 결합 등 기존의 PC와 스마트폰에서 제공되던 서비스들이 도입되고 있다. 스마트 TV로 가능한 서비스의 종류에는 영상 전화, 게임, 비디오 공유, TV를 시청하면서 트위터나 페이스북 같은 소셜 네트워킹 이용, 홈 네트워크와 결합된 가정 내 기기 원격 조종 등이다. 스마트 TV의 등장으로 오락, 교육, 보안, 재택근무, 정보검색, 쇼핑 분야에 큰 변화 및 발전을 일으킬 전망이다.

1.2 스마트 TV의 개념 및 정의

스마트 TV는 이를 정의하는 주체마다 조금씩 다른 정의를 하고 있다. 예를 들어, 손안의 PC라고 평을 받고 있는 스마트폰 플랫폼인 안드로이드에 기반한 스마트 TV 플랫폼을 제공하고 있는 구글은 "웹브라우저를 통해 TV 프로그램, 사진과 동영상, 음악과 게임, 그리고 다양한 애플리케이션의 검색 및 시청이 가능한 TV"라고 정의하고 있으며, 애플사는 "저가의 셋톱박스를 통해 TV와 인터넷을 중계하는 플러그 앤 플레이 방식으로 TV 프로그램, VoD, 게임, 그리고 다양한 앱 등의 지원 및 시청이 가능한 TV"라고 정의하고 있다. 방송통신위원회는 2010년 7월의 "스마트 TV 보고서"에서 "디지털 TV에 운영체제 및 인터넷접속 기능을 탑재하고 있으며, 실시간 방송, VoD, 게임, 검색 등의 기능을 제공하고, 편리한 이용자 환경(UX/UI)에서 이용 가능한 TV"라고 정의하고 있으며, 2011년 10월의 "방송통신 융합 동향과 정책방향"에서는 "다양한 스마트 기기, 동영상 콘텐츠와 서비스, 플랫폼, 네트워크 등을 유기적으로 연계한 온라인 콘텐츠 서비스"라고 정의하고 있다[1]. 또한 지식경제부는 2010년 9월의 "스마트 TV 발전전략"에서 "실시간 방송 시청이라는 고유기능을 제공하며, 인터넷 연결을 통한 PC 기능을 제공하고, 향후 스마트홈 서비스 수행이 가능한 TV"라고 정의하고 있다[2].

이러한 정의들과 사회적 통념을 기반으로 생각해 볼 때, 스마트 TV는 단말의 측면과 서비스의 측면 두 가지 면에서 사용되는 용어라 볼 수 있다. 단말의 측면에서는 다음과 같은 여섯 가지의 조건을 만족할 때 스마트 TV라 할 수 있을 것이다.

(1) 실시간 TV의 시청이 가능하다.
(2) 운영체제를 탑재하고 있다.
(3) 풀브라우저를 탑재하여 인터넷 풀 브라우징을 지원한다.
(4) 애플리케이션의 다운로드, 설치 및 실행이 가능하다.
(5) 사진, 동영상, VoD, 음악, 게임 등의 소비가 가능하다.
(6) 콘텐츠의 검색이 가능하다.

서비스 측면에서는 C(Contents), P(Platform), T(Terminal), N(Network)의 네 가지 구성요소의 관점에서 스마트 TV를 정의할 수 있다.

- 콘텐츠(C) 관점에서 스마트 TV는 실시간 방송 콘텐츠를 기본으로 하며, VoD와 같은 스트리밍 콘텐츠, 게임과 같은 엔터테인먼트 콘텐츠, 화상통화와 페이스북, 트위터와 같은 소셜 콘텐츠, 그리고 사용자가 선택적으로 설치하고 실행할 수 있는 다양한 애플리케이션들을 제공하여야 한다. 또한 인터넷 풀브라우징을 통하여 제공되는 인터넷 콘텐츠들을 지원하며, 이러한 다양한 콘텐츠들의 쉬운 검색을 제공하는 서비스가 되어야 한다.
- 플랫폼(P) 관점에서 스마트 TV는 다양한 애플리케이션들을 설치, 실행할 수 있어야 한다. 즉 단말의 관점에서 언급된 바와 같이 운영체제가 탑재되어야 하며, 개발자들이 필요한 애플리케이션들을 쉽게 개발하고 공급할 수 있으며 사용자들이 이러한 애플리케이션들을 쉽게 설치하고 실행할 수 있는 환경, 즉 적절한 미들웨어들이 탑재되어 있어야 한다. 또한 인터넷 풀 브라우징을 위한 인터넷 풀브라우저가 탑재되어 있어야 한다. 대표적인 스마트 TV 플랫폼으로는 구글의 안드로이드 기반의 구글 TV 플랫폼, 애플사의 iOS 기반 애플 TV, 삼성전자의 스마트 TV 플랫폼, LG전자의 스마트 TV 플랫폼인 넷캐스트 등이 있다.
- 터미널(T) 관점에서 스마트 TV는 장비로서의 역할이 강하다. 즉, 기본적으로 실시간 TV를 수신, 재생할 수 있어야 하며, VoD 등을 통하여 제공되는 스트리밍 콘텐츠 및 다운로드 콘텐츠들을 재생할 수 있어야 한다. 이러한 장비는 일체형 TV일 수도 있으며, 셋톱박스일 수도 있다. 앞에서 언급한 플랫폼이 탑재되어 있어서 그 위에서 상기한 다양한 콘텐츠들이 제공될 수 있는 장비이다. 구글의 경우 소니를 통하여 일체형 TV를 출시하였으며, 동시에 로지텍을 통하여 셋톱박스를 출시하기도 하였다. 국내에서는 삼성전자와 LG전자가 일체형 TV로 스마트 TV를 제공하고 있으며, 다음커뮤니케이션에서는 2012년 셋톱박스인 다음 TV를 출시하였다.

• 네트워크(N) 관점에서 스마트 TV는 방송과 통신의 융합 네트워크를 지원한다. 즉 기존의 방송망과 유무선 초고속 인터넷을 지원한다. 이는 TV 수신기라는 측면에서 방송망을 기본으로 지원하고 있어야 하며, VoD 동영상 콘텐츠만을 대상으로 고려할 때도 대형 스크린을 통해 제공되는 동영상의 해상도를 고려해 볼 때 고정된 초고속 네트워크를 필요로 한다. 다른 주변기기와의 접속 편의 및 가정 내에서 인터넷 접속 등의 편의를 위하여 대부분의 스마트 TV가 무선 인터넷을 기본으로 지원하는 추세이다.

1.3 스마트 TV의 특징

스마트 TV의 특성을 다양한 측면에서 살펴 볼 수 있다. 그중 한 특성은 CPTN 측면에서 살펴보는 것으로 앞 절에서 이미 스마트 TV를 정의하는 과정에서 살펴보았다. 다른 또 하나의 측면은 스마트폰과 비교를 통하여 이해하는 것이다.

[표 1-1]은 [3]을 기반으로 정리한 스마트폰과 스마트 TV의 특성을 비교한 것이다. 기본적으로 스마트폰은 자유로운 이동성을 보장하는 것을 그 특징으로 한다. 따라서 그 디스플레이 사이즈에 제약이 생기게 되며, 2012년 현재 시중에 출시된 스마트폰들 중 가장 큰 크기의 디스플레이는 5.5인치이다. 어느 정도 더 커질 가능성은 있으나 그 크기에는 이동성을 고려할 때 한계가 있을 수밖에 없다. 그에 반하여 스마트 TV는 거치형을 기반으로 하고 있다. 즉, 거실이나 방안의 고정된 위치에 거치되어 이동하지 않는다. 따라서 그 크기에 제약을 받지 않으며(제조상의 기술적인 제약 외에), 일반적으로 30인치에서 50인치 이상까지의 대형 스크린을 제공하고 있다. 사용자와의 인터페이스 역시 차이를 보이는데, 스마트폰의 경우 손에 들고 있으므로 터치 인터페이스를 통하여 기본적인 사용자와의 상호작용이 이루어지며, 화면상의 가상 키보드를 통하여 쉽게 글자를 입력하고, 또한 스마트폰에 내장된 센서들을 통하여 움직임을 통한 상호작용도 가능하다. 반면에 스마트 TV의 경우 거치형의 속성으로 인하여 스마트폰의 자이로센서를 이용한 움직임 기반의 상호작용이 힘들며, 멀리 떨어진 대형 스크린의 특징으로 인하여 터치 기반의 상호작용 또한 쉽지 않다. 따라서 스마트 TV의 경우 별개의 사용자 상호작용을 위한 디바이스를 필요로 하게 되고, 이를 위하여 LG전자 같은 경우 매직모션리모콘, 로지텍이나 소니 같은 경우 키보드를 포함한 복합리모콘 같은 디바이스를 기본으로 제공하게 된다. 그러나 이러한 장비들을 통한 인터페이스는 사용자에게 아직 익숙해지지 못했으며, 스마트폰에 간단한 앱의

[표 1-1] 스마트폰과 스마트 TV의 특성비교

구분	스마트폰	스마트 TV
디스플레이	소형화면(최대 5.5인치, 1280×720) 2D(일부 3D)	대형화면(30인치 이상, 50인치 기준 1920×1080) 2D/3D
콘텐츠	Download & play와 스트리밍 모두 지원 애플리케이션 및 스마트폰에 특화된 영상 위성/지상파 DMB	주로 스트리밍 방식 유/무료 방송 서비스 주문형 비디오 서비스(VoD)
시장규모	애플리케이션 시장 약 4~5조	TV용 영상물 시장 약 300조 수준
시장 경쟁	단말 제조사들 사이의 경쟁 콘텐츠 유통업체들 사이의 경쟁	통신사, 케이블사와 같은 기존의 콘텐츠 유통 채널 기업과 방송사, 단말 제조사 등 업체들 사이의 대규모 시장 경쟁
네트워크	3G/WiFi 망 이용	방송망 고용량 영상 전송을 위한 초고속 네트워크
사용 환경	자유로운 이동형	거치형
사용자 인터액션	스크린터치, 키입력, 움직임 센서	리모콘, 스마트폰/태블릿 PC 등의 스마트 디바이스

형식으로 설치되어 실행되는 인터페이스를 통한 스마트 TV의 제어 및 상호작용이 많은 관심을 끌고 있다. 또한 이러한 특징들로 인하여 스마트폰은 PC의 린포워드(Lean Forward)와 유사한 방식으로 사용되며, 스마트 TV는 여전히 린백(Lean Back) 모드에서 사용되는 시스템으로 남아 있다. 그러나 이러한 사용자 상호작용의 한계에서 오는 불편함은 N-Screen 서비스와 같은 새로운 서비스들이 개발됨에 따라 점점 극복될 것으로 예상되고 있다.

또 다른 측면에서 스마트 TV의 특징을 이해하는 방법은 기존의 TV의 발전 흐름적인 측면에서 바라보는 것이다.

[표 1-2]는 [4]에서 발췌한 것으로 각 종류의 TV별 특징을 분석하고 있다. 여기서 보이는 바와 같이 지상파 TV는 지상파 전파를 통하여 일방적으로 전송되는(Push) 영상을 수신하여 재생하며, 케이블/위성 TV는 영상이 전송되는 매체만 지상파 전파에서 케이블망 또는 위성 전파로 변경된 형태이다. 그러나 IPTV는 영상의 전송을 위하

[표 1-2] TV의 종류별 특성

구분	지상파 TV	케이블/위성 TV	IPTV	스마트 TV
전달방식	전파	케이블/위성	인터넷	인터넷
양방향성	없음	일부 있음	일부 있음	있음
콘텐츠 시청방식	지상파 방송국 제공(Push)	케이블 방송/위성 방송 업자 제공(Push)	통신사업자가 방송 콘텐츠 제공(Push) 제공되는 콘텐츠 안에서 검색하여 시청 가능(Pull)	온라인/방송 영상 콘텐츠 검색(Pull)
요금체계	무료(시청료)	유료	유료	유/무료
추가 서비스	없음	없음	미리 설치된 서비스로 제한	앱 마켓을 통하여 추가 앱 설치/실행 가능
예	KBS/MBC/ SBS/EBS	CJ 헬로비젼	myLGtv/Qook	구글 TV/ 애플 TV/ 삼성스마트 TV/ LG스마트 TV

여 제공되는 QoS가 보장되는 인터넷 망을 통하여 통신 사업자가 일방적으로 제공하는(Push) 콘텐츠를 수신하여 제공하는 기본 구조위에 사용자가 검색하여 선택, 시청(Pull)할 수 있는 VoD 콘텐츠를 일부 포함하고 있다. 스마트 TV는 기본 방송의 수신을 지상파 전파를 통하여 하며, 동시에 인터넷에 산재한 많은 콘텐츠들을 검색, 선택하여 시청(Pull)할 수 있으며, 또한 Netflix, Hulu 등과 같은 전문 VoD 서비스를 통하여 원하는 콘텐츠를 검색, 선택하여 시청할 수 있다. 또한 IPTV에서는 단말에 미리 설치되어 있는 게임이나 부가 서비스로 제한된 서비스를 사용할 수 있으나, 스마트 TV는 앱 마켓을 통하여 게임 및 기타 추가의 애플리케이션들을 설치하여 서비스를 계속 확장할 수 있다.

이렇게 살펴 본 바와 같이 스마트 TV는 분명 TV의 진화하는 모습이며, 다양한 매체를 통한 제약없는 콘텐츠의 제공을 통하여 스마트폰이 가져온 것과 같은 생활의 변화를 TV를 통하여 다시 한 번 가져 올 것으로 예상된다.

1.4 스마트 TV의 현황

마치 흑백 TV 시대의 RCA, GE 등의 아성을 컬러 TV 시대로 넘어가며 소니로 대표되는 일본 가전사들이 점령하며 세대의 교체가 일어났고, 아날로그 TV에서 디지털 TV로 넘어가며 이를 다시 삼성전자와 LG전자로 대표되는 국내 가전사들이 주도권을 빼앗아 왔던 것처럼, 스마트 TV의 등장은 새로운 기회이자 위기가 될 수 있다. 아이폰과 안드로이드폰으로 기존 모바일 폰 시장을 점령한 애플과 구글은 애플 TV와 구글 TV로 TV의 패러다임 변화를 가져오며 새로이 TV 시장을 점령하고자 하며, 기존 디지털 TV의 강자로 군림한 삼성전자, LG전자 등은 삼성 스마트 TV와 LG 스마트 TV를 통하여 시장을 수성하며, 또 다른 도약의 기회로 삼고 있다.

[표 1-3]은 이렇게 치열한 경쟁을 시작한 구글 TV, 애플 TV, 삼성 스마트 TV, LG 스마트 TV를 비교하고 있다[5][6].

[표 1-3] 스마트 TV의 비교

구분	애플 TV(3세대)	구글 TV(2세대)	삼성 스마트 TV (2012년)	LG 스마트 TV (2012년)
프로세서	ARM Cortex-A9	다양한 ARM 기반 프로세서들	ARM 기반 듀얼코어	ARM Cortex-A9
운영체제	iOS	안드로이드	Smart Hub (Linux 기반)	Netcast (Linux 기반)
형태	셋톱박스	일체형/셋톱박스	일체형	일체형
개방성	SDK	소스+SDK	SDK	SDK
특징	클라우드기반 N-스크린 전략	크롬 브라우저 기반, 안드로이드 마켓 이용	터치패드 기반 리모컨, 동작인식, 음성 인식	매직모션리모콘, 음성 인식

구글 TV는 오픈소스인 안드로이드 플랫폼에 기반하여 소스와 SDK를 모두 공개하고 있는 반면 애플, 삼성, LG 등은 모두 SDK만을 공개하고 있다. 애플은 고유의 OS인 iOS를 기반으로 하고 있으며, 다른 스마트 TV들은 모두 리눅스를 기반으로 한 자체 플랫폼을 사용하고 있다. 프로세서는 모두 최신 스마트폰들과 유사한 성능을 보이는 ARM 기반의 듀얼코어 프로세서를 사용하고 있다. 구글 TV의 경우, 크롬 브라우저를 이용한 HTML5 기반의 애플리케이션 환경을 제공하여 웹에 최적화된 환경을 제공한다. 각사는 또한 린백(Lean Back) 환경을 기반으로 하는 TV 시청환경에서 사용

자와의 상호작용의 편의를 증진시키기 위하여 음성인식, 동작인식 등의 새로운 사용자 UI/UX와 매직모션리모콘, 터치패드 등과 같은 새로운 사용자 인터페이스 기기들을 개발하고 있다.

1.5 맺음말

스마트 TV를 구성하는 기술 요소들은 콘텐츠(C), 플랫폼(P), 터미널(T), 네트워크(N) 등의 4개 부분으로 구분할 수 있다. 콘텐츠 부분은 방송 수신 및 재생 기능과 웹브라우저 기반의 인터넷 콘텐츠 소비 기능을 지원한다. 스마트 TV는 앱 등의 지원으로 인하여 다양하고 편리한 기능들을 사용자에게 제공하고 있을 뿐만 아니라 인터넷 검색 및 VoD 서비스 등과 같은 다양한 인터넷 기반의 콘텐츠 제공을 가능하게 하고 있어 콘텐츠의 수가 기하급수적으로 늘어나게 되므로 사용자가 원하는 콘텐츠를 선택하기 어렵게 만들 수 있다. 편리하고 효율적인 검색을 위한 콘텐츠 검색은 크게 두 가지 기술에 의존한다. 그 하나는 콘텐츠에 부가되어 있는 텍스트 형태의 메타데이터에 기반한 검색이며, 다른 또 하나는 콘텐츠 자체의 분석에 의존하는 내용기반 검색이다. 콘텐츠 측면에서 가장 중요한 요소 중 하나인 검색 기능을 위하여 사용될 수 있는 더블린코어, TV-Anytime, MPEG-7 등 다양한 방송 콘텐츠 기반의 메타데이터 표준기술들과 관련된 내용기반 검색 기술들과 대표적인 애플리케이션 개발환경인 플래시 기술에 대하여 2장에서 살펴본다.

플랫폼 부분은 스마트 TV에 장착된 OS와 관련된 부분으로 구글의 안드로이드 기반의 구글 TV 플랫폼, 애플사의 iOS 기반 애플 TV, 삼성전자 및 LG전자의 스마트 TV 플랫폼이 대표적이다. 최근에는 스마트 TV 플랫폼 기술의 발전과 국가별 TV 표준화 활동에 힘입어 제조업체 및 소프트웨어 업체들을 중심으로 차세대 스마트 TV 플랫폼 개발이 활발히 진행되고 있다. 본 책의 3장에서는 스마트 TV 플랫폼 동향 및 안드로이드 플랫폼, 그리고 구글 TV 애플리케이션 개발 방법에 대해 알아본다.

터미널 부분은 주로 하드웨어의 형태로 구성되는 부분으로 멀티미디어 코덱 하드웨어를 중심으로 스마트 TV의 외부 통신연결에 관련된 부분까지 포함한다. 본 책의 4장 스마트 TV 터미널 기술 부분에서는 스마트 TV의 코덱 기술에 대해서 설명한다. 이 코덱 기술은 스마트 TV를 구성하는 핵심 기술들 중 하나로써 최근 중요한 이슈로 등장하고 있다. 현재 구글은 로얄티 프리 코덱의 적용을 주도하고 있고, 브라우저 개발사들은 코덱 기능이 내장된 브라우저를 개발하고 있다. 스마트 TV 시장에서는 당

분간 로얄티 프리 코덱과 유료 코덱이 혼재되어 사용되는 양상을 유지할 것으로 예상된다.

스마트 TV는 멀티미디어 방송 서비스를 네트워크, 특히 인터넷 기반으로 제공하는 새로운 형태의 플랫폼 주도의 서비스라 할 수 있다. IPTV와는 다르게 프리미엄급의 전용 네트워크 대신에 일반에게 오픈되어 있는 일반 인터넷을 통해 서비스가 제공되기 때문에 인터넷의 특성에 알맞은 기술이 적용될 필요가 있다. 본 책의 5장에서는 인터넷, 미디어 스트리밍 서비스를 위한 기술을 중심으로 패킷 스위칭 기반의 인터넷 전송기술 및 응용 서비스 구현 기술, 신뢰적 전송, 흐름제어, 오류제어, 혼잡제어 연결설정 및 해제 등의 트랜스포트 계층 기술의 원리, 라우팅 기반의 네트워크 계층 동작 원리, 멀티미디어 스트리밍 서비스 구조 및 동작 원리에 대하여 설명하고 HTML, HTTP, TCP, UDP, IP, RTP/RTCP, RTSP 등의 프로토콜들을 소개한다.

참고문헌

[1] 정두남, 최성진, "스마트 TV의 기술과 방송정책," 방송통신연구 2011년 겨울호(통권 제77호), 77-103쪽

[2] 정영호, 안종현, 홍진우, "스마트 TV 기술 동향," 방송공학회지 16권1호, 65-75쪽, 2011년 1월

[3] 한동석, 우리나라, 장은정, 홍성원, "스마트 TV 기술 동향," 한국전자파협회지 제22권 제2호(2011년 3월) 44-51

[4] 황준호, "스마트 TV가 방송시장에 미치는 영향," KISDI Premium Report, 10권 3호, 2010, 정보통신정책연구원.

[5] 신병선, "스마트 TV 기술 동향 분석," 정보와 통신, 2012년 9월, 18-23쪽

[6] 정광수, "스마트 TV 서비스 전망," 정보와 통신, 3-7쪽. 2011년 3월

[7] 김대진, "스마트 TV 현황 및 발전 방향," 방송공학회지 15권 3호, 122-131쪽, 2010년 9월

제 2 장

스마트 TV 콘텐츠 기술

2.1 방송 미디어 검색 기술

2.1.1 개요

스마트폰의 폭발적인 성공과 관심은 스마트 TV로 그 초점이 옮겨 가면서 스마트 신드롬을 불러일으키고 있다. 일반적으로 스마트폰은 사용자의 의도에 따라 앱의 설치나 UI의 변경들을 가능하게 하여 사용자마다 자신의 선호 및 용도에 따른 맞춤형의 디바이스가 되어 다양한 기능을 제공하는 기기이다. 마찬가지로 스마트 TV 역시 사용자의 선호 및 용도에 따라 맞춤형의 UI와 응용 애플리케이션을 지원하는 기기라고 할 수 있다.

스마트 TV는 앱 등의 지원으로 인하여 다양하고 편리한 기능들을 사용자에게 제공하고 있다. 특히 스마트폰과 마찬가지로 스마트 TV 역시 인터넷의 접속을 지원하여 인터넷 검색 및 VoD 서비스 등과 같은 다양한 인터넷 기반의 콘텐츠 제공을 가능하게 하고 있으며, 넷플릭스나 아마존 등은 그 대표적인 예라 하겠다. 이러한 인터넷 기반의 콘텐츠 제공은 지상파 및 케이블 등의 방송 네트워크를 통하여 제공되는 콘텐츠의 수에 비할 수 없이 기하급수적으로 늘어난 수의 콘텐츠를 사용자에게 제공하게 된다. 기하급수적으로 늘어나는 이러한 콘텐츠의 증가는 사용자에게 다양한 콘텐츠를 제공한다는 의미에서 장점이 되지만 다른 한편에서는 제공되는 콘텐츠에서 사용자가 원하는 콘텐츠를 선택하기 어렵게 만드는 단점을 가지고 있다.

이러한 어려움을 타개하기 위하여 편리하고 효율적인 검색기능이 제공되어야 한다. 콘텐츠의 검색은 크게 두 가지 기술에 의존한다. 그 하나는 콘텐츠에 부가되어 있는 텍스트 형태의 메타데이터에 기반한 검색이며[1], 다른 또 하나는 콘텐츠 자체의 분석에 의존하는 내용기반 검색이다[2].

메타데이터란 일반적으로 "data about data", 즉 실제로 관리대상이 되는 데이터에 대한 모든 부가정보들을 일컫는다. 예를 들면, 도서관에 보관하고 있는 도서들에 대한 관리 및 검색 등의 편의를 위하여 저자, 출판사, 제목, 출간연도 등과 같은 서지정보들을 정리, 보관하게 되는데, 이때 도서들을 데이터, 그리고 서지 정보들을 메타데이터라고 할 수 있다.

스마트 TV 환경에서 방송 콘텐츠를 살펴보면, 스마트 TV를 통하여 소비자가 선택하여 소비하는 모든 콘텐츠들을 방송 콘텐츠라 할 수 있다. 즉 방송 네트워크를 통하여 전달되는 TV 프로그램들, 인터넷을 통하여 전달되는 VoD 콘텐츠들, 이밖에 인터넷을 통하여 검색, 소비 가능한 모든 이미지, 음악, 동영상 콘텐츠들이 모두 그 대상이 된다.

이러한 스마트 TV 환경에서 다양한 방송 콘텐츠들을 대상으로 사용자의 선택을 용이하게 하기 위하여 많은 부가 정보들이 존재한다. 이들을 방송 메타데이터라 부른다. 즉 EPG 등을 통하여 전달되는 방송 프로그램 정보, VoD 콘텐츠들의 선택을 돕기 위하여 제공되는 시놉시스를 포함하는 정보들, 음악의 경우 흔히 MP3 파일의 경우 내장되는 ID3 태그 등이 모두 스마트 TV 환경에서의 방송 메타데이터라고 볼 수 있다.

방송 메타데이터는 방송 콘텐츠의 검색을 위하여 사용될 수 있는데, 서로 다른 기종과 서비스에서 원활히 사용되기 위해서는 서로가 이해할 수 있는 규격에 따라 정의되어야 한다. 이러한 메타데이터 규격으로 Dublin Core[3], TV-Anytime[4][5][6][7], MPEG-7[8][9][10][11], SMPTE 메타데이터[12], P_Meta [13], PBCore[14] 등 다양한 규격들이 존재한다. 이중에서 특히 더블린 코어(Dublin Core)에 대하여 이 장 2.1.2절에서, TV-Anytime 표준에 대하여 2.1.3절에서, MPEG-7 표준에 대하여 2.1.4절에서 상세히 살펴본다. 또한 2.1.5절에서는 검색을 위한 질의 표준인 MPEG Query Format 표준에 대하여 살펴보며, 2.1.6절에서는 SMPTE 메타데이터, P/Meta 메타데이터, PBCore 메타데이터 등 기타 메타데이터 규격에 대하여 간단히 살펴본다. 2.1.7절에서는 이러한 메타데이터들을 활용한 검색기술과 유사검색을 포함한 내용기반 검색에 대한 전반적인 사항들을 살펴보고, 2.1.8절에서는 최근 관심을 끌고 있는 온톨로지 응용 기술에 대하여 알아본다. 마지막으로 2.1.9절에서 맺는다.

2.1.2 더블린코어 메타데이터

더블린코어는 일반적으로 데이터의 호환성을 유지하며 네트워크 자원의 서술에 필요한 일련의 데이터요소를 규정하여 이들 자원을 신속하게 검색하는 것을 목적으로 1995년 OCLC(Online Computer Library Center)와 NCSA(National Centre for Supercomputer Application)가 미국 오하이오 주의 주도인 더블린에서 개최된 워크숍에서 합의하고 후에 ISO 15836 Information and documentation-The Dublin Core metadata element set으로 발표된 기본적인 메타데이터 요소들의 집합을 의미한다. 이 요소들의 집합은 DCMI(Dublin Core Metadata Initiative)에서 관리, 유지하고 있다.

더블린 코어 메타데이터 표준은 단순형과 한정형의 두 가지 형태를 가지고 있으며, 단순형 더블린 코어는 가장 기본적인 15가지 요소를 포함하고 있으며 이를 DCMES (Dublin Core Metadata Element Set)이라 부른다. 특히 DCMES는 메타데이터들에서 사용되는 기초적인 관례들을 표준화하여 검색 및 처리가 용이하게 하고, 분야를 초월

하여 정보를 조직하고 분류해야 할 필요가 있는 모든 형태의 조직들에서 공유될 수 있는 핵심적 요소집합을 제공하고 있다. 즉, 특정 도메인에 제한되지 않는 리소스의 서술을 위한 표준으로서 어떠한 리소스를 서술하느냐에 대한 제약이 없으며, 로칼 또는 커뮤니티 기반의 요구사항과 정책에 따라서 사용 용도를 제약하는 특정 애플리케이션의 범위 내에서 사용되는 것을 주 용도로 고려하고 있다.

DCMES는 메타데이터 스키마의 일종으로도 볼 수 있는데 메타데이터를 기술하는 요소(데이터 항목)의 이름이나 구조를 정의한 메타데이터 규칙으로 여러 가지 형식으로 표현이 가능하지만 대체로 XML 형식이나 RDF 형식으로 기술하고 있다.

DCMES에서 정의된 15개 요소들은 다음과 같다.

(1) Title: 리소스에 주어진 이름

(2) Creator: 리소스의 제작에 책임을 갖는 주요 객체로 사람이나 기관, 서비스 등이 될 수 있다.

(3) Subject: 리소스의 주제로 키워드나 구절, 또는 분류 코드 등을 사용할 수 있다.

(4) Description: 리소스에 관한 설명으로 초록, 목차, 그래픽, free-text 설명 등이 포함될 수 있다.

(5) Publisher: 리소스를 이용할 수 있도록 제공한 주체로 사람이나 조직, 서비스 등이 될 수 있다.

(6) Contributor: 리소스 제작에 공헌을 한 객체로 사람이나 조직, 서비스 등이 될 수 있다.

(7) Date: 리소스의 생애에 있어 한 이벤트와 관련된 시점 또는 기간으로 ISO 8601과 같은 어떤 인코딩 스킴을 사용할 것을 권장한다.

(8) Type: 리소스의 본질이나 장르로 DCMI 타입 사전과 같은 제한된 사전을 사용하는 것을 권장한다. 파일포맷이나 물리적인 매체, 크기 등을 위하여 format을 별도로 정의하였다.

(9) Format: 리소스의 파일포맷, 물리적 매체, 크기 등을 서술하며 MIME 타입 같은 제한된 사전을 사용하는 것을 권장한다.

(10) Identifier: 주어진 콘텍스트 상에서 리소스에 대한 모호하지 않은 참조로 리소스의 식별을 위하여 정형화된 식별 시스템을 따르는 스트링을 사용하는 것을 권장한다.

(11) Source: 서술 중인 리소스가 도출된 관련된 리소스로 서술 중인 리소스는 전체 또는 일부가 도출되었을 수 있으며, 이러한 리소스의 식별을 위하여 정형

화된 식별 시스템을 따르는 스트링을 사용하는 것을 권장한다.

(12) Language: 리소스에서 사용된 언어로 RFC 4646과 같은 제한된 사전을 사용할 것을 권장한다.

(13) Relation: 관련된 리소스로 이러한 리소스의 식별을 위하여 정형화된 식별 시스템을 따르는 스트링을 사용하는 것을 권장한다.

(14) Coverage: 리소스의 시/공간적 주제, 리소스를 취득할 수 있는 지역, 리소스가 관련있는 관할 구역 등으로 공간적 정보는 지역의 이름이나 지리적 좌표로 표현할 수 있으며, 시간적 주제는 기간, 날짜, 날짜 범위 등이 될 수 있다.

(15) Rights: 리소스와 관련된 권리들에 관한 정보를 서술한다.

[표 2-1]은 DCMES을 RDF 표준을 이용하여 서술한 간단한 예이다.

```
<rdf:RDF xmlns:dc="http://purl.org/dc/elements/1.1/"
xmlns:rdf="http://www.w3.org/1999/02/22-rdf-syntax-ns#">
   <rdf:Description rdf:about="http://www.smarttv.org/dcmes/">
      <dc:title>Dublin Core Metadata Elementary Set Example</dc:title>
      <dc:creator>Kyoungro Yoon</dc:creator>
      <dc:subject>Information technology</dc:subject>
      <dc:subject>Metadata standard</dc:subject>
      <dc:description> An example of using DCMES(The Dublin Core Metadata
Elementary Set).</dc:description>
      <dc:date>2012-03-01</dc:date>
      <dc:format>text/html</dc:format>
      <dc:language>en</dc:language>
      <dc:contributor>Editors of Introduction to Smart TV</dc:contributor>
  </rdf:Description>
</rdf:RDF>
```

[그림 2-1] 더블린코어 메타데이터 활용 예

[그림 2-1]의 예제에서는 더블린코어 메타데이터를 이용하여 한 웹사이트에 대한 서술을 제공하고 있는데, 사용한 문법은 RDF에 기반한 것이다. 이 예제가 설명하고 있는 것은 www.smarttv.org/dcmes/로 표현되고 있는 홈페이지로, 이 홈페이지는 DCMES의 예제를 제공하고 있으며, 홈페이지의 제목은 "Dublin Core Metadata Elementary Set Example"이며, 저자는 "Kyoungro Yoon"이고 "Introduction to Smart TV" 집필진의 도움을 받았으며, "information technology"와 "metadata standard"가 그 주제라는 것을 알 수 있다. HTML로 되어 있고, 2012년 3월 1일에 영어로 만든 페이지라는 정보 또한 제공하고 있다.

2.1.3 TV-Anytime(ETSI TS 102 822)

TV-Anytime Forum은 1999년 12월 대용량 상용 디지털 저장장치(로컬 저장장치)를 기반으로 오디오/비디오 및 기타 서비스를 가능하게 하는 규격을 개발한다는 목표로 여러 기관들이 모여 시작한 국제적 모임이다.

이 모임에서는 1단계(Phase 1)와 2단계(Phase 2)로 나누어 비즈니스 모델을 설정하고, 설정한 비즈니스 모델을 지원하기 위하여 필요한 다른 규격들과 함께 메타데이터 규격을 개발하였다.

1단계에서는 다음과 같은 7가지 모델을 주요 모델로 정의하였다.

(1) 상호작용하며, 타깃팅 된(사용자에 적합화된) 광고
(2) 사용자 행동의 회귀경로(Return-Path)를 기반으로 한 시장 분석/조사
(3) 온라인을 통한 콘텐츠의 대여 및 판매
(4) 제3자에 의한 "가상채널" 또는 신뢰되는 "방송안내" 등의 서비스
(5) 시청자들이 콘텐츠의 오프라인 라이브러리 구성을 가능하게 하는 아카이빙 애플리케이션
(6) 로컬에 저장되어 있는 콘텐츠의 관리용 애플리케이션
(7) 로컬 저장장치에의 통보를 통한 뉴스/일기예보 등의 갱신을 통한 필요한 정보에의 온디맨드 접근의 제공

또한 2단계에서는 다음과 같은 6가지 주요 모델을 추가로 설정하였다.

(1) 새로운 콘텐츠 타입들: 오디오와 비디오뿐만 아니라 다른 타입의 콘텐츠와의 결합을 통한 새로운 콘텐츠의 제공(게임, 향상된 TV, 웹페이지, 음악파일, 그래픽, 애니메이션 등)
(2) 타게팅/맞춤서비스(Targeting): 개인 정보를 가지고 있는 소비자를 위한 관련된 콘텐츠의 자동 선택 및 제공
(3) 재분배: 여러 장치들 간에 콘텐츠를 서로 이동할 수 있도록 하여 준다.
(4) 콘텐츠의 공유: 개인 간의 보호된/보호되지 않은 콘텐츠의 서비스 제공자의 네트워크를 통한 분배
(5) 홈 네트워크: 개인적인 네트워크(홈 네트워크)에 연결된 여러 개의 저장장치와 디스플레이 터미널 간의 콘텐츠의 공유
(6) 이동저장장치: 물리적으로 이동이 가능한 저장장치를 통한 보호된/보호되지 않은 콘텐츠의 분배

이러한 비즈니스 모델을 만족시키기 위하여 Part 1 Benchmark Features, Part 2 System Description, Part 3 Metadata, Part 4 Content Referencing, Part 5 Rights Management and Protection(RMP) Information for Broadcast Applications, Part 6 Delivery of Metadata over a Bi-Directional Network, Part 7 Bi-Directional Metadata Delivery Protection, Part 8 Interchange Data Format, Part 9 Remote Programming의 9개 파트의 규격을 만들었다.

이 중 메타데이터 규격은 Part 3로 다시 다음의 네 개의 서브파트를 가지고 있다.

- Part 3-1 Metadata Schemas[4]
- Part 3-2 System Aspects in a Uni-Directional Environment[5]
- Part 3-3 Extended Metadata Schema[6]
- Part 3-4 Interstitial Content Metadata[7]

이 중 Part 3-2는 메타데이터의 전송에 관련된 규격이며, Part 3-4는 맞춤형 광고에 관련된 규격이므로 순수한 메타데이터 규격은 Part 3-2와 Part 3-3의 두 가지라고 볼 수 있다.

Part 3-1 Metadata Schemas는 MPEG-7을 참조하여 일부 확장하고, 동시에 일부는 특수화(specialize)하여 XML 스키마 기반으로 메타데이터를 정의하였다. 여기 정의된 메타데이터는 1단계의 비즈니스 모델에서 정의한 기능들을 제공하기 위하여 필요한 메타데이터들로 콘텐츠 서술(Content Description), 인스턴스 서술(Instance Description)(프로그램의 위치), 소비자 메타데이터(Consumer Metadata), 세그먼트 메타데이터(Segmentation Metadata) 등 네 가지의 기본적인 정보를 정의하고 있다.

콘텐츠 서술 메타데이터(Content Description Metadata)는 프로그램(콘텐츠, 또는 콘텐츠 그룹)에 대해 기술한 메타데이터들로, 콘텐츠의 위치에 독립적인 정보들을, 인스턴스 서술 메타데이터(Instance Description Metadata)는 프로그램의 실행과 관련된 메타데이터 들을, 소비자 메타데이터(Consumer Metadata)는 사용자의 선호도 및 사용내역을 서술한 메타데이터 들을, 세그먼트 메타데이터(Segmentation Metadata)는 프로그램의 일부분(segment)에 대해 서술한 메타데이터들을 정의한다.

[그림 2-2]는 TV-Anytime 메타데이터의 루트 엘리먼트인 "TVAMain"과 콘텐츠 서술 메타데이터를 보여주고 있다. 콘텐츠 서술 메타데이터는 특별히 [그림 2-3]과 같은 모델을 정의하고 그에 따라 콘텐츠의 서술을 제공할 수 있도록 정의하고 있다. 이때 중요한 세 가지 요소들이 나오는데, 이는 Programme, Programme Group, Programme Location이다. Programme은 편집적으로 일관성 있는 콘텐츠의 조각을

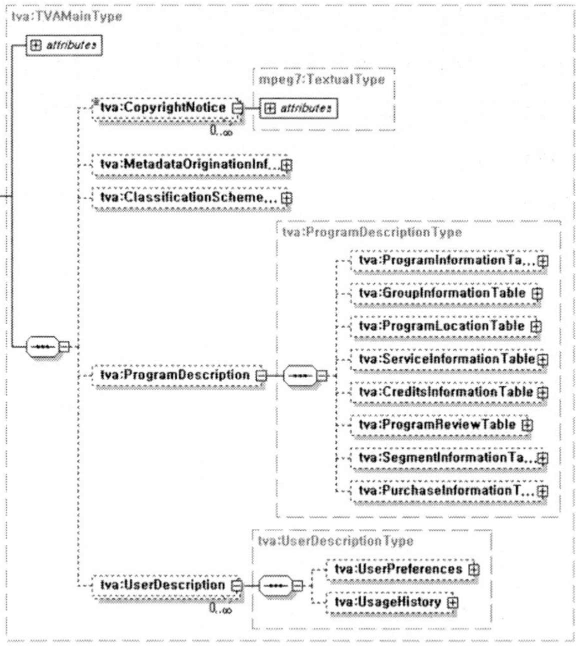

[그림 2-2] 콘텐츠 서술 메타데이터(Contents Description Metadata)

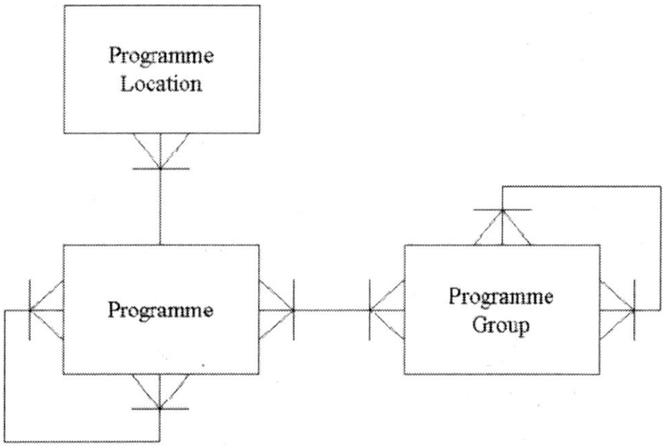

[그림 2-3] TV-Anytime 콘텐츠 서술 모델

지칭하는 것으로 다른 프로그램들과 합쳐져서 하나의 프로그램을 만들 수도 있다. Programme Group은 단순히 다수의 프로그램들의 그룹으로 시리즈나 쇼와 같이 몇 가지 다른 타입의 그룹들이 있을 수 있다. Programme Location은 프로그램의 하나의 인스턴스 또는 출판 이벤트를 지칭하는 것으로 다수의 programme location들이 모여서 방송 스케줄이 될 수 있다. Programme과 programme location은 1-to-m의

관계를 갖으며, programme과 programme, programme과 programme group들은 m-to-m의 관계를 가질 수 있다.

콘텐츠 서술 메타데이터에는 Program Information Table, Group Information Table, Credits Information Table, Program Review Table, Purchase Information Table, RMPI Table, Package Table, Coupon Table 등이 있으며, 이중 특히 Program Information Table, Group Information Table, Credit Information Table, Program Review Table 등은 전통적인 방송 콘텐츠의 검색을 지원하는 정보들을 포함하고 있다. Program Information Table은 하나의 독립적인 콘텐츠에 대하여 제목(Title), 시놉시스(Synopsis), 키워드(Keyword), 장르(Genre) 등의 내용에 관련된 정보들과 크레딧(Credits), 프로덕션(Production) 등 제작에 관련된 정보들을 포함하고 있으며, 특히 AggregationOf 엘리먼트를 통하여 이 프로그램이 Omnibus, Magazine, Split 중의 하나인지 여부를 알릴 수 있도록 되어 있다. Group Information Table은 여러 개의 프로그램들이 묶여서 어떤 특별한 의미를 가질 때 이를 Group of Programs로 정의하고 이 Group 이 Series, Show, mini-series 등을 포함하는 12가지의 그룹 타입들 중 어떤 종류의 그룹 인지 명시할 수 있도록 되어 있다.

인스턴스 서술 메타데이터는 콘텐츠의 인스턴스와 관련 있는 메타데이터로서 크게 프로그램 위치 정보와 서비스 정보 메타데이터로 나눌 수 있다. 프로그램 위치는 프로그램의 채널정보와 방송의 경우 방영시간을 서술하고 있다. 이 정보는 PDR 상의 EPG/ECG를 구성하는데 사용되며, 실제 콘텐츠의 획득은 콘텐츠 레퍼런싱(Content Referencing)과 위치 해석 프로세스(Location Resolution Process)를 통하여 이루어진다.

[그림 2-4]는 ProgramLocationType의 구조를 나타내고 있다. 실제로 프로그램의 위치는 콘텐츠의 취득/전송 방식에 따라 필요한 정보가 상이하기 때문에 상기한 Program Location Type을 확장하여 Schedule Event Type, On Demand Program Type, Push Download Type 등으로 나뉜다. 특기할만한 점은 콘텐츠 서술에 존재하던 제목, 시놉시스, 장르의 정보가 인스턴스 서술에도 존재한다는 것이다. 서비스 정보(Service Information)는 해당 콘텐츠를 서비스 해주는 기관에 대해 기술하는 메타데이터로 서비스 회사의 소유자, 회사 로고, 서비스의 종류, 서비스 언어 등 제공되는 콘텐츠 보다는 서비스 그 자체와 서비스의 제공 주체에 관한 정보를 포함한다.

소비자 메타데이터(Consumer Metadata)는 MPEG-7의 사용 기록(Usage History)과 사용자 선호도(User Preferences)에 기반하여 사용자의 특성에 대하여 서술하고 있다.

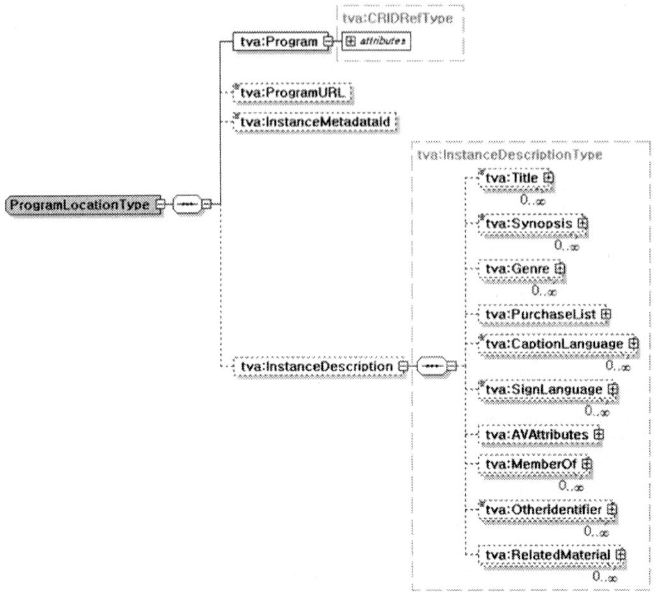

[그림 2-4] 프로그램 위치(Program Location) 정보

세그먼테이션 정보(Segmentation Information)는 AV 스트림 내의 일정 구간을 정의하고, 접근할 수 있도록 지원하기 위하여 만든 메타데이터 구조로 세그먼트 정보(Segment Information)와 세그먼트 그룹 정보(Segment Group Information)의 크게 두 가지 정보를 포괄하고 있다. [그림 2-5]는 그 중 세그먼트 정보를 정의하고 있는 Type의 구조를 나타내고 있다. 세그먼트 정보는 타임라인 상에서 해당 콘텐츠 중 일부분만을 정의한 것으로, 기존의 콘텐츠 서술처럼 해당 세그먼트에 대한 정보(줄거리. 제목, 키워드)를 줄 수 있다.

[그림 2-6]은 세그먼트 그룹 정보 구조로 세그먼트 정보와 유사한 구조를 가지나, 공통의 속성을 기반으로 하위에 다수의 세그먼트들, 또는 세그먼트 그룹들을 가질 수 있다. 이때 이렇게 형성된 그룹의 공통의 속성을 나타내기 위하여 GroupType을 설정한다. Group Type은 하이라이트(Highlight), 북마크(Bookmark), 주제그룹(Theme Group), 프리뷰(Preview) 등 다양한 타입들을 정의하고 있다.

Part 3-3 Extended Metadata Schema는 Phase 2에서 새로 도입된 콘텐츠 패키징(Content Packaging), 타겟팅 메타데이터(Targeting Metadata), 기기 성능 서술(Device Capability description) 등과 새로운 콘텐츠 타입(게임, 프린팅, 쿠폰 등) 등의 기능들을 지원하기 위하여 Package Table, Interstitial Campaign Table, RMPI Table, Coupon Table, Targeting Information Table, Interstitial Targeting

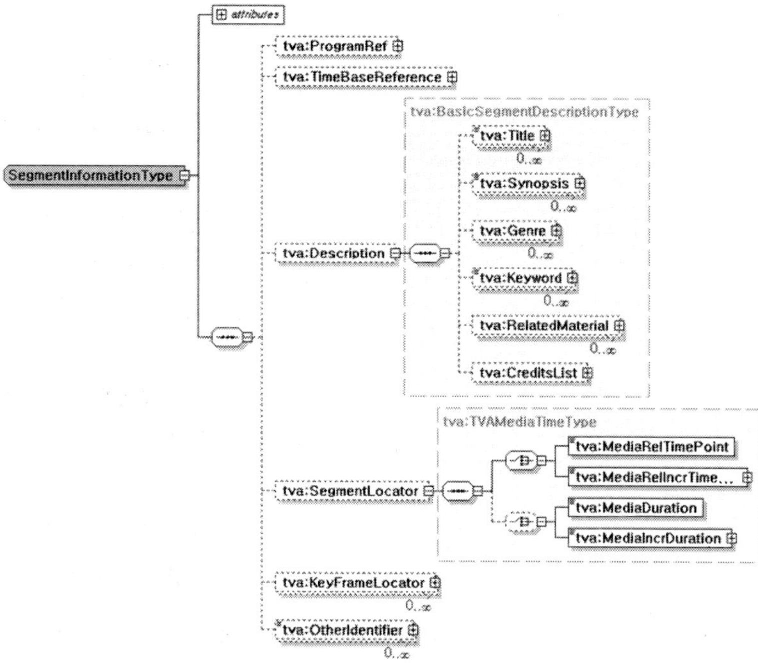

[그림 2-5] SegmentInformationType 구조

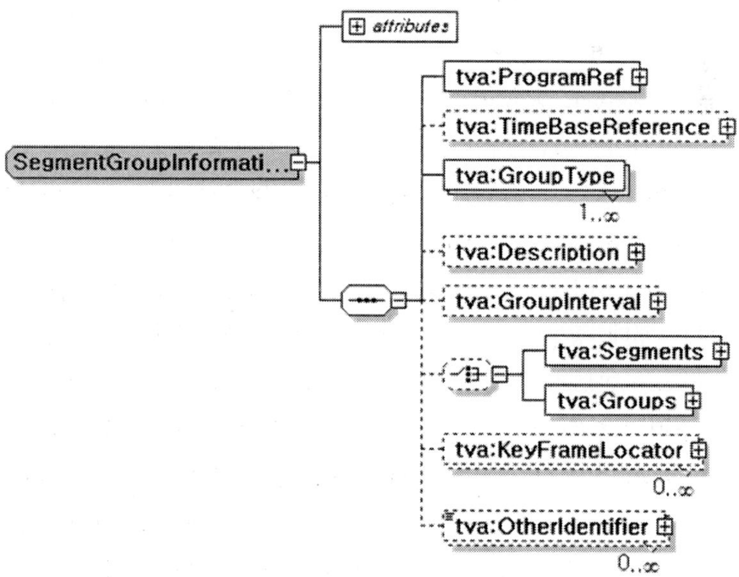

[그림 2-6] SegmentGroupInformationType 구조

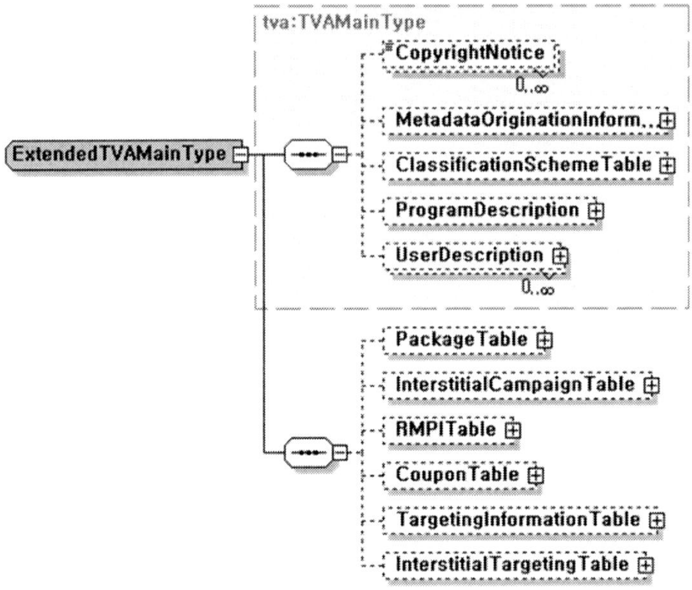

[그림 2-7] 확장된 TVAMain 타입 구조

Table 등의 추가의 테이블들과 콘텐츠 성질(Content Properties)의 기술을 위하여 확장된 메타데이터를 정의하고 있다.

[그림 2-7]은 추가된 테이블 들을 포함하는 확장된 TVAMain 타입의 구조이다. 여기서 Package Table은 멀티미디어 콘텐츠 소비의 기본 단위로 정의한 item 엘리먼트들의 조합을 통하여 새로운 콘텐츠를 형성하는 패키지(Package)들의 집합이다. Interstitial Campaign Table은 광고 캠페인들의 정보를 모아 놓은 테이블로 각각의 캠페인은 자신을 구분할 수 있는, campaignID를 갖으며 캠페인의 시작 날짜, 끝 날짜 등의 정보를 포함한다. RMPI Table은 순순하게 사용자에게 해당 콘텐츠의 지적 재산권과 관련된 정보를 제공하는 목적으로 만들어진 테이블이다. Coupon Table은 다른 구매 정보와 연결되지 않은 쿠폰 정보들을 가진다. Targeting Information Table은 콘텐츠를 특정 사용자를 대상으로 타겟팅하기 위한 정보로 대상 사용자의 사용자 정보(User Information), 바이오그래피 정보(Biographic Information), 접근성 정보(Accessibility Information), 단말 정보(Terminal Information), 네트워크 정보(Network Information), 자연 환경 정보(Natural Environment Information) 등을 지정할 수 있다. Interstitial Targeting Table은 광고들의 대치 및 타겟팅을 위한 정보를 갖는 테이블로 상세한 타입은 Part 3-4 Interstitial Content Metadata에 정의되어 있다.

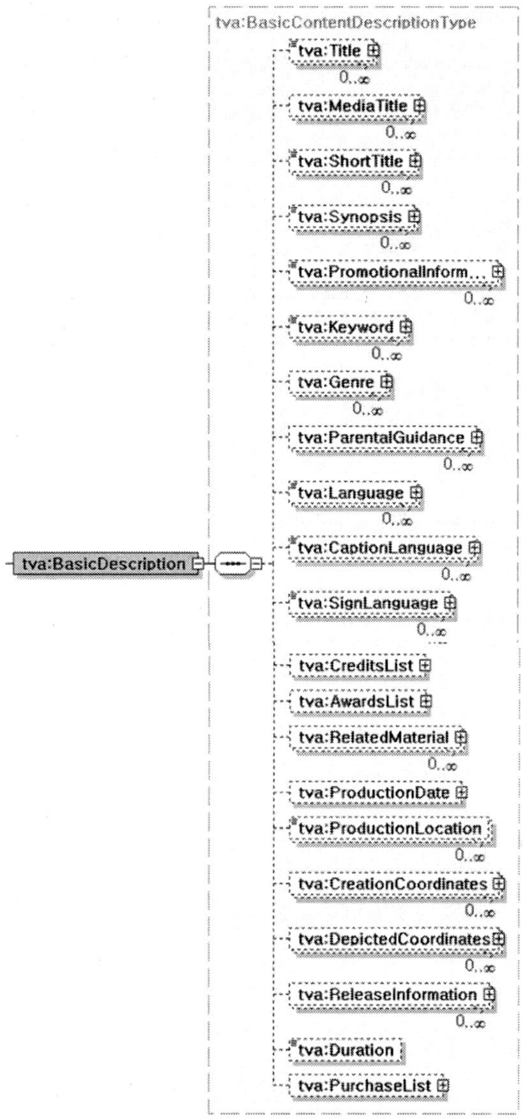

[그림 2-8] Basic Description 구조

특별히 검색의 대상이 자주 되는 요소로는 타이틀, 키워드, 시놉시스 등을 들을 수 있는데, TV-Anytime 표준에서는 Program Information, Group Information, Package Information 등의 구조체들이 기본적 콘텐츠 서술 정보(Basic Content Description)를 포함하고 있으며, 기본적 콘텐츠 서술 구조(Basic Content Description)는 [그림 2-8]에 보이는 바와 같이 제목(Title), 미디어 제목(Media Title), 짧은 제목(Short Title) 등의 제목(Title) 정보와 시놉시스, 텍스트로 이루어진 프로모션 정보(Promotional

Information), 키워드, 장르, 부모 가이던스(Parental Guidance), 언어, 캡션언어, 수화(Sign Language), 크레딧 리스트(Credits List), 수상 리스트(Awards List), 관련 머터리얼(Related Material), 프로덕션 일자(Production Date), 프로덕션 장소(Production Location), 생성 좌표(Creation Coordinates), 표현 좌표(Depicted Coordinates), 릴리즈 정보(Release Information), 기간(Duration), 구매 리스트(Purchase List) 등의 21가지 정보를 가진다. 또한 세그먼트 정보와 세그먼트 그룹 정보는 이렇게 상세한 콘텐츠 서술 정보는 갖지 않으나 [그림 2-5]와 [그림 2-5]에서 보이는 바와 같이 Basic Segment Description Type의 서술 정보들을 갖고 있으며, 이는 제목, 시놉시스, 장르, 키워드, 관련 머터리얼, 크레딧 리스트의 여섯 가지 정보를 포함하여 기본적인 내용에 대한 메타데이터 기반의 질의를 가능하게 한다.

2.1.4 MPEG-7(ISO/IEC 15938)

1999년 5월 ISO/IEC JTC1 SC29 WG11(a.k.a. MPEG)의 서울 임의 그룹(Ad Hoc Group) 미팅에서 기술 제안서들을 평가하며 본격적으로 시작되었던 MPEG-7은 2002년 최초의 국제 표준이 나왔다. MPEG-7은 다양한 형태의 오디오-비주얼 정보를 위하여 표준화된 내용기반의 서술을 제공하는 것을 목적으로 하며, 이를 통하여 빠르고 효율적인 콘텐츠의 검색, 필터링, 및 식별기능을 지원하고자 한다.

MPEG-7의 특징은 저수준 특징(low-level features), 구조(structure), 의미모델(semantics models), 컬렉션(collections), 생성/제작 정보(creation) 등 다양한 측면에서 콘텐츠를 서술한다는 것으로, 그 서술의 대상으로 하는 오디오-비주얼 정보는 오디오, 스피치, 동영상, 정지영상, 그래픽, 3D 모델, 객체들을 조합하여 씬을 구성하는 정보 등 다양한 형태의 콘텐츠들을 포함하고 있다. 현재 Systems, Description definition language, Visual, Audio, Multimedia description schemes, Reference software, Conformance testing, Extraction and Use of MPEG-7 Descriptions, Profiles and levels, Schema definition, MPEG-7 profile schemas, Query Format의 12개 파트로 구성되어 있다.

이 중 콘텐츠의 검색과 직접적으로 관련되는 파트는 Part 3 Visual[8], Part 4 Audio[9], Part 5 Multimedia description schemes[10]의 세 가지이다. Part 3은 순수하게 이미지나 비디오의 특징에 관한 서술자 들을 정의한 것으로 대부분 자동 추출 알고리즘에 의하여 추출되는 저수준 특징들을 정의하고 있다. Part 4는 순수하게 오디오의 특징에 관한 서술자들을 정의한 것으로 역시 대부분 자동 추출 알고리즘에 의하여 추출되는 오디오의 저수준 특징들을 정의하고 있다. Part 5는 멀티미디어 콘

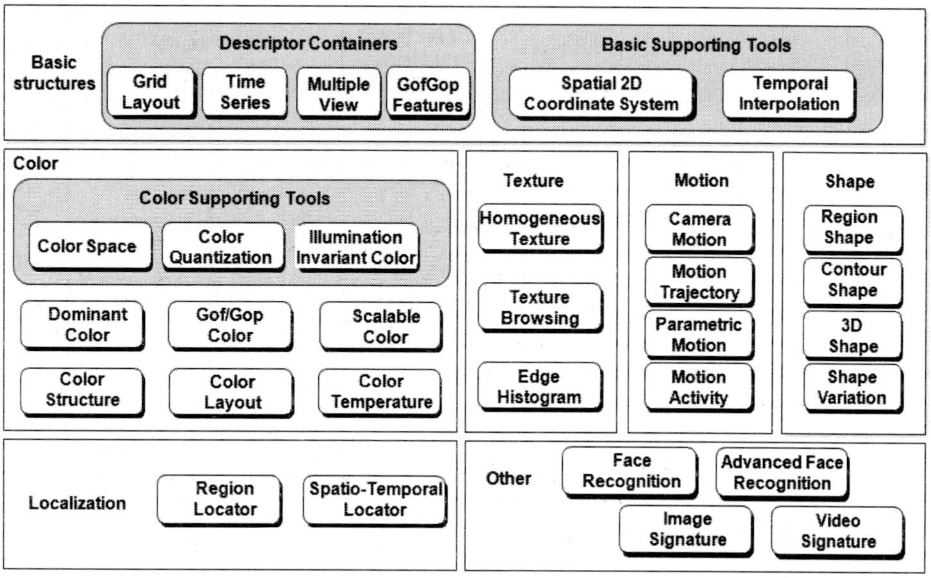

[그림 2-9] MPEG-7 Part 3 Visual 도구들의 구성

텐츠의 시각적 효과나 청각적 효과 한 가지에 제한되지 않는 특징을 구조적으로 서술할 수 있는 도구들을 제공하고 있다. 이중 Part 5에서 제공하고 있는 서술구조들은 대부분 자동으로 추출되지 않는 텍스트 기반의 메타데이터 들이다.

[그림 2-9]는 MPEG-7 Part 3 Visual에 정의된 서술자들을 보여 주고 있다. 기본적으로 색상 기반의 서술자 6가지와 질감(Texture) 기반의 서술자 3가지, 움직임(Motion) 기반의 서술자 4가지, 모양(Shape) 기반의 서술자 3가지, 그리고 얼굴 인식을 위한 서술자 2가지, 정지영상의 식별을 위한 이미지 시그니처(Image Signature), 동영상의 식별을 위한 비디오 시그니처(Video Signature) 등이 정의되어 있다. 이 외에 이러한 서술자들의 활용이나 정의를 위하여 사용되는 서술자 컨테이너들, 기본 지원 도구들, 색상 지원 도구들, 로컬리제이션 도구 등이 정의되어 있다.

[그림 2-10]은 MPEG-7 Part 5 Multimedia Description Scheme(MDS)에 정의된 서술구조들을 보여주고 있다. Part 5 MDS에 정의된 서술구조들은 크게 콘텐츠 조직(Content Organization), 콘텐츠 메타데이터(Content Metadata), 콘텐츠 서술(Content Description), 내비게이션과 접근(Navigation & Access), 사용자 인터액션(User Interaction), 기본적 요소들(Basic Elements)의 6가지로 구분된다. 콘텐츠 조직 도구들은 컬렉션과 분류(Collection & Classification)와 모델(Model)을 포함하고 있는데 이들은 다수의 콘텐츠들을 특정한 성질에 따라 분류하고 관리할 수 있도록 하여준다. [그림 2-11]은 컬렉션의 구조를 나타내고 있다.

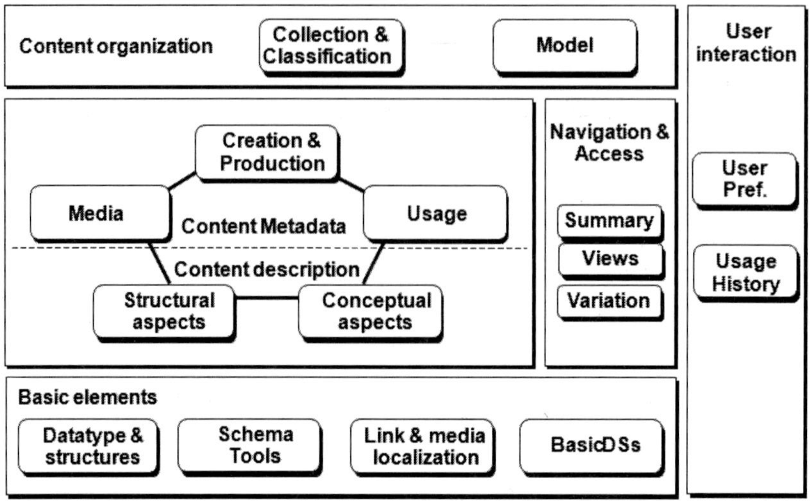

[그림 2-10] MPEG-7 Part 5 Multimedia Description Scheme 도구들의 구성

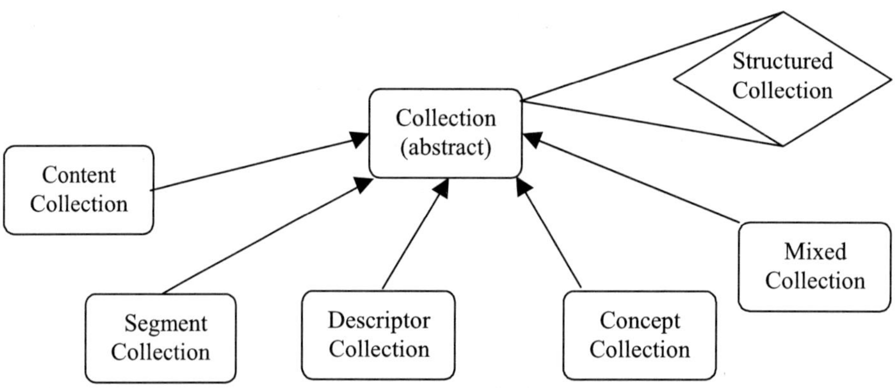

[그림 2-11] Collection Description Scheme의 구조

컬렉션에는 콘텐츠 컬렉션(Content Collection), 세그먼트 컬렉션(Segment Collection), 서술자 컬렉션(Descriptor Collection), 개념 컬렉션(Concept Collection), 혼합 컬렉션(Mixed Collection), 구조화 컬렉션(Structured Collection) 등이 있다.

[그림 2-12]는 모델의 구조를 나타내고 있다. 모델의 종류에는 확률모델(Probability Model), 분석 모델(Analytic Model), 분류 모델(Classification Model) 등이 있으며, 이 모델들은 다시 구체적인 모델들로 분화될 수 있다.

콘텐츠 메타데이터(Content Metadata)는 각 콘텐츠에 대한 매체 서술(Media Description), 생성/프로덕션 서술(Creation/Production Description), 사용 서술(Usage Description) 등을 서술하는 도구들을 칭한다. 이때 매체 서술은 매체 정보 서술구

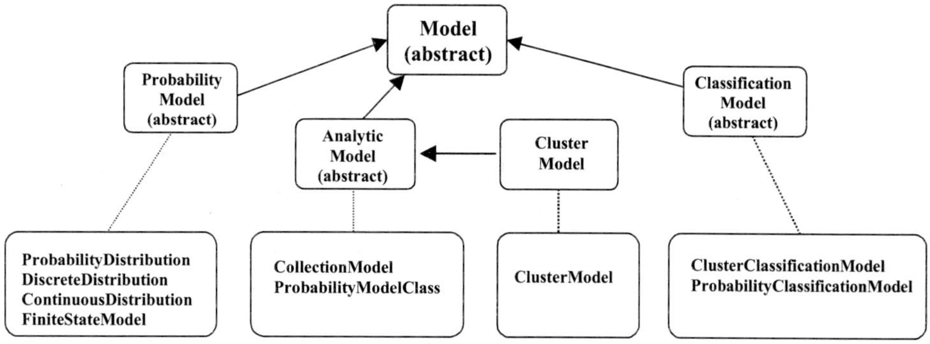

[그림 2-12] Model Description Scheme의 구조

조(Media Information DS), 매체 식별 서술 정보(Media Identification DS), 매체 프로파일 서술 구조(Media Profile DS), 매체 인스턴스 서술 구조(Media Instance DS) 등을 포함하는데 이들은 물리적으로 존재하는 각각의 인스턴스를 식별하고, 각 인스턴스에 대하여 코딩 파라미터들과 식별자 등의 정보를 제공하게 된다. 생성/프로덕션 서술(Creation/Production Description)은 생성 서술구조(Creation DS), 분류 서술구조(Classification DS), 연관 자료 서술구조(Related Material DS) 등을 포함하는데 이들은 콘텐츠의 제작과정에서 제작자/저자가 제공하는 정보들과 리뷰정보, 그리고 관련된 material들 등을 제공하게 된다. 사용 서술(Usage Description)은 권리, 재정적 결과, 가용성, 사용기록 등의 서술구조/서술자들을 포함하여 제반 권리와 관련되어 권리 소유자 정보, 비용, 수입과 같은 재정적 정보, 사용을 위한 콘텐츠의 가용성, 콘텐츠의 사용과 관련된 기타 제반 정보들을 제공한다.

콘텐츠 서술(Content Description)은 구조적 서술(Structure Description)과 개념적 서술(Conceptual Description)로 나뉘게 된다. 구조적 서술은 주어진 멀티미디어 콘텐츠에 대하여 시/공간 및 미디어 분할에 의하여 만들어진 세그먼트 개념을 이용하여 세그먼트와 전체 콘텐츠에 대한 서술 정보를 제공하고 있다.

[그림 2-13]은 시/공간적 분할 및 미디어 분할을 이용하여 세그먼트들을 하위 세그먼트로 분할하는 세그먼트들 간의 계층적 구조 관계를 나타내고 있다. 예를 들자면 오디오비주얼 세그먼트는 미디어 분할을 이용하여 오디오 세그먼트와 비디오 세그먼트로 분할될 수 있고, 비디오 세그먼트는 시간 분할을 통하여 더 짧은 비디오 세그먼트들의 집합이나 정지영역 세그먼트들로 분할될 수 있다. 또한 비디오 세그먼트가 공간적 분할을 통하여 움직임 영역 세그먼트들로 분할될 수도 있으며, 움직임 영역 세그먼트는 다시 움직임 영역 세그먼트나 정지영역 세그먼트로 분리될 수 있다.

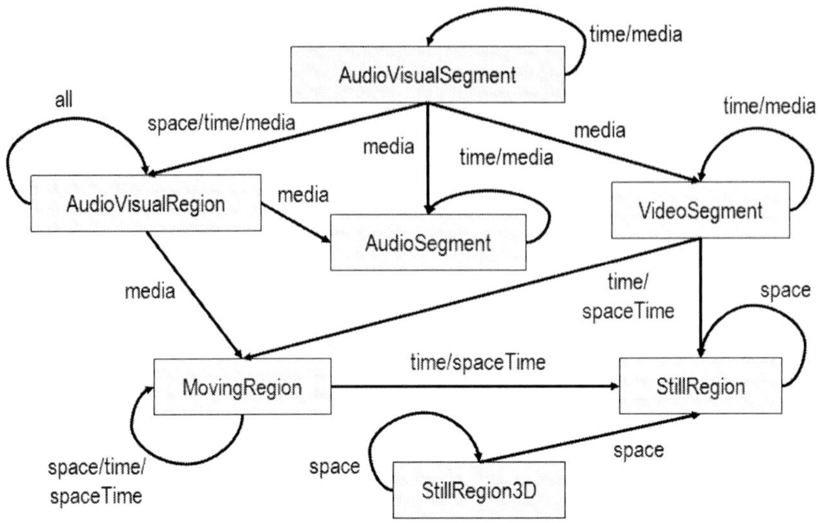

[그림 2-13] 세그먼트 분할의 계층적 구조

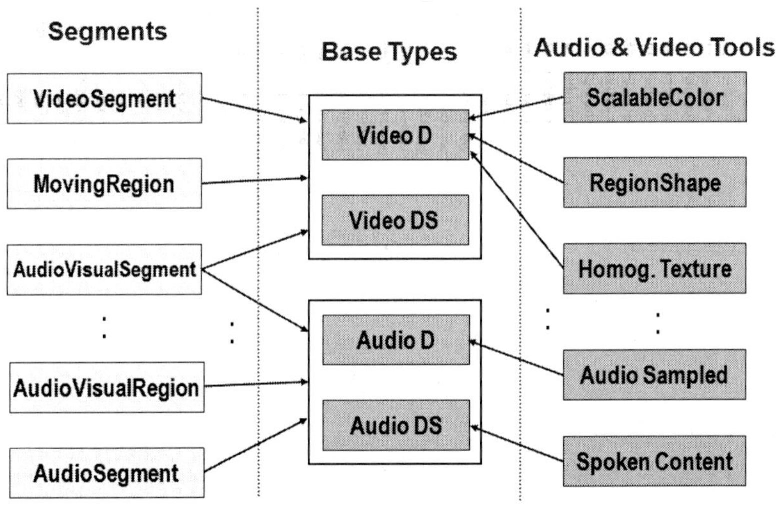

[그림 2-14] MPEG-7 세그먼트 인터페이스

[그림 2-14]는 MPEG-7 Part 5에서 정의하는 세그먼트들과 다른 파트에서 정의한 오디오 또는 비디오 도구들과의 인터페이스를 보여주고 있다. 즉, 각 타입의 세그먼트들은 자신의 특성에 따라 Video D/DS, Audio D/DS를 포함하게 되는데, 예를 들면 비디오 세그먼트, 움직임 영역 세그먼트, 정지 영역 세그먼트 등은 순수한 비주얼 세그먼트 이므로 Video D와 Video DS를 포함하고 있으며, 오디오 세그먼트는 순수한

청각적 세그먼트이므로 Audio D와 Audio DS를 포함하고 있다. 비디오 세그먼트와 오디오 세그먼트를 모두 포함한 성격을 갖는 오디오비주얼세그먼트는 Video D, Video DS, Audio D, Audio DS를 모두 포함하고 있다. 이때 Part 3에서 정의한 비디오 도구들은 Video D/DS를 상속받았으며, Part 4에서 정의한 오디오 도구들은 Audio D/DS를 상속 받았으므로 해당 세그먼트에 포함될 수 있도록 정의되어 있다.

콘텐츠 서술의 또 다른 축을 이루는 개념 서술은 제공되는 멀티미디어 콘텐츠에서 묘사하고 있는 객체, 에이전트, 이벤트, 개념, 장소, 상태, 시간, 서술하고 있는 세상 등과 같은 실세상의 개념이나 묘사하고자 하는 것들을 서술할 수 있도록 하여 준다.

내비게이션 및 접근 분야에는 요약, 뷰, 베리에이션의 세 가지 종류의 도구들이 포함되어 있다. 요약 도구는 원하는 부분을 찾고 브라우징을 하거나 원하는 부분으로 이동하는 등의 기능 등을 지원하기 위한 도구로 계층적 요약(Hierarchical Summary) 서술구조와 순차적 요약(Sequential Summary) 서술구조의 두 가지 도구를 포함하고 있다. 계층적 요약은 계층적 구조를 이용하여 순차적인 내비게이션뿐만 아니라 계층적 내비게이션을 지원하고 있다. 순차적 요약은 순차적 내비게이션만을 지원하지만 변속 및 배속 브라우징을 지원하고, 오디오와 텍스트 및 비디오 세그먼트의 동기화를 통한 오디오 슬라이드쇼와 같은 특수 기능들을 지원한다.

뷰(View)는 시간, 공간, 주파수 공간 등에서 이미지, 비디오, 오디오 등을 여러 가지 방법으로 분할하여 다양한 측면에서 사용자가 콘텐트를 관찰할 수 있도록 지원한다. 뷰에는 파티션(Partition), 뷰(View), 뷰 분할(View Decomposition)의 세 가지 도구가 정의되어 있다.

배리에이션(Variation)은 주어진 멀티미디어 콘텐트를 모달리티(Modality) 변환과 충실도(Fidelity) 변환을 통하여 다양한 형태로 변환된 콘텐트 들을 나타낸다.

마지막으로 사용자 인터액션 서술(User Interaction Description)은 필터링 및 검색 선호도(Filtering and Search Preference), 브라우징 선호도(Browsing Preference), 사용기록(Usage History)의 세 가지 부분으로 나누어, 사용자 선호도와 사용자 사용기록을 통하여 사용자의 선호도나 취향을 판단하여 사용자에게 맞춤형 서비스를 제공할 수 있도록 하기 위한 도구이다. 특히 필터링 및 검색 선호도는 사용자의 특정 콘텐츠에 대한 선호도를 다양한 방식으로 기술하도록 되어 있어 자동으로 콘텐츠를 필터링하거나 검색하는 데 사용할 수 있도록 되어 있으며, 브라우징 선호도는 위의 MPEG-7의 내비게이션 도구에서 정의된 요약에 관하여 선호하는 요약본의 길이나 주제 등을 서술하도록 하여 맞춤형의 요약을 제공할 수 있도록 하여 주고 있다.

2.1.5 MPEG Query Format(ISO/IEC 15938-12)

MPEG-7 표준의 개발은 검색기술 및 메타데이터 서술 기술 등의 측면에서 많은 공헌을 하였으며, 많은 검색 시스템에서 기초/참조 기술로 활용되고 있다. 그러나 멀티미디어 검색 시스템의 응용 및 발전은 또 다른 문제점을 발생시키고 있다. 멀티미디어 검색 서비스들이 존재할 때 사용자와 서비스와의 사이에서 서비스의 제공은 서비스 제공자가 지정하는 방식으로 사용자의 요구사항들이 서비스 제공자에게 전달되고, 또한 서비스 제공자가 지정한 방식으로 그 답변이 사용자에게 전달된다. 이러한 방식은 하나의 서비스 제공자만 존재하는 경우 특별히 문제가 되지 않는다. 하지만 다수의 서비스 제공자가 존재한다고 가정하는 경우, 클라이언트 개발자는 각 서비스 제공자별로 고유의 클라이언트를 개발하여야 하며, 사용자는 서비스 제공자별로 지정된 방식으로 요구사항을 전달하여야 하며, 지정된 방식으로 돌아온 답변을 통합하여야 한다. MPEG은 2005년부터 이러한 문제를 인식하고 요구사항을 개발, 분석하였으며, MPEG-7 Part 12인 MPEG Query Format이라는 이름으로 2008년 말에 국제표준을 발표하였다[11]. 이는 스마트 TV 환경에서 상기한 바와 같이 다양한 콘텐츠 메타데이터가 존재하고 이를 제공하는 다양한 서비스들이 존재할 때 이들을 통하여 원하는 정보를 질의하고 응답받는 표준화된 인터페이스로 사용될 수 있다.

MPEG Query Format(MPQF)은 이러한 표준화된 질의 인터페이스를 XML 스키마로 정의한 것으로, [그림 2-15]에서 보는 바와 같이 질의(Query)와 관련된 입력과 출력, 질의 관리(Management)와 관련된 입력과 출력의 네 부분으로 나누어져 있다.

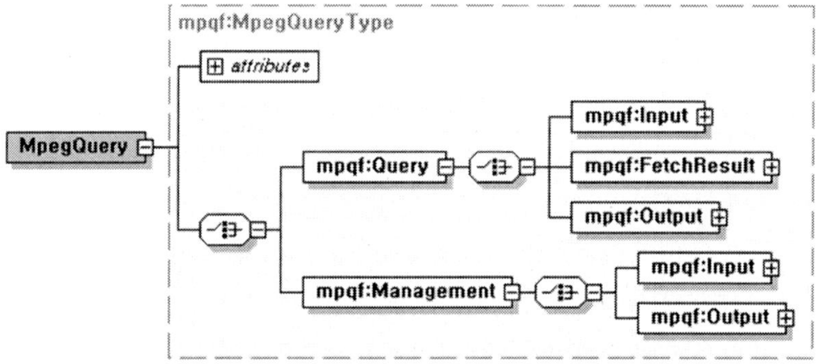

[그림 2-15] MPEG Query Format 루트 엘리먼트

질의(Query) 부분에 Input과 Output 외에 FetchResult라는 엘리먼트가 보이는데, 이는 Input의 일종으로, 질의의 응답이 오래 걸리는 질의거나 질의 결과를 바로 확인

할 수 있는 환경이 아닐 경우 질의를 먼저 보내 놓고 추후에 그 결과를 가져오기 위하여 사용하는 특수한 엘리먼트이다. 질의(Query)의 입력은 일반적으로 Input Query Format이라고 불리우며, 여기서는 질의 부분에 포함된 Input 엘리먼트로 표시되어 있다. Input Query Format은 QFDeclaration, OutputDescription, QueryCondition, ServiceSelection 등 네 개의 엘리먼트를 가진다. QFDeclaration은 추후에 질의(Query) 내의 Input 엘리먼트 내에서 반복하여 사용하게 되는 Resource나 Field의 사전 정의를 위하여 사용하는 것으로, ID와 함께 선언하여 놓고, 필요할 때 ID를 이용하여 참조하는 방식으로 반복 사용할 수 있도록 하여 질의형성의 효율성을 높이기 위한 구조체이다. ServiceSelection은 여러 개의 서비스 제공자들이 존재하는 경우, 사용자나 클라이언트가 원하는 서비스 제공자를 선택할 수 있도록 도와주는 구조체이다.

Output Description은 ReqField, ReqAggregateID, GroupBy, SortBy의 네 개의 엘리먼트를 이용하여 질의의 응답으로 받기를 원하는 정보에 대하여 구체적으로 정의할 수 있도록 하고 있다. 즉 ReqField는 원하는 필드들만을 정의할 수 있도록 하고 있으며, ReqAggregateID는 GroupBy 내의 통합(aggregate) 기능이 선택되는 경우 질의의 결과로 원하는 통합된 결과를 선택할 수 있도록 하고 있다. 또한 GroupBy는 평균, 합 등과 같은 통합 기능들을 이용한 결과를 추출할 때 그 대상이 되는 필드를 지정할 수 있도록 하여주며, SortBy는 정렬 기준이 되는 정렬 키를 지정할 수 있도록 하고 있다. maxPageEntry, maxItemCount, freeTextUse, thumbnailUse, media-ResourceUse, outputNameSpace 등 6개의 속성(attribute)들은 한 페이지에 나올 수 있는 결과의 개수, 돌려받고자 원하는 전체 결과의 수, 프리텍스트의 이용 여부, 썸네일 이미지의 사용 여부, 기타 미디어의 사용 여부, 결과를 돌려줄 때 사용할 XML namespace의 규정 등을 추가로 정의할 수 있도록 하여 질의 결과를 다양한 모습으로 받을 수 있도록 하고 있다. QueryCondition은 사용자가 원하는 정보의 내용을 구체적으로 서술할 수 있도록 정의된 구조체이다. QueryCondition은 조인(Join)이나 컨디션(Condition) 중 하나를 선택하여 질의 조건을 정의하도록 되어 있는데, 조인은 서로 다른 두 개의 필드 값을 조인 컨디션으로 지정하여 조인 질의를 구성할 수 있도록 되어 있으며, 컨디션은 Boolean Expression Type을 기반으로 구체적 질의 조건을 정의할 수 있도록 되어 있다. 기본적 부울 연산자 타입으로 AND, OR, NOT, XOR와 같은 네 가지 부울 연산자들이 정의되어 있으며, 비교연산자로 GreaterThan, GreaterThanEqual, LessThan, LessThanEqual, Equal, NotEqual, Contains와 같은 논리/대수 비교연산자들이 역시 BooleanType의 sub-type으로 정의되어 있다. 또한 BooleanType의 또 다른 subtype으로 QueryByMedia, QueryByDescription,

QueryByFreeText, QueryByFeatureRange, SpatialQuery, TemporalQuery, Query-ByXQuery, QueryByRelevanceFeedback, QueryByROI 등 9개의 Query Type들이 정의되어 있다. 이러한 QueryType들은 질의의 유형에 따라 필요한 정보들을 포함할 수 있도록 그 구조를 정의하고 있으며 이를 통하여 다양한 기본적인 질의를 생성할 수 있게 하여 주고, 이러한 질의 들이 비교연산자와 부울(Boolean) 연산자를 통하여 복합 구성되어 복잡한 질의들을 구성할 수 있도록 되어 있다. 예를 들어 Query-ByMedia는 이미지, 오디오, 동영상 등 미디어 콘텐츠의 전체 또는 일부를 질의 조건으로 사용할 수 있도록 그 구조를 정의하고 있다. 또한 QueryByDescription은 MPEG-7, TV-Anytime, Dublin Core 등 외부에서 정의한 메타데이터 스키마에 기반한 특정 필드에 조건을 부여하여 질의를 형성하거나, MPEG-7 Part 3 Visual에서 정의한 Scalalbe Color, Homogeneous Texture 등과 같은 저수준 특징 서술자 값을 이용하여 질의를 형성할 수도 있도록 되어 있다.

이렇게 MPQF는 저수준 특징소에 기반한 유사검색을 위한 질의뿐만 아니라 MPEG-7이나 TV-Anytime 같은 구조적 언어 기반의 메타데이터 규격에 기반한 데이터베이스에 대한 질의 또한 표준적인 방법으로 다양한 질의를 주고받을 수 있도록 규정하고 있어 다수의 스마트 TV 제작자들과 다수의 서비스 제공자들이 존재할 수 있는 환경에서 표준기반의 서비스와 검색 애플리케이션의 구성에 중요한 역할을 할 수 있다.

2.1.6 기타 메타데이터 표준

(1) SMPTE 메타데이터

EBU(European Broadcasting Union)는 유럽의 방송 단체들의 연합으로 방송 제작 및 기술에 관련된 사항들을 협의/조정하는 기구이다. SMPTE(The Society of Motion Picture and Television Engineers)는 영화나 TV방송에 관련된 기술자들의 국제 조직으로 영화/방송에 관련된 다양한 기술 표준들을 제정하고 있다. 이 두 기관에서 태스크포스를 만들어 방송 콘텐츠를 관리하고 검색하는 데 필요한 모든 메타데이터를 정리하여 각 항목들을 코드화하여 표준을 제정하여 이를 SMPTE 메타데이터 표준이라 한다. 이 표준에서는 메타데이터 항목 들을 코드화하여 비트스트림으로 전송하기 적합한 표준을 만드는 것을 목적으로 했다. 이 표준의 특징은 다음과 같다.

- 모든 메타데이터가 코드북의 형태로 숫자로 일대일 대응한다.
- 이 메타데이터를 나타내는 숫자는 일정한 패킷 틀 안에 맞는 비트열로 표시된다.
- 메타데이터 사전을 구성하고, 이 사전이 KLV(Key-Length-Value)의 형태로 코

딩 기법을 표준화 하고 있다.

이러한 방식으로 인하여 모든 데이터 항목을 비트열로 쉽게 표현할 수 있기 때문에 데이터의 저장이나 전송에 용이한 표준이라 할 수 있으나 해독을 위하여 코드북을 가지고 있어야 한다는 단점이 있으며, 사람들을 위한 가독성이 떨어진다는 단점이 있다.

(2) P/Meta 메타데이터

EBU(European Broadcasting Union)의 PMC(Production Technology Management Committee) 분과 내 P/META 그룹에서 제정한 메타데이터로, 프로덕션에서 에디팅 목적으로 특정 콘텐츠를 식별하거나, 특정 콘텐츠에 대한 부가정보와 관련된 권리사항들의 서술 등에서 일반적으로 사용되는 용어들과 이를 위한 데이터 타입들, 그리고 데이터 구조들을 XML 기반으로 정의하고 있다. 이는 방송 프로그램 프로덕션과 배급사가 서로 상행위를 할 때 편의를 제공하기 위한 목적으로 프로그램 미디어를 계약에 의해 주고받을 때 필요한 정보들을 정의하고 있다. P/Meta 메타데이터에는 미디어의 사용 가능한 시기, 계약 조건, 계약 일시, 저작권 보호 일시 등의 정보를 포함하여 미디어를 사용함에 있어 사용 주체가 계약에 관련한 정보들을 함께 검색하여 참고할 수 있다. SMPTE 메타데이터와 마찬가지로 코드화 표기 방식을 사용하여 표기하고 있는데 일반 시청자들에게 필요한 메타데이터는 그 관심대상에서 제외되어 있다.

(3) PB Core 메타데이터

미국공영방송지원재단(Corporation for Public Broadcasting)에서 공영 라디오와 텔레비전 방송의 메타데이터 개발을 위해 설립한 PBMI(Public Broadcasting Metadata Initiative)에 의해 제안된 메타데이터 규격으로 2007년 1월 PBCore 1.1을 시작으로 2010년 8월 PBCore 1.3을 발표하고 2011년 2월 PBCore 2.0을 발표하였으며, 현재 다수의 미국 공영방송국 관련 미디어 아카이브들에서 사용되고 있다. PBCore 2.0은 pbcoreCollection, pbcoreDescriptionDocument, pbcoreInstantiationDocument의 세 가지 요소들을 루트로 갖는 XML 스키마를 정의하고 있다. pbcoreInstantiationDocument는 물리적으로 형성된 미디어 자산의 인스턴스에 대한 정의로 일반적으로 다른 루트 요소들에서 사용되게 된다. 각각의 미디어 자산에 대하여는 pbcoreDescriptionDocument를 통하여 서술을 제공하고 있으며, 이러한 pbcoreDescriptionDocument들이 모여서 pbcoreCollection을 이루게 된다. 이들 루트 요소들에서 실제 서술을 위하여 사용되는 요소들로는 다음과 같이 58개의 요소를 제안하고 있다.

- 미디어 자산 혹은 자원에 대한 실제적인 지적 콘텐츠를 기술하는 20개의 요소
- 미디어 자산 혹은 자원의 이용과 제작, 제작자 등과 관련된 9개의 요소
- 물리적 내용 : 물리적인 혹은 디지털화 된 형식으로 존재하는 미디어자산의 특성을 식별하는 29개의 요소

2.1.7 내용기반 검색기술

(1) 메타데이터 기반 검색

스마트 TV에서 가장 많이 활용될 수 있는 검색기술은 메타데이터 기반 검색이라 할 수 있다. 이때 대상 콘텐츠와 관련되어 있는 텍스트 정보들 또한 메타데이터로 볼 수 있기 때문에, 여기서 메타데이터 기반 검색이라 함은 앞에서 살펴 본 메타데이터 표준규격을 기반한 검색뿐만 아니라 일반적인 웹 검색에서 많이 사용되는 다양한 텍스트 기반 검색을 포함하고 있다. 메타데이터 기반 검색은 앞에서 설명한 다양한 구조화된 메타데이터 규격에 의하여 서술된 메타데이터들을 데이터베이스 관리시스템에 저장한 상태에서 정형화된 매칭을 통하는 방법과 텍스트 기반의 정보검색 기법들을 이용하여 검색하는 방법의 두 가지로 구분된다.

텍스트 기반 검색은 다시 관심 있는 콘텐츠를 대상으로 하는 검색과 유사한 관심도를 유지하는 소비자 그룹을 기반으로 하는 추천 서비스로 나뉠 수 있다. 현재 활용되고 있는 스마트 TV에서의 텍스트 기반 검색은 가장 대표적인 것으로 Google TV에서 제공하는 Google Search가 있다. [그림 2-16]은 Logitech의 revue에서 제공하는

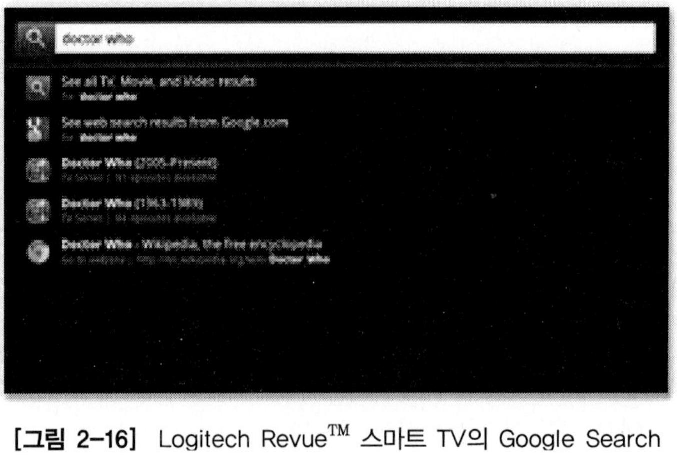

[그림 2-16] Logitech Revue™ 스마트 TV의 Google Search

Google Search 화면을 보여 주고 있다[15]. [16]은 이러한 프리텍스트 기반 검색 기술과 관련하여 상세한 관련 기술들에 대한 설명을 제공하고 있다. 부울모델, 벡터모델 등과 같은 정보검색의 기본적인 모델들과 사전(Dictionary) 구축방법, 인덱스 구축 방법, tf-idf에 기반한 매칭방법, 평가 방법 등 전반적인 기술들을 모두 살펴볼 수 있다. 이들은 기본적으로 어떤 서술이 있을 때 그 문장들을 구성하고 있는 단어들을 위주로 인덱싱하여 각 단어들이 어디서 얼마나 사용되고 있는 가에 따라서 각 단어들의 문장/문서 안에서의 중요도를 결정하여 질의문과 문장/문서들의 유사도를 측정하는 방식이다.

진보된 검색 인터페이스로, 이러한 단순한 검색 외에 [그림 2-17]에서 보여 주는 바와 같이 관련 검색어들의 검색 결과를 함께 보여 줌으로 다양한 정보를 전달할 수 있는 시멘틱 검색 기술들이 사용될 수도 있다. [그림 2-17]은 (주)솔트룩스의 아울림 서비스를 보여주고 있다[17]. 이 밖에도 다양한 시멘틱 검색 기술들이 활용될 수 있다[18].

이러한 검색 서비스는 프리텍스트 기반으로도 제공이 가능하며 앞에서 살펴본 구조화된 메타데이터 규격 기반으로도 가능하다. 프리텍스트 기반으로 검색하는 경우 간단한 인터페이스를 기반으로 일관성 있는 검색기술을 적용하여 검색한다는 장점이 있으나 특정 용어가 매칭되었을 때 그 용어가 사용된 콘텍스트를 이해하지 못하는 상태에서 일괄적으로 검색 결과를 제공한다는 단점이 있다. 반면에 구조화된 메타데이터 규격을 이용하는 경우 검색 키워드가 구체적으로 어떠한 콘텍스트에서 사용되었는지, 즉 예를 들어 사람 이름으로 검색하는 경우 그 이름의 검색대상에 제목, 등장인물, 극중 인물명, 스태프명 등의 구분을 두어 검색이 가능하다는 장점이 있다.

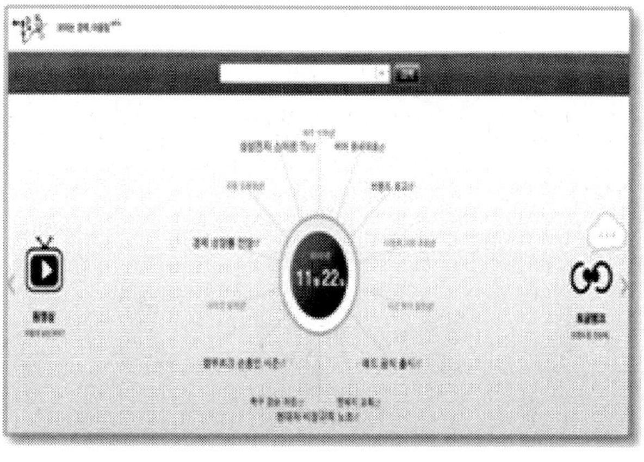

[그림 2-17] 아울림 시맨틱 검색 서비스

(2) 유사 검색

물론 메타데이터 기반 검색도 내용을 기반으로 검색하는 것이기는 하나 일반적으로 내용기반 검색이라 하면 검색 대상 객체의 물리적 특성을 이용하여 검색을 수행하는 것을 말한다. 사용자 인터페이스가 PC와 다른 린백 서비스를 기본으로 하는 스마트 TV에서 내용기반 검색을 수행하기 위해서는 그 UI가 가장 중요한 요소 중에 하나가 된다. 특히 단순한 리모트콘트롤을 이용하여 인터페이스하는 경우 사용상의 제약으로 인하여 다양한 UI/UX를 구성할 수 없다. 그러나 최근 들어 N-스크린 서비스가 개발되면서 태블릿 PC와 같은 스마트 리모컨을 사용하는 서비스들이 개발되고 있고, 위젯 기반의 인터페이스들도 제공되고 있으며, 이러한 신규 서비스들은 UI/UX의 제약을 상당부분 완화시키고 있다.

이렇게 UI/UX의 제약이 완화되는 경우 사용자가 영화, 드라마, 광고 등을 보는 도중에 삽입된 음악에 대하여 알고 싶은 경우, 배경음악을 캡처하여 질의로 사용하거나, 드라마를 보는 도중 등장인물의 얼굴을 캡처하여 얼굴인식 기능을 이용하여 등장인물의 해당 배우에 관한 정보를 확인하는 등의 다양한 내용기반의 질의들이 가능하다.

[그림 2-18]은 대표적인 내용기반 검색 방법의 예로 예제 이미지를 제시하고 이와 유사한 이미지들을 검색하는 서비스이다. 이러한 영상 기반 유사 이미지 검색 서비스

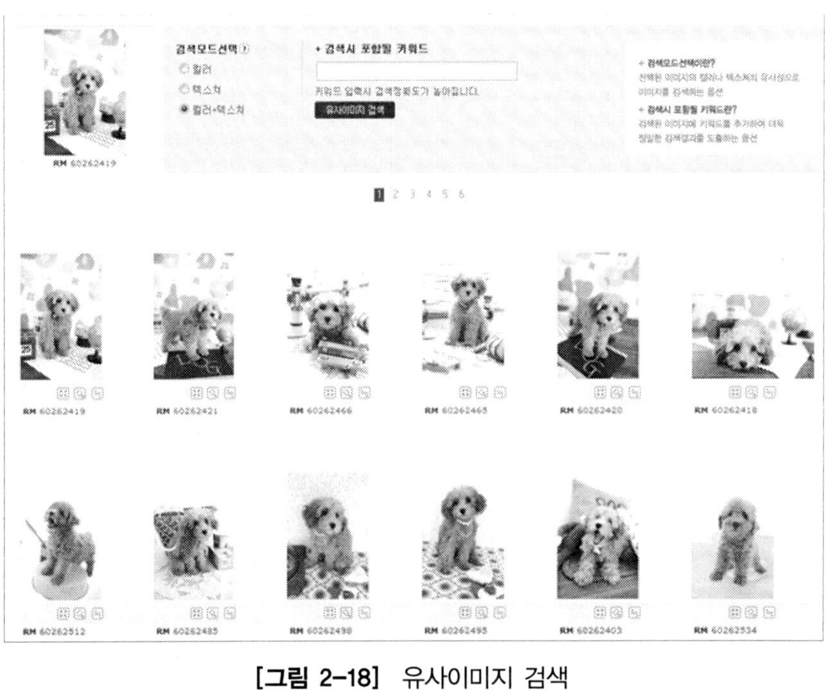

[그림 2-18] 유사이미지 검색

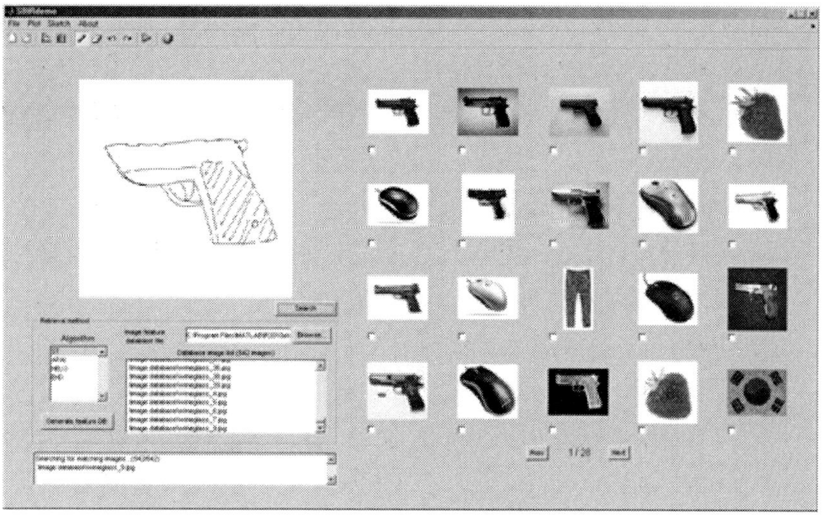

[그림 2-19] 스케치 기반 이미지 검색 데모 프로그램

는 스마트 TV에서 스틸영상을 기반으로 유사한 프로그램이나 콘텐츠를 검색하는 목적으로 응용될 수 있다.

[그림 2-19]는 스케치 기반 이미지 검색 서비스의 예로 사용자가 스케치한 그림을 기반으로 유사한 영상을 검색하는 서비스이다. 이러한 서비스의 경우 특히 사용자 인터페이스의 편의성이 중요시 되며 일반적으로 태블릿과 같은 특수한 장비를 필요로 하였으나, 최근 들어 스마트폰이나 태블릿 PC와 같은 터치스크린 기반의 장비들의 보급 확대로 스마트 TV에서도 멀지 않은 장래에 사용될 수 있을 것이라 예상된다. 이러한 검색 서비스는 스마트 TV에서 상품검색, 상표검색 등의 앱 등에서 활용도가 높을 것으로 예상된다.

이 외에도 그 응용에 따라 다양한 내용기반 검색 서비스가 가능하며, 각각의 검색 기술에 대하여 적절한 응용방법을 찾아내는 것이 성공의 비결이라 할 것이다.

2.1.8 온톨로지 응용 기술

앞에서 살펴 본 바와 같이 프리텍스트 기반 검색의 경우는 어떠한 필드에서 서술 또는 키워드들이 사용되었는가에 제약을 받지 않으나, 각 서술 또는 키워드들이 사용된 용도와 관계없이 일괄적으로 처리된다는 단점을 가지며, 메타데이터 기반 검색의 경우는 각 서술/키워드들이 어느 필드에서 사용되었는가에 따라 그 의미를 가지고 해석되며, 검색의 대상이 되어야 하는 필드들을 제한하여 특정 필드만을 대상으로 검색할 수 있다는 특징을 가진다. 그러나 후자의 경우, 앞에서 살펴 본 바와 같이 다양한 표준들이 존재하기 때문에 유사한 의미를 갖는 필드 일지라도 그 이름이 다른 경우 검색 대상에서 원하지 않지만 제외되는 경우들이 발생한다는 단점이 있다.

이러한 단점을 극복하기 위하여 온톨로지 기반 검색 기술들이 나왔으며, 그 대표적인 관련 표준으로 W3C의 "Ontology for Media Resources 1.0" 표준이 있다[19]. 이 문서에 따르면, 일반적으로 정보검색에서 많이 사용되는 방식은 각 문서에 포함되어 있는 단어들을 색인하고, 색인된 단어들을 기반으로 질의와의 유사성을 판단하여 원하는 정보를 포함하고 있는 문서를 검색하는 방식이다. 이러한 방식에서는 저장된 정보를 문서 단위로 구분하고 각 문서에 포함된 단어들이 저장된 정보를 가장 근접하게 표현하고 있다고 가정한다. 또한 질의 역시 단어의 연속으로 보고 있다. 따라서 문서를 표현하는 단어들과 질의를 표현하는 단어들 사이에서 유사성을 판단하여 가장 적절한 문서를 선택하는 것이다. 그러나 어떠한 단어나 문장이 사용될 때 그 사용된 위치에 따라 특별한 의미를 가질 수 있다. 예를 들면 A라는 사람의 이름이 문서의 제목이나 저자명이나 내용에 포함되어 있을 때 그 포함된 위치에 따라 완전히 다른, 특별한 의미를 갖게 되는 것이다. 그러나 이러한 문서기반의 정보검색에서는 그러한 구분이 불가능하다. 또 다른 검색방식은 앞에서 살펴본 바와 같이 특별한 의미를 갖는 필드/속성들을 정의하여 필요에 따라 특정한 필드에 사용된 정보들만을 검색하는 것이다. 이러한 정보검색 방식의 대표적인 예는 데이터베이스 관리시스템을 들 수 있다. 앞에서 살펴본 다양한 메타데이터 표준들은 이러한 필드/속성 방식의 표현을 기반하고 있으며, 이러한 필드/속성에 비정형적인 문장들의 포함을 허용함으로써 전통적 정보검색적인 접근을 또한 허용하고 있는 것이다. 2012년 2월 W3C Recommendation이 된 Ontology for Media Resources 1.0은 미디어 리소스를 서술하기 위한 핵심 단어(core vocabulary)와 웹에 현존하는 다양한 메타데이터 포맷과의 맵핑을 정의하고 있다. 이러한 메타데이터 포맷과의 맵핑은 다양한 메타데이터 표준들과의 호환을 통하여 이러한 메타데이터들의 공유와 재사용을 목적으로 하고 있다. 매핑을 정의함에 있어 유사한 두 메타데이터 표준의 요소들이 정확히 일치하지 않는 경우가 많으므로 "exact", "more specific", "more general", "related"와 같은 매핑의 타입을 또한 정의하고 있다. 따라서 이런 식으로 반복하여 매핑을 하는 경우 의미적인 손실이 있을 수 있다는 것을 유의하여야 한다.

일부 더블린 코어와 유사해 보이기도 하나 이 온톨로지는 더블린 코어와 비교할 때 다음과 같은 특징을 가진다.

- 더블린코어는 매핑이 정의된 몇 가지 어휘집(Vocabulary)들 중 하나이다.

- 더블린코어는 미디어 온톨로지의 모든 필요를 만족하지 않으며, 미디어 온톨로지는 더블린코어의 확장으로 볼 수도 있다.
- 더블린코어는 몇 가지 제약들을 가지고 있으나, 이 미디어 온톨로지 규격은 API의 사용에 관련하여 온톨로지의 프로퍼티에 다른 추가의 제약들을 가하고 있다.

2.1.9 맺음말

본 장에서는 스마트 TV에서 활용될 수 있는 몇 가지 대표적인 메타데이터 표준규격들과 검색기술들을 살펴보았다. 현재 스마트 TV 시장은 아직 초보적인 단계의 응용 서비스들을 제공하고 있으며, 사용자 UI/UX의 제약으로 인하여 단순한 키워드 기반의 검색만을 제공하고 있다. 그러나 N-스크린 서비스와 같은 다양한 기술의 발전은 이러한 UI/UX의 제약을 상당부분 감소시킬 것으로 예상되며, 이에 따라 본 장에서 살펴본 기술들 외에도 음성기반이나 음악기반 검색[20] 같은 다양한 검색 서비스의 적용이 가능하며, 아직 성숙되지 않은 시장이므로 다양한 신규 기술들이 적용될 것으로 예상된다.

이러한 신규 성장시장에서 국제규격들은 중요한 역할을 할 수 있으며, 특히 서비스간의 호환성을 제공하는데 필수적인 요소이다. 그러나 적용 가능한 표준규격 역시 다수가 존재하는 관계로 시장의 선택에 따라 한두 가지의 표준 규격만이 종래에는 사용될 것으로 예상된다. 또한 다양한 내용기반 검색기술들 역시 시장의 성숙과 기술의 발전에 따라 좀 더 편리하고 의미있는 검색 환경을 사용자에게 제공하는 날이 올 것으로 기대한다.

2.2 FLASH 자료

2.2.1 개요

플래시는 벡터 드로잉을 기반으로 한 웹 애니메이션 저작도구이다. 1996년 Macromedia사에서 개발되어 2006년 Photoshop, Illustrator 등으로 유명한 Adobe사에 인수되었으며 ActionScript, 스트리밍 비디오, 3D 등의 기능들이 추가되며 지속적으로 발전해 왔다. 현재 가장 많이 사용되고 있는 RIA(Rich Internet Application) 툴로서 인터넷을 통한 영상 재생, 인터넷 게임, 인터렉티브한 웹사이트 등의 개발에 사용되고 있다.

► **Action Script**

Movie clip를 제어하는 각종 프로그램 명령어로써 ECMA Script에 기반을 두어 만들어졌다. 객체 지향 언어로 다양한 내장 오브젝트를 지원함으로써 무비클립 인스턴스에서 XML에 이르기까지 많은 요소를 제어할 수 있다. Action Script 2.0/ 3.0이 현재 많이 쓰이고 있다.

► **스트리밍 비디오**

RTMP는 Real Time Messaging Protocol의 약자로써 Adobe(이전 Macromedia)사에 의해 개발된 것으로 Macromedia Flash Media Server로 이용되고 있다. 사용자들은 Adobe Flash Player를 이용함으로써 Macromedia Flash Media Server에 올려진 미디어의 영상과 음성을 스트리밍 서비스로 이용할 수 있다.

► **Adobe Air**

HTML, JavaScript, Adobe Flash® 및 Flex 기술, ActionScript® 등을 사용하여 브라우저의 제약없이 독립 실행형 클라이언트 애플리케이션으로 실행되게 하는 기술로서 Flash Player와 별도로 Flash air 엔진이 다양한 디바이스에 설치되어 있다. Android™, BlackBerry® Tablet OS, iOS 모바일 운영 체제 및 TV에 대한 지원이 현재 제공되고 있다.

Flash CS5 Professional과 같은 Tool를 이용하여 FLASH 애플리케이션 또는 콘텐츠나 비디오를 만들 수 있으며 단말마다 포함되어 있는 Adobe AIR나 Flash Player를 통해 FLASH 콘텐츠는 재생되어진다.

플래시의 주요 특징을 살펴보면 다음과 같다.

• **일정한 화질을 유지한다.**

플래시의 장점 중 하나는 벡터그래픽(수학적 함수 관계에 의해 이미지를 표현) 기반의 도구라는 점이다. 따라서 이미지의 선, 면 등의 정보를 모두 좌표 값으로 계산하기 때문에 이미지가 커지고 작아지는 것과 상관없이 일정한 화질을 유지할 수 있다.

• **압축률이 뛰어나다.**

플래시는 일반적인 GIF 애니메이션에 비해 상당히 적은 용량이지만 자연스럽게 움직이며, 특히 플래시 무비에서 자주 쓰이는 그림을 심벌로 만들 경우 수천 번을 사용해도 전체 무비 용량이 커지지 않는다. 또한 플래시 안에 있는 비트맵 이미지나 사운드 파일을 다시 압축할 수도 있다.

• **움직이는 정보를 선사 한다.**

플래시가 나오기 전까지는 인터넷이 그저 정지된 사진과 글씨 등을 이용해 정보를 전달하는 도구일 뿐이었다. 그러나 플래시를 사용함으로써 뮤직 비디오를 보여주듯 원하는 정보를 전달할 수 있게 되었고, 이는 곧 정적인 인터넷에 동적인 개념을 부여했다는 뜻이 된다.

• **양방향 커뮤니케이션이 가능하다.**

인터넷의 매력이자 발전의 원동력은 양방향 커뮤니케이션에 있다. 이에 비추어 볼 때 플래시는 강력한 액션 스크립트 기능이 있어 사용자에게 친밀하게 다가간다. 다시 말해서 플래시를 사용한 곳은 마우스의 움직임에 따라 내용이 다양하게 변한다. 이는 곧 사용자가 원하는 대로 내용을 바꿀 수 있다는 뜻이다.

• **스트리밍 기술을 지원 한다.**

리얼플레이어의 장점은 파일을 전송하면서 그 내용을 볼 수 있다는 것이다. 이것이 가능한 이유는 스트리밍(streaming 데이터 전송을 꾸준히, 연속적으로 받는 기술인 스트리밍은 사용자들이 큰 멀티미디어 파일을 빠르게 다운로드받을 수 있도록 한다. 뿐만 아니라 브라우저에서 플러그인을 사용하여 전체 데이터가 전송되기 전에 데이터의 재생을 시작한다) 기술을 지원하기 때문이다. 스트리밍 기술은 큰 용량의 파일이라도 무리없이 볼 수 있게 해주는 기술을 말한다. 플래시 역시 스트리밍 기술을 사용해 용량이 큰 파일도 차근차근 볼 수 있다.

• **멋진 음악 파일을 넣을 수 있다.**

플래시에 음악을 넣는 기능이 없었다면 그리 크게 주목받지 못했을 것이다. 무비에 첨부된 음악 파일은 그것을 더욱 역동적으로 꾸며주며, 버튼에 적절히 사용된 음악 파일은 해당 페이지에 더욱 집중할 수 있도록 도와준다.

• **비트맵을 지원한다.**

플래시는 GIF, JPEG, PNG 등의 이미지를 불러오거나 내보내기를 할 수 있다. 그래서 비트맵 이미지를 어렵지 않게 무비에 포함시킬 수 있으며, 또한 삽입된 비트맵 이미지는 '비트맵 부드럽게 만들기' 기능을 이용하면 확장하거나 회전시킬 때 품질을 높일 수 있다.

비트맵 vs 벡터

• **벡터(Vector)**

벡터방식은 드로잉 계열의 프로그램에서 사용되는 방식으로 이미지를 수학적으로

그려낸다. 점과 Bezier curve(곡선)를 이용해서 외곽선을 만든 후 그 내부를 원하는 색상과 패턴으로 채워준다.

벡터 이미지는 정해진 공식에 따라서 처리되기 때문에 파일 크기가 작고 또한 파일 크기의 큰 변화 없이 크기를 조절할 수 있는 장점이 있다. 대표적인 벡터 드로잉 프로그램은 일러스트레이터와 코렐드로우, 프리핸드 등이 있다.

• **비트맵**(Bitmap)

비트맵 방식은 이미지 프로세싱 계열의 프로그램에서 사용되는 방식으로 픽셀이라 부르는 임의의 사각격자를 만들고 그 내부에 색상이 채워 이미지를 표현한다. 픽셀은 서로 붙어있고 아주 작기 때문에 착시현상을 일으켜 이미지를 연속적으로 보이게 한다.

비트맵 이미지는 자연스러운 이미지 효과를 나타내지만 픽셀 하나하나에 색상 정보를 가지고 있기 때문에 파일 크기가 커지는 단점이 있다. 대표적인 이미지 처리 프로그램으로는 포토샵, 페인터, 코렐페인터 등이 있다.

	벡터	비트맵
프로그램 구분	드로잉 계열	이미지 프로세싱 계열
이미지 처리방식	수학적 함수로 계산	비트맵 처리
장점	파일의 크기가 작다	이미지 처리가 자연스럽다
프로그램 종류	일러스트레이터, 코렐드로우 프리핸드 등	포토샵, 페인터, 코렐페인터 등

2.2.2 액션스크립트란 무엇인가?

(1) 디스플레이 프로그래밍

[그림 2-20]에서는 기본 표시 객체 클래스의 하위 클래스 관계를 보여준다. 액션스크립트 3.0에는 표시 객체 유형마다 별도의 클래스가 있다. 액션스크립트 1.0 및 2.0에는 많은 동일한 유형의 객체가 movieClip 클래스 하나에 모두 포함되어 있다. 이 클래스 개별화 및 표시 목록 계층 구조에 다음과 같은 장점이 있다[21][22][23].

(가) 그래픽 작업 시 사용되는 용어

• Alpha : **알파**

색상의 투명도(불투명도)를 나타내는 색상 값

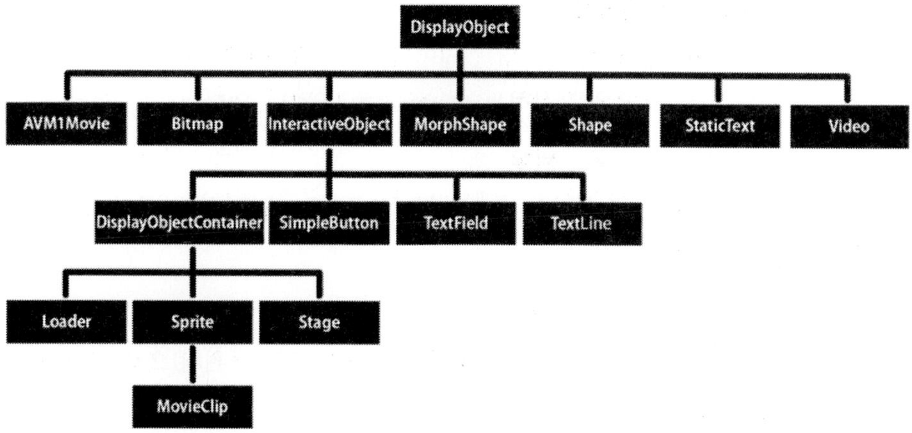

[그림 2-20] 디스플레이 객체 클래스의 하위 클래스 관계도

- Bitmap graphic : **비트맵 그래픽**

  컴퓨터에서 색상 픽셀의 격자(행 및 열)로 정의되는 그래픽

- Blending mode : **블렌딩 모드**

  겹치는 두 개의 이미지 내용이 서로 영향을 미치는 방식을 지정하는 것

- Display list : **표시 목록**

  Flash Player에 의해 가시 호면 내용으로 렌더링되는 표시 객체 계층 구조

- Display object : **표시 객체**

  응용 프로그램의 화면에 표시되는 모든 요소는 표시 객체 유형. 모든 표시 객체는 DisplayObject클래스의 하위 클래스

- Display object container : **표시 객체 컨테이너**

  표시 객체 컨테이너는 고유한 시각적 표현이 있고 자식 객체를 포함할 수 있는 특수 유형의 표시 객체

- Main Class of the SWF file : **SWF 파일의 기본 클래스**

  SWF 파일에서 가장 바깥쪽 표시 객체의 비헤이비어를 정의하는 클래스. 예를 들면 Flash 제작에서 만들어진 SWF의 기본 클래스는 문서 클래스(타임라인을 포함하는)가 된다.

- Masking : **마스크**

  이미지의 특정 부분만 표시되도록 하는 기술

• Stage : **스테이지**

스테이지는 표시 객체의 컨테이너로 최상위 컨테이너. 각 응용 프로그램에는 모든 화면 표시 객체를 포함하는 stage 객체가 하나 있다.

• Transformation : **변형**

객체 회전, 크기 변경, 모양 기울이기 또는 왜곡, 색상 변경 등 그래픽의 시각적 특성을 조절

• Vector graphic : **벡터 그래픽**

컴퓨터에서 특정 특성(두께, 길이, 크기, 각도, 위치)으로 그려진 선 및 모양으로 정의되는 그래픽

(나) 메서드

표시 객체를 인스턴스화 하여 표시 객체 컨테이너에 표시 객체 인스턴스를 추가할 때 사용하는 메서드들에 대해 [표 2-2]에서 각각의 기능을 설명한다.

[표 2-2] 그래픽 메서드

method	comment
addChild() addChildAt()	표시 객체를 컨테이너에 추가
getChildAt()	특정 인덱스 위치에 있는 표시 목록의 자식 반환
removeChild() removeChildAt()	표시객체를 컨테이너 자식 목록에서 제거
Contains()	표시객체가 DisplayObjectContainer의 자식인지 여부 결정
getChildByName()	이름을 기준으로 표시객체 검색
getChildIndex()	표시객체의 인덱스 위치 반환
setChildIndex()	자식 표시객체의 위치 변경
swapChildren()	두 표시객체의 순서(전후) 교체
swapChildrenAt()	인덱스 값으로 지정된 두 표시객체 순서(전후) 교체

(다) Stage

Stage 클래스는 DisplayObject 클래스의 대부분의 속성과 메서드를 무시한다. 일부 속성과 메서드는 로드된 첫 번째 swf 파일과 동일한 보안 샌드박스에 있는 표시 객체에만 사용할 수 있다.

• **스테이지 정렬**

StageAlign 클래스의 값으로 지정하며, [표 2-3]에서 그 값에 대한 정렬방법을 설명한다.

ex〉 stage.align = StageAlign.TOP;

[표 2-3] 스테이지 정렬

값	세로 정렬	가로 쓰기
StageAlign.Top	위쪽	중앙
StageAlign.BOTTOM	아래쪽	중앙
StageAlign.LEFT	중앙	왼쪽
StageAlign.RIGHT	중앙	오른쪽
StageAlign.TOP_LEFT	위쪽	왼쪽
StageAlign.TOP_RIGHT	위쪽	오른쪽
StageAlign.BOTTOM_LEFT	아래쪽	왼쪽
StageAlign.BOTTOM_RIGHT	아래쪽	오른쪽

• **렌더링 품질 지정**

StageQulity 클래스의 값으로 지정하며, [표 2-4]에서 그 값에 대한 품질을 설명한다.

ex〉 stage.quality = StageQulity.HIGH;

[표 2-4] 렌더링 품질 지정

상수	설명
StageQulity.LOW	낮은 렌더링 품질. 그래픽이 앤티앨리어싱되지 않고 비트맵이 다듬어지지 않는다.
StageQulity.MEDIUM	중간 렌더링 품질. 2x2 픽셀 격자를 사용하여 그래픽이 앤티앨리어싱되고 비트맵이 매끄럽게 다듬어지지 않는다. 이 설정은 텍스트가 포함되지 않은 무비에 적합하다.
StageQulity.HIGH	높은 렌더링 품질. 4x4 픽셀 격자를 사용하여 그래픽이 앤티앨리어싱되고 무비가 정적일 때 비트맵이 매끄럽게 다듬어진다. Flash Player에서 사용하는 기본 렌더링 품질 설정
StageQulity.BEST	가장 높은 렌더링 품질. 4x4 픽셀 격자를 사용하여 그래픽이 앤티앨리어싱디고 비트맵은 항상 매끄럽게 처리된다.

• **크기 조절**

StageScaleMode 클래스의 값으로 지정하며, [표 2-5]에서 그 값에 대한 속성을 설명한다.

ex〉 stage.scaleMode = StageScaleMode.NO_SCALE;

[표 2-5] 크기조절

상수	설명
StageScaleMode.EXACT_FIT	지정된 영역에 원래의 종횡비를 유지하지 않고 전체 Flash 응용 프로그램이 표시되도록 지정한다. 내용이 찌그러질 수 있다.
StageScaleMode.NO_BORDER	응용 프로그램의 원래 종횡비를 유지하면서 왜곡 없이 (일부는 잘릴 수 있음) 전체 Flash 응용 프로그램이 지정된 영역을 채우도록 지정한다.
StageScaleMode.NO_SCALE	플레이어 윈도우의 크기를 조절해도 Flash 응용 프로그램의 크기가 그대로 유지되도록 크기를 고정합니다. 플레이어 윈도우가 내용보다 작으면 내용이 잘릴 수 있다.
StageScaleMode.SHOW_ALL	응용 프로그램의 원래 종횡비를 유지하면서 왜곡 없이 전체 Flash 응용 프로그램이 지정된 영역에 표시되도록 지정합니다. 응용 프로그램의 두 면에 테두리가 표시될 수 있다.

(2) 액션스크립트 3.0

(가) ActionScript Version

► **ActionScript 3.0**

ECMAScript 사양과 완벽하게 호환되며 보다 우수한 XML 처리, 향상된 이벤트 모델 및 화면 요소 작업에 대한 개선된 아키텍처를 제공한다. 이 버전을 사용하려면 다른 버전보다 객체 지향 프로그래밍 개념에 어느 정도 익숙해야 한다.

► **ActionScript 2.0**

ECMAScript 사양에 기초하지만 완벽하게 호환되는 것은 아니다. 계산이 많이 사용되지 않는 디자인 중심의 내용에 유용하다.

► **ActionScript 1.0**

가장 단순한 형태의 ActionScript, 일부 Flash Lite Player 버전에서 아직 사용되고 있다.

► **Flash Lite 2.x ActionScript**

휴대 전화 및 장치에서 실행 중인 Flash Lite 2.x에서 지원하는 ActionScript 2.0의 하위 집합

► **Flash Lite 1.x ActionScript**

휴대 전화 및 장치에서 실행 중인 Flash Lite 1.x에서 지원하는 ActionScript 2.0의 하위 집합

(나) ActionScript란?

Adobe Flash Player 및 Adobe AIR 런타임 환경의 프로그래밍 언어로 Flash, Flex 및 AIR 내용과 응용 프로그램에서 대화형 작업, 데이터 처리 등 보다 다양한 작업을 수행할 수 있다. Flash Player 및 AIR에 내장되어 있는 AVM(ActionScript Virturl Machine)에 의해 실행된다. ActionScript 3.0은 객체 지향 프로그래밍이다.

주요기능

- 새 바이트 코드 명령어 집합을 사용하고 성능이 크게 향상된 새로운 AVM인 AVM2
- 이전 버전의 컴파일러보다 심도 있는 최적화를 수행하는 최신 컴파일러 코드 베이스
- 객체에 대한 저수준 제어 및 진정한 객체 지향 모델을 사용하여 확장되고 향상된 API
- E4X(ECMAScript for XML) 사양을 기반으로 한 XML API
- DOM(Document Object Model) 레벨 3 이벤트 사양을 기반으로 하는 이벤트 모델

장점

대용량 데이터 세트 및 재사용 가능한 객체 지향 코드 베이스를 통해 매우 복잡한 응용 프로그램을 쉽게 만들 수 있다.

새로운 기능

- **기본 언어 기능**

  기본언어에는 명령문, 표현식, 조건문, 반복문 및 유형과 같은 프로그래밍 언어의 기본적인 구성단위가 정의되어 있다.

- **런타임 예외** : 이전 버전보다 많은 오류상황 보고한다. 일반적인 오류 상황에 런타임 예외가 사용되면서 디버깅이 편리해지고 오류를 철저히 처리하는 응용 프로그램을 개발할 수 있게 되었다.
- **런타임 유형** : 유형 정보가 런타임에 보존되어 런타임에 유형을 확인하여 시스템의 유형 안전을 향상시키는데 사용된다. 또한 유형 정보는 변수를 기본 시스템 표현으로 나타내는 데 사용되므로 성능을 향상시키고 메모리 사용량을 줄여준다.
- **봉인 클래스** : 봉인 클래스 개념 도입되었다. 봉인 클래스에는 컴파일 타임에 정의된 속성 및 메서드의 고정된 집합만 있으며 속성 및 메서드를 더 이상 추가할 수 없다. 런타임에 클래스를 변경할 수 없도록 함으로써 컴파일 타임에 보다 엄격한 확인 절차가 수행되어 더욱 견고한 프로그램을 만들 수 있게 된다. ActionScrpt 3.0의 모든 클래스는 기본적으로 봉인되지만 dynamic 키워드를 사용하여 동적으로 선언할 수 있다.
- **메서드 클로저** : 메서드 클로저를 원본 객체 인스턴스에 바인딩할 수 있다. 이 기능은 이벤트 처리에 유용하다. ActionScript 2.0에서는 메서드 클로저가 어떠한 객체 인스턴스에서 추출되었는지 기억하지 못하기 때문에 메서드 클로저가 호출되면 예기치 못한 비헤이비어가 발생한다.
- **E4X(ECMAScript for XML)** : 최근 ECMA-357로 표준화된 E4X를 구현하여 XML을 조작하기 위한 자연스럽고 쉬운 언어 구문 집합을 제공한다. E4X는 필요한 코드 양을 현저하게 줄여 XML을 조작하는 응용 프로그램을 효율적으로 개발할 수 있다.
- **일반 표현식** : 일반 표현식에 대해 기본적인 지원이 포함되어 있어 문자열을 빠르게 검색하고 조작할 수 있다.
- **네임스페이스** : 사용자 정의 액세스 지정자로 작동하며 네임스페이스의 이름은 임의로 지정할 수 있다. 네임스페이스는 충돌을 방지하기 위해 URI(Universal Resource Identifier)와 함께 사용되며 E4X를 사용하여 작업하는 경우 XML 네임스페이스를 나타내는 데 사용될 수도 있다.
- **새 프리미티브 유형** : Number, int, uint 세 가지가 있다. Number는 배정밀도, 부동 소수점 숫자를 나타내고, int 유형은 ActionScript 코드에서 CPU의 신속한 정수 계산 기능을 이용할 수 있는 부호 있는 32비트 정수이다. uint 유형은 RGB 색상 값, 바이트 수 등에 적합한 부호 없는 32비트 정수 유형이다.

• **API 기능**

ActionScript 3.0의 API에는 저수준에서 객체를 제어할 수 있는 여러 가지 클래스가 포함되어 있다. 언어의 구조는 이전 버전보다 직관적으로 설계되었다.

- **DOM3(Document Object Model Level 3) 이벤트 모델** : 이벤트 메시지를 생성하고 처리하는 표준 방식을 제공한다. 이 이벤트 모델은 응용 프로그램 내에서 객체 간 상호 작용 및 통신을 허용하고, 객체의 상태를 유지하고, 변경사항에 대응하도록 설계되어 있다.
- **표시 목록 API**
  - Sprite 클래스 : 사용자 인터페이스 구성요소 같은 시각적 요소의 기본 클래스로 설계된 경량 구성 단위
  - Shape 클래스 : 벡터의 모양을 그대로 나타낸다. 이러한 클래스는 new 연산자를 사용하여 무리없이 인스턴스화될 수 있으며 언제든지 동적으로 다른 클래스의 하위 클래스가 될 수 있다.
- **동적 데이터 및 내용 처리**
  - Loader 클래스 : SWF 파일과 이미지 에셋을 로드할 수 있는 단일 메커니즘 및 로드된 내용에 대한 세부 정보에 액세스할 수 있는 방법을 제공
  - URLLoader 클래스 : 데이터 기반 응용 프로그램에서 텍스트와 이진 데이터를 로드할 수 있는 별도의 메커니즘을 제공
  - Socket 클래스 : 포맷에 관계없이 서버 소켓에서 이진 데이터를 읽고 쓸 수 있는 방법을 제공
- **저수준 데이터 액세스**
  - URLStream 클래스 : 데이터를 다운로드하는 동안 해당 데이터를 원시 이진 데이터로 액세스할 수 있게 한다.
  - ByteArray 클래스 : 이진 데이터에 대한 읽기, 쓰기 및 작업 기능을 최적화할 수 있다.
  - 사운드 API : 사운드를 보다 정밀하게 제어
  - 보안 API : 로드된 내용의 보안 권한에 대한 정보 제공
- **텍스트를 사용한 작업**

  모든 텍스트 간련 API를 묶어 flash.text 패키지가 포함되어 있다.

핵심 언어 요소

- 클래스, 객체, 인터페이스 등과 같은 객체 지향적 구조체
- 단일 스레드 실행 모델
- 런타임 타입 검사

- 선택적인 컴파일 타임 타입 검사
- 런타임시 새로운 생성자 함수나 변수를 생성하는 것과 같은 동적인 특성
- 런타임 예외
- 내장 데이터 타입을 통한 XML 직접 지원
- 코드 라이브러리를 정리하기 위한 패키지
- 식별자를 한정하기 위한 네임스페이스
- 정규식

(다) 플래시 런타임 클라이언트

- Adobe AIR : 데스크톱 배포를 위한 플래시 플랫폼 애플리케이션을 실행
- **플래시 플레이어** : 웹 배포를 위한 플래시 플랫폼 콘텐트와 애플리케이션을 구동, 웹 페이지에서 SWF 포맷의 콘텐트를 임베드하기 위한 런타임 환경이다.
- **플래시 라이트** : 모바일 기기 배포를 위한 플래시 플랫폼 콘텐트와 애플리케이션을 구동

► **런타임 API**

각 플래시 클라이언트 런타임은 런타임 API라고 부르는 고유의 내장 함수, 변수, 클래스, 객체를 제공한다.

- **핵심 기능**
  - 그래픽, 영상 표현
  - 계층적 이벤트 설계
  - 텍스트 표현과 입력
  - 마우스와 키보드 제어
  - 외부 데이터 로딩 및 서버 측 애플리케이션과의 연동을 위한 네트워크 작업
  - 오디오 재생
  - 인쇄
  - 프로그래밍 유틸리티

(라) 개발도구

액션스크립트 3.0으로 개발할 수 있도록 지원해주는 개발 도구이다.

- **플렉스 빌더** : 지금은 flash builder로 통합되어 플래시 플랫폼에 통합되어 있다. UI 작성하는데 유용하게 사용한다. 통합 개발환경(IDE)으로 액션스크립트와 MXML

을 사용한다. MXML은 XML 기반의 언어로서 UI를 기술하는데 사용한다.

- **플래시 저작 도구** : 애니메이션 등 디자인 작업이 가능하며, 액션스크립트를 활용하여 동작 흐름 제어가 가능하다. 액션스크립트 코드와 직접 그린 그래픽 디자인, 애니메이션, 각종 멀티미디어 에셋을 적절히 활용된다.

(마) 컴포넌트

플래시 저작 도구의 컴포넌트에서는 직접 생성한 그래픽 자원과 코드를 결합해 플래시 개발자나 디자이너가 컴포넌트를 쉽게 커스터마이징할 수 있다. 제공하는 컴포넌트 모음은 모두 액션스크립트로 작성되었다.

(바) 파일 포맷(swf)

swf 파일에는 액션스크립트 바이트코드와 임베드된 자원(그래픽, 사운드, 영상, 폰트 등)이 포함된다. 복잡한 프로그램을 여러 개의 swf 파일로 구성하면 프로그램의 관리가 쉬워지고, 인터넷 애플리케이션의 경우 프로그램의 접근 속도가 빨라지는 장점이 있다.

(사) 액션스크립트 가상 머신(AVM, ActionScript Virtual Machine)

액션스크립트 프로그램을 실행하기 위해 플래시 런타임 환경에 들어있는 소프트웨어 모듈로 액션스크립트 3.0 코드 실행하는데 사용하는 액션스크립트 가상 머신은 AVM2라고 부른다.

(아) 컴파일링

컴파일링이란 액션스크립트 코드를 바이너리 포맷으로 변환하는 과정이다.

- **프로그램 컴파일** : 액션스크립트 프로그램을 바이트코드로 변환하는 과정
- **swf 파일 컴파일, 내보내기(export), 제작(publish)** : swf 파일 생성하는 과정
- **JIT(Just-in-Time) 컴파일링** : 액션스크립트 바이트코드를 네이티브 코드로 변환하고 추후 실행 시 활용할 수 있도록 저장하는 과정

(자) ActionScript 객체 지향 프로그래밍 세 가지 특성

- **속성** : 객체에 함께 묶여 있는 데이터 중 하나
- **메서드** : 객체가 수행할 수 있는 작업
- **이벤트** : 언제 어떤 명령을 수행할지 결정하는 메커니즘

(3) XML

ActionScript 3.0에는 E4X(ECMAScript for XML) 사양인 ECMA-357 버전 2에 기초한 클래스 그룹이 포함되어 있다. 이러한 클래스에서는 XML 데이터로 작업할 수 있도록 강력하고 사용하기 쉬운 기능을 제공한다. E4X를 사용하면 이전의 프로그래밍 기법보다 빠르게 XML 데이터로 코드를 개발할 수 있다. 또한 코드를 쉽게 읽을 수 있다는 이점도 있다.

XML 데이터는 일반 텍스트 형식으로 작성되며, 정보를 구조화된 형식으로 구성하는 특수 구문이 사용된다. 일반적으로 하나의 XML 데이터 집합을 XML 문서라고 한다. XML 형식에서 데이터는 계층 구조에 따라 요소로 구성된다. 요소는 하나의 데이터 항목이거나 다른 여러 요소의 컨테이너일 수 있다. 모든 XML 문서는 최상위 수준(기본 항목)에 하나의 요소를 갖고 있다. 대부분 여러 중첩으로 구성되는 경우가 많지만 이 루트 요소 내에는 단일 정보가 포함된다. ActionScript 3.0에는 XML 구조의 정보로 작업할 때 사용할 수 있는 여러 클래스가 포함되어 있다.

주요 클래스

- **XML**

  하나의 XML 요소를 나타내며, 복수의 자식 또는 단일 값 요소로 구성된 XML 문서일 수 있다.

- **XMLList**

  일련의 XML 요소를 나타낸다. XMLList 객체는 "형제" XML 요소가 여러 개 있는 경우에 사용된다. 형제 XML 요소란 XML 문서의 계층 내에서 부모 및 수준이 동일한 요소를 의미한다. 예를 들어, 다음과 같은 일련의 XML 요소(XML 문서에 포함된 요소라고 가정)와 관련된 작업에서는 XMLList 인스턴스를 사용하는 것이 가장 간편할 수 있다.

(가) 중요한 개념 및 용어

다음 참조 목록에는 XML 처리 루틴을 프로그래밍할 때 사용되는 중요한 용어가 포함되어 있다.

- **요소** : XML 문서에 있는 단일 항목으로, 시작 태그 및 끝 태그 사이의 내용 및 태그로 식별된다. XML 요소는 텍스트 데이터 또는 기타 요소로 구성되거나 비어 있을 수 있다.

- **비어 있는 요소** : 자식 요소가 없는 XML 요소이다. 비어 있는 요소는 자체 닫기 태그(예: 〈element/〉)라고도 한다.
- **문서** : 하나의 XML 구조를 나타낸다. XML 문서는 여러 개의 요소 또는 비어 있는 하나의 요소로 구성될 수 있지만, 문서의 기타 모든 요소를 포함하는 최상위 수준 요소가 반드시 하나씩 있어야 한다.
- **노드** : XML 요소를 지칭하는 다른 이름이다.
- **특성** : 요소와 관련이 있으며 이름을 갖는 값으로, 요소 내에 중첩된 별도의 자식 요소로 작성되지 않고 요소의 여는 태그에 attributename="value" 형식과 같이 작성된다.

► **E4X to XML**

ECMAScript for XML 사양은 XML 데이터 작업을 위한 클래스 및 기능 집합을 정의한다. 이러한 클래스와 기능을 하나로 묶어 E4X라고 한다. ActionScript 3.0에는 XML, XMLList, QName 및 Namespace와 같은 E4X 클래스가 포함되어 있다.

E4X 클래스의 메서드, 속성 및 연산자는 다음을 구현할 수 있도록 디자인되었다.

- **단순성(Simplicity)** : 가능한 경우 E4X를 사용하면 XML 데이터 작업을 위한 코드를 쉽게 작성하고 이해할 수 있다.
- **일관성(Consistency)** : E4X에 내포되어 있는 이론 및 메서드는 내부적으로 일관되고 ActionScript의 다른 요소와 일치한다.
- **익숙함(Familiarity)** : 도트(.) 또는 특성 식별자(@) 연산자와 같이 잘 알려진 연산자를 사용하여 XML 데이터를 조작한다.

► **XML 객체**

XML 객체는 XML 요소, 특성, 주석, 처리 명령 또는 텍스트 요소를 나타낼 수 있다. XML 객체는 간단한 내용을 포함하는 객체 또는 복잡한 내용을 포함하는 객체로 분류된다. 자식 노드가 있는 XML 객체는 복잡한 내용을 포함하는 객체로 분류되고 특성, 주석, 처리 명령 또는 텍스트 노드 중 하나에 해당하는 XML 객체는 간단한 내용을 포함하는 객체로 분류된다.

- **XML 속성**

XML 클래스에는 다음과 같은 다섯 개의 정적 속성이 포함되어 있다.

속성	설명
ignoreComments ignoreProcessingInstructions	XML 객체를 파싱할 때 주석 또는 처리 명령을 무시할지 여부를 결정
ignoreWhitespace	공백 문자로만 구분되는 포함된 표현식 및 요소 태그에서 공백 문자를 무시할지 여부를 결정
prettyIndent prettyPrinting	XML 클래스의 toString() 및 toXMLString() 메서드에서 반환하는 텍스트의 서식을 지정하는 데 사용

- **XML 메소드**

작업	method	XML	XML LIST
계층구조 형식의 객체로 작업	appendChild()	○	×
	child()	○	○
	childIndex()	○	○
	children()	○	○
	descendants()	○	○
	elements()	○	○
	insertChildAfter()	○	×
	insertChildBefore()	○	×
	parent()	○	○
	prependChild()	○	×
객체 특성으로 작업	attribute()	○	×
	attributes()	○	×
객체 속성으로 작업	hasOwnProperty()	○	○
	propertyIsEnumerable()	○	○
	replace()	○	×
	setChildren()	○	×
정규화된 이름 및 네임스페이스로 작업	addNamespace()	○	×
	inScopeNamespaces()	○	×
	localName()	○	×
	name()	○	×
	namespace()	○	×
	namespaceDeclarations()	○	×
	removeNamespace()	○	×
	setLocalName()	○	×

작업	method	XML	XML LIST
정규화된 이름 및 네임스페이스로 작업	setName()	○	×
	setNamespace()	○	×
문자열로 변환하고 서식 지정	defaultSettings()	○	×
	setSettings()	○	×
	settings()	○	×
	normalize()	○	○
	toString	○	○
	toXMLString	○	○
특정 유형의 내용을 결정하고 작업	comments()	○	○
	hasComplexContent()	○	○
	hasSimpleContent()	○	○
	nodeKind()	○	×
	processingInstructions()	○	○
	text()	○	○
추가적으로 사용되는 작업	contains()	○	○
	copy()	○	○
	valueOf()	○	○
	length()	○	○

XML 요소가 하나만 포함된 XMLList 객체는 XML 객체와 같은 것으로 간주되므로 XML 클래스의 모든 속성과 메서드를 사용할 수 있다. 예를 들어 다음 코드에서 doc.div는 요소가 하나만 포함된 XMLList 객체이므로 XML 클래스에서 appendChild() 메서드를 사용할 수 있다.

```
var doc:XML = <body><div><p>Hello</p></div></body>;
doc.div.appendChild(<p>World</p>);
```

- toString()과 toXMLString() 차이

메서드	설명
toString()	해당 요소의 텍스트 내용만 반환, 단, 자식요소를 포함하는 XML 객체의 경우는 toXMLString()과 동일하다.
toXMLString()	모든 태그, 특성, 네임스페이스 선언 및 내용이 포함된 문자열 반환

(4) 데이터 연동

(가) 외부 데이터 로드

► **URLRequest 클래스**

외부 데이터를 로드하는 많은 API는 URLRequest 클래스를 사용하여 필요한 네트워크 요청 속성을 정의한다.

• **URLRequest 객체 속성**

속성	설명
contentType	URL 요청과 함께 전송되는 데이터의 MIME 내용 유형
data	URL 요청과 함께 전송될 데이터를 포함하는 객체
digest	Adobe® Flash® Player 캐시에 저장(또는 캐시에서 검색)할 서명된 Adobe 플랫폼 구성요소를 고유하게 식별하는 문자열
method	GET 또는 POST 작업과 같은 HTTP 요청 메서드. AIR 응용 프로그램 보안 도메인에서 실행되는 내용은 "GET" 또는 "POST" 이외의 문자열을 method 속성으로 지정할 수 있다. 모든 HTTP 동사가 허용되며 "GET"이 기본 메서드
requestHeaders	HTTP 요청에 추가할 HTTP 요청 헤더의 배열
url	요청할 URL을 지정합니다.

• **URl 변수 설정**

URL 문자열에 변수를 직접 추가할 수도 있지만 URLVariables 클래스를 사용하여 요청에 필요한 모든 변수를 정의하는 것이 더 쉽다.

다음 세 가지 방법으로 URLVariables 객체에 매개 변수를 추가할 수 있다.

- URLVariables 생성자 내에서 지정
- URLVariables.decode() 메서드를 사용하여 지정
- URLVariables 객체 자체에 포함된 동적 속성에 따라 지정

• **URLLoader 클래스**

URLLoader 클래스를 사용하면 서버에 요청을 보내고 반환된 정보에 액세스할 수 있다. 또한 URLLoader 클래스를 사용하면 로컬 파일 액세스가 허용되는 상황(예: Flash Player local-with-filesystem 샌드박스 및 AIR 응용 프로그램 샌드박스)에

서 로컬 파일 시스템에 있는 파일에 액세스할 수 있다. URLLoader 클래스는 URL에서 텍스트, 이진 데이터 또는 URL 인코딩된 변수 형식으로 데이터를 다운로드한다. URLLoader 클래스는 complete, httpStatus, ioError, open, progress, security-Error 등의 이벤트를 전달한다.

다운로드되는 데이터는 다운로드가 완료될 때까지 사용할 수 없다. progress 이벤트를 수신하여 전달되는 다운로드의 진행률(로드된 바이트 및 총 바이트)을 모니터링할 수 있다. 그러나 파일이 너무 빠르게 로드되면 progress 이벤트가 전달되지 않을 수 있다. 파일이 성공적으로 다운로드되면 complete 이벤트가 전달된다. URLLoader dataFormat 속성을 설정하면 데이터를 텍스트, 원시 이진 데이터 또는 URLVariables 객체로 받을 수 있다.

URLLoader.load() 메서드 및 URLLoader 클래스 생성자(선택 항목)는 URLRequest 객체인 request 하나만 매개 변수로 사용한다. URLRequest 객체에는 대상 URL, 요청 메서드(GET 또는 POST), 추가 헤더 정보 및 MIME 유형과 같은 단일 HTTP 요청의 모든 정보가 들어 있다.

예를 들어 XML 패킷을 서버측 스크립트에 업로드할 때 다음과 같은 코드를 사용할 수 있다.

```
var secondsUTC:Number = new Date().time;
var dataXML:XML =
    <clock>
        <time>{secondsUTC}</time>
    </clock>;

var request:URLRequest
            = new URLRequest("http://www.yourdomain.com/time.cfm");

request.contentType = "text/xml";
request.data = dataXML.toXMLString();
request.method = URLRequestMethod.POST;

var loader:URLLoader = new URLLoader();
loader.load(request);
```

위의 코드 예제에서는 dataXML이라는 XML 문서(서버에 보낼 XML 패킷 포함)를 만든다. 예제에서는 먼저 URLRequest contentType 속성을 "text/xml"로 설정하고 XML 문서를 URLRequest data 속성에 할당한다. 마지막으로, URLLoader 객체를 생성하고 load() 메서드를 사용하여 원격 스크립트로 요청을 보낸다.

▸ 데이터 로드

외부 텍스트 파일에서 숫자 데이터를 로드하는 경우 int(), uint() 또는 Number() 등 최상위 함수를 사용하여 값을 숫자 값으로 변환한다.

원격 파일의 내용을 문자열로 로드하여 새 URLVariables 객체를 만드는 대신 URLLoader.dataFormat 속성을 URLLoaderDataFormat 클래스에 있는 정적 속성 중 하나로 설정할 수 있다. URLLoader.dataFormat 속성에 사용할 수 있는 값은 다음 세 가지이다.

- **URLLoaderDataFormat.BINARY** : ByteArray 객체에 저장된 이진 데이터가 URLLoader.data 속성에 포함된다.
- **URLLoaderDataFormat.TEXT** : 문자열 객체의 텍스트가 URLLoader.data 속성에 포함된다.
- **URLLoaderDataFormat.VARIABLES** : URLVariables 객체에 저장된 URL 인코딩된 변수가 URLLoader.data 속성에 포함된다.

▸ 데이터 보내기

flash.net.sendToURL() 함수를 사용하여 URL로 데이터를 보낼 수 있다. 기타 메서드를 사용하여 URL로 요청을 보낼 수도 있다. 여기에는 Loader.load() 및 Sound.load()와 같은 로드 메서드, URLLoader.load() 및 URLStream.load()와 같은 데이터 로드 메서드가 포함된다.

▸ Loader 클래스

Loader 클래스는 SWF 파일이나 이미지(JPG, PNG 또는 GIF) 파일을 로드하는 데 사용된다. load() 메서드를 사용하여 로드를 시작한다. 로드된 표시 객체는 Loader 객체의 자식으로 추가된다. 텍스트 또는 이진 데이터를 로드하려면 URLLoader 클래스를 사용한다.

Loader 객체는 자식 표시 객체(Loader 객체가 로드하는 표시 객체)를 하나만 가질 수 있기 때문에 Loader 클래스는 자신이 상속하는 다음 메서드를 무시한다. 따라서 addChild(), addChildAt(), removeChild(), removeChildAt() 및 setChildIndex() 메서드를 호출하면 예외가 발생한다. 로드된 표시 객체를 제거하려면 해당 부모 DisplayObjectContainer 자식 배열에서 Loader 객체를 제거해야 한다.

다음 예제에서는 LoaderInfoExample 클래스를 사용하여 스테이지에 이미지를 표시한다.

표시 단계

1. 이미지의 이름과 위치를 나타내는 url 속성이 만들어진다.
2. 클래스 생성자가 loader라는 이름의 Loader 객체를 생성한다.
3. loader 객체가 이미지를 제대로 로드하기 위해 이벤트 리스너를 인스턴스화한다.
4. 생성자가 파일 이름 및 위치를 나타내도록 전달된 url이 있는 새 URLRequest 객체 request를 만든다.
5. 그런 다음 request 객체가 loader 객체의 load() 메서드로 전달되며, 이 메서드는 이미지를 표시 목록으로 로드한다.

(5) 웹 연동

(가) HTML에 SWF 내용 포함

브라우저의 경우와 같이 AIR 응용 프로그램 내에서 HTML 내용에 SWF 내용을 포함할 수 있다. object 태그와 embed 태그 중 하나 또는 둘 다를 사용하여 SWF 내용을 포함한다. 다음 예제에서는 HTML 내용에 포함된 SWF 객체를 통해 외부 에셋을 로드하는 방법을 보여준다.

```
var imageLoader;
   function showSWF(urlString, elementID){
      var displayContainer = document.getElementById(elementID);
      imageLoader = createSWFObject(urlString,650,650);
      displayContainer.appendChild(imageLoader);
   }

   function createSWFObject(urlString, width, height){
      var SWFObject = document.createElement("object");

SWFObject.setAttribute("type","application/x-shockwave-flash");
         SWFObject.setAttribute("width","100%");
         SWFObject.setAttribute("height","100%");
      var movieParam = document.createElement("param");
         movieParam.setAttribute("name","movie");
         movieParam.setAttribute("value",urlString);
         SWFObject.appendChild(movieParam);
      var flashVars = document.createElement("param");
         flashVars.setAttribute("name","FlashVars");
      //외부 swf 콘텐츠 로드.
         flashVars.setAttribute("value","imgPath=air.jpg");
         SWFObject.appendChild(flashVars);
      return SWFObject;
   }
```

```
function loadImage()    {
  showSWF("ImageLoader.swf", "imageSpot");
}
```

다음 ActionScript 예제에서는 HTML 파일을 통해 전달된 이미지 경로를 읽고 이미지를 스테이지로 로드한다.

```
package {
    import flash.display.Sprite;
    import flash.display.LoaderInfo;
    import flash.display.StageScaleMode;
    import flash.display.StageAlign;
    import flash.display.Loader;
    import flash.net.URLRequest;

    public class ImageLoader extends Sprite  {

        public function ImageLoader()   {
            var flashvars = LoaderInfo(this.loaderInfo).parameters;
            if(flashvars.imgPath){
                var imageLoader = new Loader();
                var image = new URLRequest(flashvars.imgPath);
                imageLoader.load(image);
                addChild(imageLoader);
                imageLoader.x = 0;
                imageLoader.y = 0;
                stage.scaleMode=StageScaleMode.NO_SCALE;

                stage.align=StageAlign.TOP_LEFT;
            }
        }
    }
}
```

(나) FLASH Interface

ActionScript와 컨테이너 응용 프로그램 간의 통신은 다음 두 가지 양식 중 하나를 사용할 수 있다. 즉, ActionScript가 컨테이너에 정의된 코드(예: JavaScript 함수)를 호출하거나 컨테이너의 코드가 호출 가능한 것으로 지정된 ActionScript 함수를 호출할 수 있다. 두 경우에 호출되는 코드에 정보를 전송하고 호출을 만드는 코드에 결과를 반환할 수 있다.

플래시에서 자바 스크립트 함수를 호출하여 바로 리턴받는 방법이 있고, 보는 바와 같이 콜백을 등록하여 플래시 호출없이 자바 스크립트에서 플래시로 값을 던져줄

수가 있는데 이때 사용하는 것이 addCallBack이다.

플래시 파일에 ExternalInterface.addCallback('인터페이스', '처리 함수')을 등록하면 자바스크립트에서 addCallback에 선언된 '인터페이스'로 파라메터를 던져주면 '처리함수'에서 로직을 수행한다.

- **ExternalInterface.addCallback**

Flash 소스 예제

```
import flash.external.*;
ExternalInterface.addCallback("callPlayBall", null, playBall);
function playBall(tgX:Number, tgY:Number, spd:Number):Void {
      moveMC(ball_mc, tgX, tgY, spd);
}
```

HTML 소스 예제

```
<script>
function callExternalInterface() {
      window["ExaddCallback"].callPlayBall(inputValue.x.value,
inputValue.y.value, inputValue.spd.value);
}
</script>

<object classid="clsid:d27cdb6e-ae6d-11cf-96b8-444553540000" codebase=
"http://fpdownload.macromedia.com/pub/shockwave/cabs/flash/swflash.cab
#version=8,0,0,0" width="500" height="500" id="ExaddCallback" align="middle">
</object>

<form>
<input  type="button"  onClick="callExternalInterface()"  value="Call
Flash Function" />
</form>
```

- **ExternalInterface.call**

Flash 소스 예제

callJavascrpt : 자바스크립트에 정의된 함수명

안녕하세요. ^^ : 자바스크립트 함수에 보낼 파라메터

해당 함수를 호출하고 리턴 값을 바로 받는데 스트링타입으로 변환하여 returnValue에 저장된다.

```
import flash.external.*;
// 호출할 자바스크립트 함수 이름
var returnValue:String = ExternalInterface.call("callJavascript", "안녕
하세요. ^^").toString();
return_txt.text = returnValue;
```

HTML 소스 예제

플래시 ExternalInterface.call에 정의되었던 함수를 기입한다.

플래시에서 호출 시 alert(), 즉 경고팝업을 띄워 호출되었음을 알려 보인다.

그리고 리턴값을 바로 리턴해준다.

```
<script>
function callJavascript(str) {
   alert(str)
  return "플래시 8의 새로운 class 인 ExternalInterface.call() 입니다^^."
}
</script>

<object classid="clsid:d27cdb6e-ae6d-11cf-96b8-444553540000" codebase=
"http://fpdownload.macromedia.com/pub/shockwave/cabs/flash/swflash.ca
b#version=8,0,0,0" width="500" height="500" id="Excall" align="middle">
</object>
```

(6) 이벤트

이벤트는 SWF 파일에서 발생하는 동작이며 프로그래머에게 매우 중요하다. 예를 들어 대부분의 SWF 파일은 사용자 상호 작용을 지원한다. 이러한 상호 작용은 마우스 클릭에 응답하는 것처럼 간단할 수도 있고 양식에 입력된 데이터를 적용 및 처리하는 것처럼 복잡할 수도 있다. SWF 파일과의 이러한 상호 작용을 이벤트라고 한다. 그러나 서버에서 데이터 로드를 마쳤을 때 또는 연결된 카메라가 활성화될 때와 같이 직접적인 사용자 상호작용 없이도 이벤트가 발생할 수 있다.

ActionScript 3.0에서 각 이벤트는 Event 클래스 또는 해당 하위 클래스의 인스턴스인 이벤트 객체로 나타낸다. 이벤트 객체는 특정 이벤트에 대한 정보를 저장할 뿐만 아니라 해당 이벤트 객체를 쉽게 조작하는 데 사용할 수 있는 메서드도 포함한다. 예를 들어 Flash Player 또는 AIR에서는 마우스 클릭을 감지하면 특정 마우스 클릭 이벤트를 나타내는 이벤트 객체(MouseEvent 클래스의 인스턴스)가 만들어진다.

이벤트 객체를 만든 후에는 Flash Player 또는 AIR에서 이 이벤트 객체를 이벤트 대상 객체에 전달한다. 전달되는 이벤트 객체의 대상으로 사용되는 객체를 이벤트 대

상이라고 한다. 예를 들어 연결된 카메라가 활성화되면 Flash Player에서 이벤트 객체를 직접 이벤트 대상에 전달하는데, 이 경우 이벤트 대상은 해당 카메라를 나타내는 객체이다. 그러나 이벤트 대상이 표시 목록에 있는 경우에는 표시 목록 계층 구조를 통해 해당 표시 목록에서 이벤트 대상을 찾을 때까지 이벤트 객체가 전달된다. 경우에 따라서는 이벤트 객체가 같은 경로를 따라 표시 목록 계층 구조에서 다시 위로 "버블링"될 수도 있다. 이러한 표시 목록 계층 구조 순회를 이벤트 흐름이라고 한다.

코드에서 이벤트 리스너를 사용하여 이벤트 객체를 "수신"할 수 있다. 이벤트 리스너는 특정 이벤트에 응답하기 위해 작성하는 함수 또는 메서드이다. 프로그램에서 이벤트에 응답할 수 있도록 하려면 이벤트 대상 또는 이벤트 객체의 이벤트 흐름에 포함된 표시 목록 객체에 이벤트 리스너를 추가해야 한다.

(가) 용어

용어	설명
버블링(Bubbling)	특정 이벤트에 버블링이 발생할 경우 부모 표시 객체가 해당 자식이 전달하는 이벤트에 응답할 수 있다.
버블링 단계(Bubbling phase)	이벤트가 부모 표시 객체까지 전달되는 단계
캡처 단계(Capture phase)	이벤트가 가장 일반적인 대상에서 가장 구체적인 대상 객체로 전달되는 단계
기본 비헤이비어 (Default behavior)	
전달(Dispatch)	이벤트가 발생했음을 이벤트 리스너에 알리는 것
이벤트(Event)	객체에 발생하는 것
이벤트 흐름(Event flow)	표시 목록의 객체에 이벤트가 발생하면 해당 객체를 포함하는 모든 객체에 이벤트를 알리고 해당 객체가 이를 다시 이벤트 리스너에 알리는 프로세스
이벤트 객체(Event object)	특정 이벤트의 발생에 대한 정보가 포함된 객체
이벤트 대상(Event target)	이벤트를 실제로 전달하는 객체
리스너(Listener)	이벤트가 발생하는 경우 알려야 함을 나타내기 위해 객체에 등록된 객체 또는 함수
대상 단계(Target phase)	이벤트 흐름 중 이벤트가 가장 구체적인 가능 대상에 도달한 시점

Flash Player 또는 AIR에서는 이벤트가 발생할 때마다 이벤트 객체를 전달한다. 이때 이벤트 대상이 표시 목록에 없으면 이벤트 객체를 이벤트 대상에 직접 전달한

다. 예를 들어 Flash Player에서는 progress 이벤트 객체를 URLStream 객체에 직접 전달한다. 그러나 이벤트 대상이 표시 목록에 있는 경우에는 이벤트 객체를 표시 목록에 전달하고 이 이벤트 객체는 해당 이벤트 대상을 찾을 때까지 표시 목록을 순회한다.

이벤트 흐름은 이벤트 객체가 표시 목록을 이동하는 방식을 기술한다. 표시 목록은 트리로 나타낼 수 있는 계층 구조로 구성되어 있으며, 표시 목록 계층 구조의 맨 위에는 Stage, 즉 표시 목록의 루트로 사용되는 특수한 표시 객체 컨테이너가 있다. Stage는 flash.display.Stage 클래스로 나타내고 표시 객체를 통해서만 액세스할 수 있다. 모든 표시 객체에는 해당 응용 프로그램의 Stage를 참조하는 stage 속성이 있다.

Flash Player 또는 AIR에서 표시 목록 관련 이벤트에 대한 이벤트 객체를 전달하는 경우 해당 이벤트 객체는 Stage에서 대상 노드까지 포함하는 라운드 트립을 만든다. DOM 이벤트 사양에서는 대상 노드를 이벤트 대상을 나타내는 노드로 정의한다. 즉, 대상 노드는 이벤트가 발생한 표시 목록 객체이다. 예를 들어 사용자가 child1이라는 표시 목록 객체를 클릭하면 Flash Player 또는 AIR에서 child1을 대상 노드로 사용하여 이벤트 객체를 전달한다.

이벤트 흐름은 개념적으로 세 부분으로 구분된다. 첫 번째 부분은 **캡처 단계**라고 하고 Stage에서 대상 노드의 부모까지 모든 노드를 포함한다. 두 번째 부분은 **대상 단계**라고 하고 대상 노드만 포함한다. 마지막으로 세 번째 부분은 **버블링 단계**라고 하고 대상 노드의 부모에서 다시 Stage로 돌아오는 과정에서 만나게 되는 노드를 포함한다.

(나) Event 객체

Event 클래스를 기본으로 하여 만들어진 이벤트 객체는 이벤트 발생 시 매개변수로 이벤트 리스너에 전달된다.

이벤트 객체는 새 이벤트 처리 시스템에서 크게 두 가지 목적으로 사용된다. 첫 번째로 이벤트 객체는 속성 집합에 특정 이벤트에 대한 정보를 저장하여 실제 이벤트를 나타내고, 두 번째로 이벤트 객체에는 이벤트 객체를 조작하고 이벤트 처리 시스템의 비헤이비어에 영향을 줄 수 있는 메서드 집합이 포함되어 있다.

- **이벤트 리스너를 추가할 때**

```
좋은예> myDisplayObject.addEventListener(MouseEvent.CLICK, clickHandler);
나쁜예> myDisplayObject.addEventListener("click", clickHandler);
```

상수 사용 대신 임의의 문자열로도 사용 가능하나 컴파일 시 철자 오류가 나타나지 않기 때문에 디버깅할 수 없다.

(다) EventListener

이벤트 리스너는 Flash Player 및 AIR에서 특정 이벤트에 대한 응답으로 실행되는 함수이며 이벤트 핸들러라고도 한다.

이벤트 리스너를 추가할 때는 두 단계 과정을 거쳐야 하는데, 먼저 Flash Player 또는 AIR에서 이벤트에 대한 응답으로 실행할 함수 또는 클래스 메서드를 만든다. 이를 리스너 함수 또는 이벤트 핸들러 함수라고도 한다. 그런 다음 addEventListener() 메서드를 사용하여 리스너 함수를 이벤트 대상 또는 적절한 이벤트 흐름을 따라 놓여 있는 표시 목록 객체에 등록한다. IEventDispatcher 인터페이스의 메서드를 사용하여 리스너 함수를 관리할 수 있다.

(라) 사용자 정의 Event

모든 Event 하위 클래스는 사용자 정의 기능을 추가해야 하며, ActionScript 이벤트 처리 프레임워크의 일부로 상속 clone()메서드를 재정의 해야 한다. 또한 toString() 메서드를 재정의하여 호출 반환값에 사용자 정의 이벤트의 속성이 포함되도록 할 수 있다.

```
Package {
    import flash.events.Event;
    public class IUIEvent extends Event {
        static public const ACTION: String = "action";
        public var params: Object;

        public function IUIEvent( $type: String, $params: Object =
            null, $bubbles: Boolean = false, $cancelable: Boolean
            = false ) {
            super( $type, $bubbles, $cancelable );
            this.params = $params;
        }

        override public function clone(): Event {
            return new IUIEvent( type, this.params, bubbles, cancelable );
        }

        override public function toString(): String {
            return formatToString( "IUIEvent", "params", "type",
                "bubbles", "cancelable" );
        }
    }
}
```

(마) 이벤트 종류

► **마우스 입력 이벤트**

플래시 플레이어는 사용자가 시스템 포인팅 장치를 조작할 때 마우스 이벤트를 전달한다. 시스템 포인팅 장치에는 마우스, 트랙볼, 노트북의 터치패드, 포인팅 스틱, 스타일러스 등이 있다.

클래스 상수

- MouseEvent.MOUSE_DOWN : 마우스 포인터가 플래시 플레이어 디스플레이 영역에 있고, 버튼이 눌린 경우
- MouseEvent.MOUSE_UP : 마우스 포인터가 플래시 플레이어 디스플레이 영역에 있고, 버튼이 떼어진 경우
- MouseEvent.CLICK : 마우스 버튼이 동일한 오브젝트에서 눌렸다 떼어진 경우
- MouseEvent.DOUBLE_CLICK : 위 click이 동일한 오브젝트에서 두 번 빠르게 발생한 경우
- MouseEvent.MOUSE_MOVE : 마우스 포인터가 플래시 플레이어 디스플레이 영역에서 움직이는 경우
- MouseEvent.MOUSE_OVER : 마우스 포인터가 디스플레이 객체 위로 움직인 경우
- MouseEvent.MOUSE_OUT : 마우스 포인터가 디스플레이 객체 밖으로 벗어난 경우

► **키보드 이벤트**

사용자가 키보드를 누르거나 뗄 때 플래시 플레이어는 키보드 입력 이벤트를 전달한다. 키보드 입력 이벤트는 전역이나 특정 영역에서 애플리케이션의 특정 기능을 실행하는 단축키로 흔히 사용된다. 예를 들어 애플리케이션 실행 중 S키를 누르면 데이터가 저장된다거나(전역), 특정 메뉴에서 아래 방향키를 누르면 다른 아이템이 선택되는 식(특정 영역)이다.

클래스 상수

- KeyboardEvent.KEY_DOWN : 키를 누른 경우
- KeyboardEvent.KEY_UP : 키를 뗀 경우

이벤트 발생 키 판별

이벤트 리스너 함수에서 Keyboard 클래스의 상수를 통해 비교해 볼 수 있다.

```
private function onKeyDownHandler( e:KeyBoardEvent ): void {
        if( e.keyCode == Keyboard.ESCAPE ) {
                trace( "ESC키가 눌렸다, 키값은 27이다." );
        }
}
```

► **포커스 이벤트**

객체가 키보드 포커스를 가지고 있을 때 해당 객체는 모든 키보드 입력을 받으며, 또한 모든 키보드 입력 이벤트 전달의 대상이 된다. 객체는 프로그램적으로나 (Stage 클래스의 인스턴스 변수인 focus를 통해) 사용자가 조작하는 마우스, 탭키, 방향키 등을 통해 키보드 포커스를 가질 수 있다.

클래스 상수

- FocusEvent.FOCUS_IN : 객체가 포커스를 얻은 경우
- FocusEvent.FOCUS_OUT : 객체가 포커스를 잃은 경우
- FocusEvent.KEY_FOCUS_CHANGE : 사용자가 키보드를 이용해 포커스를 변경한 경우
- FocusEvent.MOUSE_FOCUS_CHANGE : 사용자가 마우스를 이용해 포커스를 변경한 경우

► **문자열 입력 이벤트**

사용자가 텍스트 필드에 새로운 문자열을 추가했거나 입력했을 때 이벤트를 전달한다.

클래스 상수

- TextEvent.TEXT_INPUT : 사용자가 입력 텍스트 필드에 새로운 문자열을 추가한 경우
- TextEvent.CHANGE : 입력 텍스트 필드에 사용자가 새로운 문자열을 추가한 경우

TEXT_INPUT이벤트는 새로운 문자열을 추가했음을 알려주는 것이고, CHANGE 새로운 문자열이 성공적으로 추가되고 해당 텍스트 필드를 갱신한 상황을 알려준다.

► **플래시 플레이어 레벨의 입력 이벤트**

애플리케이션 이벤트라고 한다.

클래스 상수

- Event.ACTIVATE : 플래시 플레이어가 시스템 포커스를 가진 경우
- Event.DEACTIVATE : 플래시 플레이어가 시스템 포커스를 잃은 경우
- Event.RESIZE : 플래시 플레이어의 디스플레이 영역의 크기가 변한 경우

2.2.3 Adobe AIR

AIR(Adobe Integrated Runtime)는 웹브라우저에서 만들어지던 애플리케이션을 개발 방법이나 내용은 그대로 유지되면서 데스크톱에서 독립적으로 실행할 수 있는 애플리케이션을 만들 수 있다. AIR 런타임은 10MB 정도의 작은 용량을 가지고 있어 배포가 쉬우며 AJAX, HTML, FLASH, FLEX, DREAMWEAVER, JAVASCRIPT 등의 다양한 방법으로 제작이 가능하다.

주요기능

AIR가 할 수 있는 일은 실로 막강합니다. File I/O 기능을 통해 파일을 읽고 쓸 수 있는 기능뿐 아니라 클립보드 및 데이터베이스 기능 윈도우를 만들 수 있는 기능을 가지고 있다.

- File I/O API : Local에서 파일을 읽고 쓸 수 있다.
- Clipboard : 클립보드의 내용을 읽고 쓸 수 있다.
- Native Window : 운영체제인 윈도우를 제어할 수 있다.
- SQLite : 데이터베이스 기능을 내장했다.
- HTML Control : Webkit이라는 오픈소스 HTML 프레임워크를 내장했다.
- Drag and Drop : 운영체제상에서의 시스템 드래그 앤 드롭을 지원한다.

AIR도 ActionScript 3.0으로 만들 수 있다. Flash와의 차이점은 바로 실행환경(런타임)입니다. Flash 프로그램은 Flash Player에서 실행되지만 Air 프로그램은 Air 런타임을 이용한다.

(1) File 클래스

FileReference를 상속받은 클래스로 주된 기능은 로컬의 디렉터리나 파일로 접근하여 데이터를 읽어 오거나 디렉터리 생성/삭제, 파일 생성/삭제 등 File 시스템 작업을 한다.

속성

- ► File.applicationDirectory: 어플이 설치된 디렉터리의 읽기전용 속성
- ► File.applicationStorageDirectory: 쓰기가능한 파일, 다운로드한 이미지 등 외부의 어플 자원을 저장하는 디렉터리. 하지만 유저가 파일시스템에서 찾기 힘들 수 있으니 유저 documents 디렉터리를 이용하는 것이 좋다.
- ► File.desktopDirectory: 데스크톱 폴더
- ► File.documentsDirectory: 유저의 도큐먼트 폴더. 편집가능한 사진이나 텍스트파일같이 유저가 어플 외에서도 사용하는 파일. documents 폴더의 하위 디렉터리에 저장되어야한다.
- ► File.userDirectory: 유저 디렉터리

• resolvePath() 메소드

새 파일을 만들거나 접근할 때 사용한다. 아래 코드는 유저 documents directory의 한 파일을 참조하는 File 객체를 생성한다.

```
File.documentsDirectory.resolvePath("myFile.txt");
```

임시 폴더나 파일은 File.createTempDirectory() and File.createTempFile()를 이용한다.

• nativePath 사용

File 클래스는 url과 nativePath 속성을 둘 다 제공한다.

많은 AIR, JS, HTML, Flex 속성들과 메소드는 URL 문자열에 익숙하다.

만약 URL을 셋팅하기 위해 파일객체의 nativePath 속성을 사용한다면 다른 플랫폼에선 다르게 해석될 소지가 있다.

윈도우즈에선 native path는 절대 URL로 해석되지만 Mac과 리눅스에선 상대적 경로처럼 사용될 수 있다.

• 다이얼로그 오픈 메서드

- ► File.browse() : 업로드할 파일을 선택할 수 있는 대화상자를 연다.
- ► File.browseForDirectory() : 폴더를 선택하는 대화상자를 연다.
- ► File.browseForOpen() : 파일을 불러오는 기능의 대화상자를 연다.
- ► File.browseForOpenMultiple() : 여러 개의 파일을 불러오는 기능의 대화상자를 연다.
- ► File.browseForSave() : 파일을 저장하는 기능의 대화상자를 연다.

- FileStream()

파일을 관리하기 위해서는 File 클래스 외에 FileStream() 필요하다.

FileStream()은 파일을 읽기 및 쓰기에 사용되며 open() 메서드를 호출하여 동기적으로 열거나 openAsync() 메서드를 호출하여 비동기적으로 열 수 있다.

FileMode를 사용하여 읽기, 쓰기, 추가, 갱신 등의 옵션을 사용한다.

상수	읽기	작성	만들기	열 때 잘라내기	작성된 데이터 추가
READ	○				
WRITE		○	○	○	
APPEND		○	○		○
UPDATE	○	○	○		

- 읽기 - FileStream 객체가 파일에서 데이터를 읽어올 수 있다.
- 작성 - FileStream 객체가 파일에 데이터를 작성할 수 있다.
- 만들기 - FileStream 객체가 파일을 열 때 존재하지 않는 파일을 만든다.
- 열 때 잘라내기 - 파일을 열 때 파일에 있는 데이터가 데이터를 쓰기 전에 삭제된다.
- 작성된 데이터 추가 - write 메서드가 호출될 때 데이터가 항상 파일 끝에 기록된다.

표 설명

- READ - 파일의 바이너리 데이터를 읽어오는 목적으로 사용한다.
- WRITE - 기록을 위해 사용. 단, 기존 데이터는 제거되며 없는 파일은 생성된다.
- APPEND - 기존 바이트 배열의 제일 끝부분부터 바이트 데이터를 추가한다.
- UPDATE - 이전 데이터를 버리지 않으면서 배열의 어느 position으로든 접근하여 바이트 데이터를 기록한다.

(2) NativeWindow 클래스

NativeWindow 클래스는 기본 데스크톱 윈도우를 만들고 제어할 수 있는 인터페이스를 제공한다. NativeWindow 인스턴스에 대한 참조는 윈도우 생성자로 반환된다. NativeWindow 인스턴스에 대한 참조는 해당 윈도우 스테이지에서 모든 표시 객체의 stage.nativeWindow 속성을 사용하여 액세스할 수도 있다.

```
var window:NativeWindow = displayObject.stage.nativeWindow;
```

NativeWindow 인스턴스에 대한 참조는 윈도우 생성자로 반환된다.

html 페이지의 javaScript는 window.nativeWindow 속성을 사용하여 참조할 수 있다. NativeWindow 인스턴스의 속성은 응용 프로그램 내용을 통해서만 액세스할 수 있다. 비응용 프로그램 내용을 통해 액세스하려는 경우는 보안 오류가 발생한다.

참고문헌

[1] John R. Smith, "The Search for Interoperability", Multimedia, Vol. 15, Issue 3, 2008년 7~9월호, pp. 84-87, IEEE

[2] Ying Liu ,Dengsheng Zhang, Guojun Lu, and Wei-Ying Ma, "A survey of content-based image retrieval with high-level semantics", Pattern Recognition, Vol. 40, Issue 1, 2007년 1월, pp. 262-282, Elsevier

[3] IETF RFC 5013 Dublin Core Metadata Element Set, 2007년 8월, IETF

[4] TS 102 822-3-1 V1.7.1, Broadcast and On-line Services: Search, select, and rightful use of content on personal storage systems("TV-Anytime"); Part 3: Metadata;Sub-part 1: Phase 1-Metadata schemas, 2011년 11월, ETSI

[5] TS 102 822-3-2 V1.6.1, Broadcast and On-line Services: Search, select, and rightful use of content on personal storage systems("TV-Anytime"); Part 3: Metadata;Sub-part 2:System aspects in a uni-directional environment, 2010년 7월, ETSI

[6] TS 102 822-3-3 V1.5.1, Broadcast and On-line Services: Search, select, and rightful use of content on personal storage systems("TV-Anytime"); Part 3: Metadata;Sub-part 3: Phase 2-Extended Metadata Schema, 2011년 11월, ETSI

[7] TS 102 822-3-4 V1.5.1, Broadcast and On-line Services: Search, select, and rightful use of content on personal storage systems("TV-Anytime"); Part 3: Metadata;Sub-part 4: Phase 2-Interstitial metadata, 2011년 11월, ETSI

[8] ISO/IEC 15938-3:2002, Information technology -- Multimedia content description interface -- Part 3: Visual, 2002, ISO

[9] ISO/IEC 15938-4:2002, Information technology -- Multimedia content description interface -- Part 4: Audio, 2002, ISO

[10] ISO/IEC 15938-5:2003, Information technology -- Multimedia content description interface -- Part 5: Multimedia description schemes, 2003, ISO

[11] ISO/IEC 15938-12:2008 Information technology - Multimedia content description interface - Part 12: Query format, 2008, ISO

[12] RP210-12-2010 SMPTE Metadata Dictionary(http://www.smpte-ra.org/mdd/)

[13] EBU-Tech3295 ver.2.2, P_Meta Metadata Library, 2011년 9월, EBU, 스위스 제네바

[14] PBCore 2.0(http://pbcore.org/schema)

[15] http://www.logitech.com/en-us/smartTV/revue

[16] C. D. Manning, P. Raghavan, H. Schutze, Introduction to Information Retrieval, Cambridge University Press, 2008

[17] http://www.owlim.com

[18] 정휘웅, 김경선, 정한민, "시맨틱 검색 기술 동향", 주간기술동향 통권 1431호 2010년 2

월 3일, 정보통신산업진흥원

[19] WonSuk Lee et. al, Ontology for Media Resources 1.0, W3C Recommendation, 2012년 2월, http://www.w3.org/TR/mediaont-10/

[20] Wooram Son, Hyun-Tae Cho, Kyoungro Yoon, Seok-Pil Lee, "Sub-fingerprint masking for a robust audio fingerprinting system in a real-noise environment for portable consumer devices", Transactions on Consumer Electronics, Vol. 56, Issue 1, 2010년 2월, pp. 156 - 160, IEEE

[21] 콜린무크, 유윤선, 송호철, "액션스크립트 3.0 완벽가이드", 인사이드

[22] "Adobe Flash Platform용 ActionScript 3.0 참조설명서", Adobe

[23] "Adobe Flash Platform ActionScript 3.0 학습/개발자 안내서", Adobe

제 3 장

스마트 TV 플랫폼 기술

최근 스마트 TV 플랫폼 기술의 발전과 국가별 TV 표준화 활동에 힘입어 제조업체 및 소프트웨어 업체들을 중심으로 스마트 TV 플랫폼 개발이 활발히 진행되고 있다. 구글은 안드로이드 버전 3.1 기반의 구글 TV를 발표하였으며, 애플은 자사 iOS 기반의 TV를 출시할 것으로 예상된다. 국내의 경우 삼성전자 및 LG전자에서 자사 스마트 TV 플랫폼 기반의 TV 제품들을 개발 판매 중에 있다. 뿐만 아니라 공중파 방송국, IPTV 및 케이블 방송업체, 제조업체를 중심으로 차세대 스마트 방송 표준을 위한 표준 제정이 국내외에서 활발히 진행되는 등 스마트 방송 및 TV 플랫폼 선점을 위한 경쟁이 가속화 되고 있다.

최근 자사 TV 플랫폼의 생태계 구축에 가장 적극적인 업체들 중 하나는 구글이다. 구글은 2010년 5월, 소니, 인텔, 로지텍, 디시 네트워크, 어도비 등과 함께 구글 TV 진영을 구축하고 스마트 TV 개발에 착수하여, 2010년 10월 풀브라우징이 가능한 안드로이드 기반의 구글 TV를 출시하였다. 크롬 및 어도비 플래시를 지원하여 유튜브와 같은 인터넷 동영상 감상은 물론, 다양한 방송 및 유료채널, DVR, 인터넷 서핑 등 다양한 콘텐츠를 활용할 수 있는 기능을 제공한다. 2011년에는 구글 TV용 SDK (Software Development Kit)를 공개하고 구글 TV용 애플리케이션 및 콘텐츠 판매를 위한 마켓을 개설하는 등의 구글 TV 활성화를 위한 노력을 계속하고 있다. 국내에서는 2012년 말부터 세계 최초로 IPTV 사업자 셋톱박스용으로 제작되는 구글 TV 플랫폼을 공급하고 있다.

삼성전자는 2007년부터 리눅스 OS 기반으로 하는 소프트웨어 및 하드웨어를 독자적으로 개발하여 상용화 하고 있다. 2010년 7월에는 TV 애플리케이션 마켓인 삼성앱스를 구축했으며, 앱 콘텐츠 확보를 위하여 삼성 앱콘테스트 등 삼성TV용 플랫폼의 사용자층 확보를 위한 지속적인 지원을 진행 중에 있다. 삼성전자는 자사 기기의 판매 확대를 위한 전략으로 기기 간 연동 및 N-스크린 기능이 제공되는 All-Share 서비스 및 풀 웹브라우징이 가능한 TV 플랫폼을 출시하고 있다. 삼성 스마트 TV 플랫폼의 구조는 [그림 3-1]과 같다.

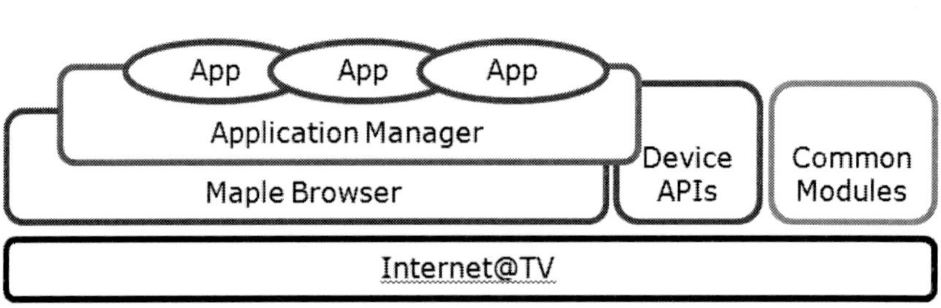

[그림 3-1] 삼성 스마트 TV 구조

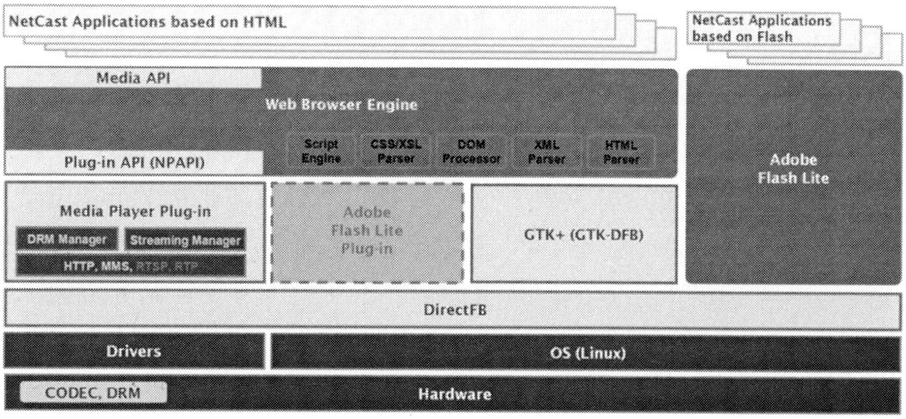

[그림 3-2] LG 스마트 TV 구조

LG전자는 IFA2010에서 자체 스마트 TV 플랫폼인 NetCast 2.0이 내장된 스마트 TV를 출품했다. 사용자 친화적인 유저 인터페이스와 입력장치 제공으로 고객 편의성을 극대화하고 매직 모션 리모컨과 같은 스마트 리모트 컨트롤러를 통한 편리한 조작 방법을 지원한다. 또한, 스카이프(Skype)와의 제휴를 통해 음성 및 영상통화 서비스 제공 및 구글과의 제휴 협력을 진행 하고 있다. LG 스마트 TV의 구조는 [그림 3-2]와 같다.

본 장에서는 최근 셋톱박스 형태로 국내 시장에서 출시되고, 다양한 응용 프로그램 개발 방법을 제공하는 구글 TV용 애플리케이션의 개발 방법에 대해 알아본다. 구글 TV는 플랫폼 소스 코드가 현재까지 모두 공개되어 있지는 않지만 상대적으로 개방된 플랫폼 및 생태계를 제공하고 안드로이드 개발자나 웹 개발자 모두 쉽게 구글 TV용 애플리케이션을 개발할 수 있는 장점이 있다. 또한, 셋톱박스 형태로 국내에 출시될 예정으로 있어 향후 많은 사용자 확보가 가능하기 때문에 본 장에서는 구글 TV 플랫폼 및 애플리케이션 개발을 주제로 선정하였다.

이 장 구성은 다음과 같다. 우선, 3.1절에서는 구글 TV용 애플리케이션 개발을 위한 개발환경 설치방법에 대해 소개한다. 3.2절에서는 구글 TV용 안드로이드 애플리케이션 개발을 위한 사항에 대해 알아보고, 3.3절에서는 TV 환경에서 가장 많이 사용되는 응용 프로그램의 하나이며 구글 TV에서 제공되는 미디어 플레이어 클래스의 활용방법에 대해 설명한다. 마지막으로 3.4절에서는 구글 TV용 웹애플리케이션(WebApp) 개발 방법에 대해 알아본다.

3.1 구글 TV 애플리케이션 개발환경 설치

이번 절에서는 안드로이드 및 구글 TV용 애플리케이션을 개발하기 위한 개발환경 설치 방법에 대해 소개한다. 구글 TV용 애플리케이션 개발환경 구축을 위해서는 안드로이드 SDK 및 구글 TV Addon 설치, 그리고 개발 IDE(Integrated Development Environment)를 설치해야 된다. 구글 TV Addon 및 구글 TV 에뮬레이터 생성, 그리고 구글 TV 기기 연결 방법을 제외하면 기본적으로 구글 TV용 개발환경 구축 방법은 안드로이드 개발환경 구축과 동일하다. 따라서 이미 안드로이드 애플리케이션 개발환경이 구축 되어 있는 경우에는 '(4)안드로이드 SDK 패키지 설치' 이후를 참고하면 된다. 참고로, 구글 TV용 애플리케이션 개발을 위한 안드로이드 SDK 버전은 다음과 같다.

- SDK 플랫폼 안드로이드 3.1, API 12 이상
- 안드로이드 SDK Tools revision 12 이상
- 안드로이드 SDK Platform-tools revision 6 이상

(1) 자바 SDK 설치

안드로이드 애플리케이션은 자바언어를 사용하여 작성되기 때문에 자바 SDK인 JDK를 설치하여야 한다. JDK의 설치는 http://www.oracle.com/technetwork/java/javase/downloads/index.html에서 JDK SE 6 혹은 7 버전을 다운받아 설치한다([그림 3-3]).

다운받은 JDK 파일을 실행하고 설치하고자 하는 폴더 위치를 지정하여 설치를 진행 한다([그림 3-4]).

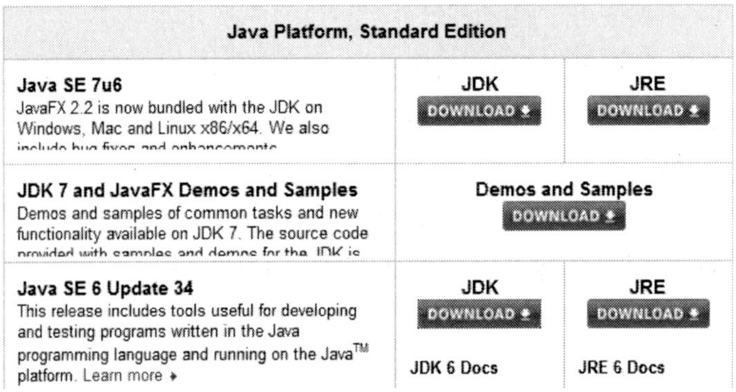

[그림 3-3] JDK 다운로드 페이지

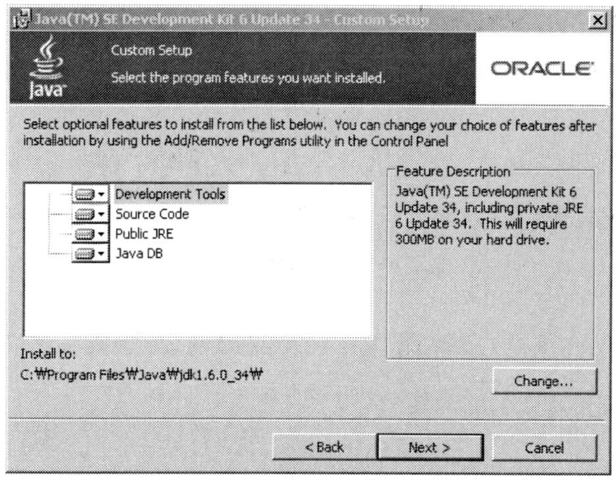

[그림 3-4] JDK 설치파일 실행 화면

설치가 완료되면 JDK의 'bin' 디렉터리 위치를 설치한 시스템의 환경변수에 추가한다.

(2) 이클립스 IDE설치

이클립스를 다운 받고(http://www.eclipse.org/downloads/) 설치를 원하는 폴더에 압축을 푼다([그림 3-5]). 설치하는 이클립스는 3.7.2 혹은 4.2 클래식 버전을 권장한다. 압축을 해제한 이클립스의 디렉터리 위치도 JDK와 마찬가지로 시스템 환경변수에 추가한다.

[그림 3-5] 이클립스 다운로드 페이지

(3) Android SDK 설치

JDK와 Eclipse 설치가 완료되면, 안드로이드 관련 SDK 및 패키지를 설치한다. 우선 안드로이드 SDK를 다운받아 설치한다. 안드로이드 SDK는 다음의 위치(http://developer.android.com/sdk/index.html)에서 다운 받을 수 있다. 다운받은 SDK를 실행하면 이미 JDK를 설치하였기 때문에 [그림 3-6]과 같이 다이얼로그가 나타나고, Next 버튼을 클릭하여 설치를 진행한다.

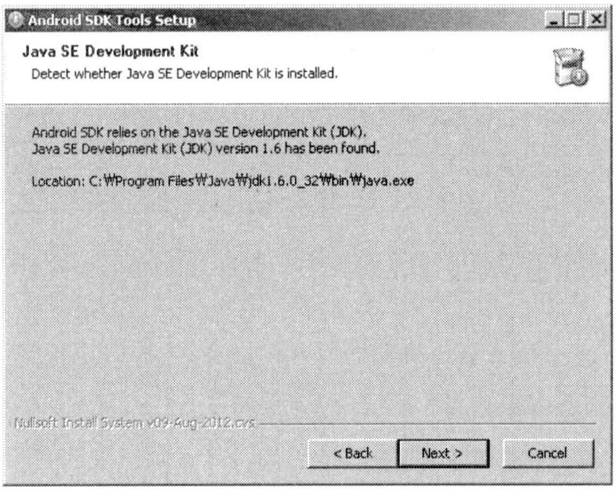

[그림 3-6] 안드로이드 SDK 설치 파일 실행 화면

[그림 3-7]은 안드로이드 SDK 설치 디렉터리 지정을 위한 절차이다. 그림에 나온 것과 같이 SDK의 설치 위치를 지정하고 진행한다.

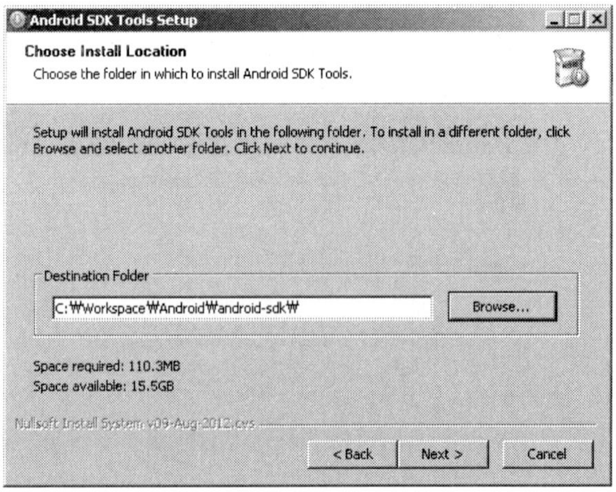

[그림 3-7] 안드로이드 SDK 설치 위치 지정

(4) 안드로이드 SDK 패키지 설치

안드로이드 SDK 설치가 완료되면 SDK가 설치된 디렉터리에서 "SDK Manager.exe" 파일을 실행시키고, 개발에 필요한 SDK package를 선택하여 설치 진행한다([그림 3-8]).

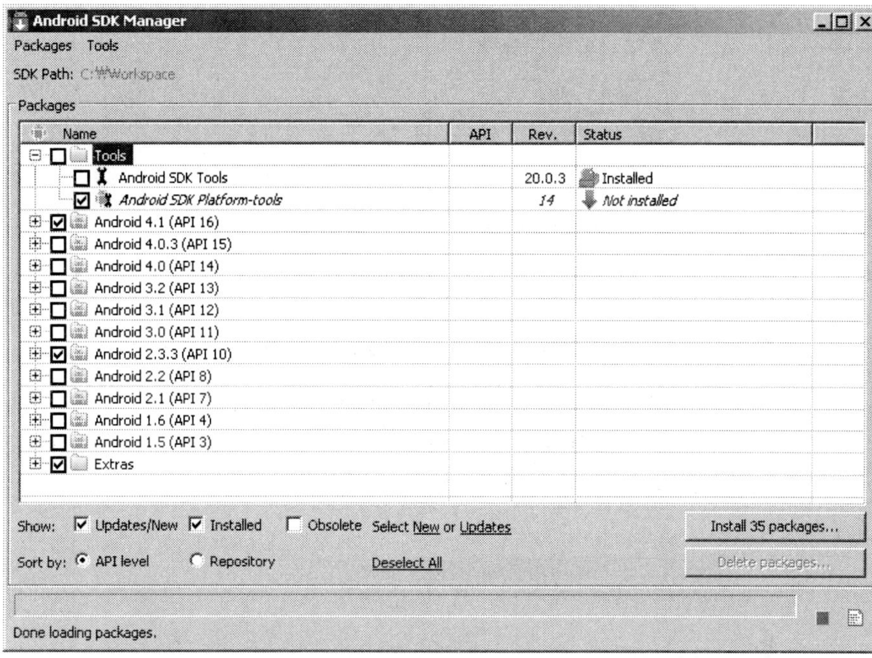

[그림 3-8] 안드로이드 SDK Manager의 패키지 설치 화면

(5) 안드로이드 개발 툴(Android Development Tool, ADT) 설치

SDK 패키지 설치가 완료되면, 설치된 안드로이드 SDK tool들과 이클립스를 연결해 주는 ADT(Android Development Tool)을 설치한다. ADT 설치는 이클립스의 Help 메뉴 하위에 있는 "Install New Software" 서브메뉴를 선택한 후, 나타나는 다이얼로그에서 상단 우측의 Add 버튼을 클릭하여 Name 필드에 Android Plugin 혹은 ADT를, Location 필드에 https://dl-ssl.google.com/android/eclipse를 추가한다([그림 3-9]). 설치 중 ADT 다운로드에 에러가 발생하면, 설치 url을 http로 변경하여(http://dl-ssl.google.com/android/eclipse) 진행하거나 http://developer.android.com/sdk/eclipse-adt.html에서 ADT 파일을 다운받아 Location 필드에 ADT 파일 위치를 지정하고 설치를 진행해도 된다.

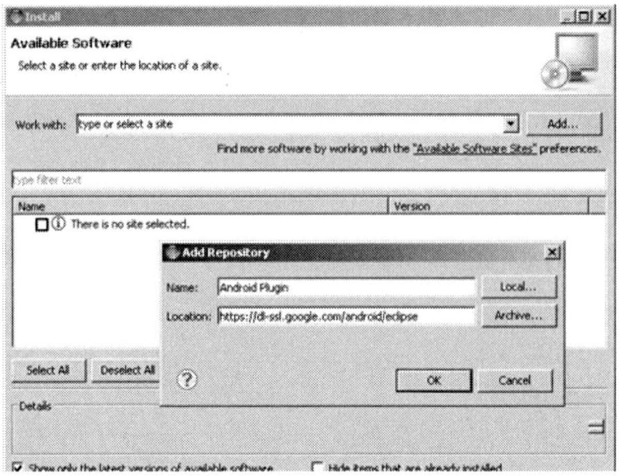

[그림 3-9] 안드로이드 SDK Manager의 패키지 설치 화면

ADT 설치가 완료되면 이클립스 Window 메뉴의 서브메뉴인 Preferences를 선택하여 Preferences 다이얼로그를 열도록 한다. 다이얼로그 왼쪽에 위치한 패널에서 Android 항목을 선택하고, 안드로이드 SDK Location 필드에 안드로이드 SDK가 설치된 디렉터리 위치를 추가한다([그림 3-10]).

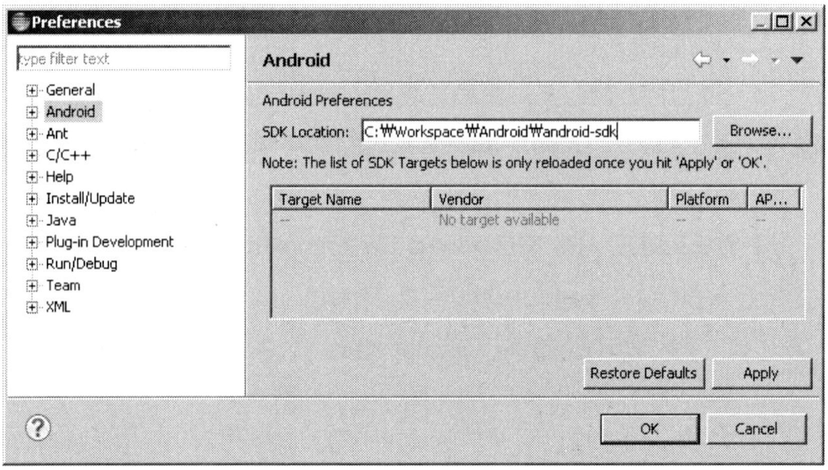

[그림 3-10] 이클립스의 Preference 메뉴에서 안드로이드 SDK 위치 세팅

(6) 구글 TV Add-on 설치

안드로이드 SDK는 구글 TV 애플리케이션 개발환경을 위해 구글 TV Add-on을 제공한다. 구글 TV Add-on은 구글 TV 에뮬레이터, 이클립스 ADT용 레이아웃 템플릿, 그리고 채널 리스트 Content Provider 사용을 위한 문서 등을 제공한다. 구글 TV Add-on는 SDK 매니저를 이용하여 설치 가능하다. 현재 구글 TV Add-on의 설치는 리눅스 개발환경에서만 가능하며, 윈도우즈나 맥OS를 사용하는 경우, 버추얼박스나 VMware와 같은 버추얼 머신을 사용하여 리눅스를 설치하고, 리눅스용으로 안드로이드 SDK 개발환경을 구축한 후 구글 TV Add-on을 설치할 수 있다. 구글 TV 에뮬레이터는 KVM(Kernel-based Virtual Machine) 이 지원되는 리눅스 시스템에서만 구동된다. 자신의 시스템에서 KVM을 지원하는지는 다음의 modprobe 명령을 통해 확인 가능하다.

```
$ sudo modprobe kvm-intel (Intel)
$ sudo modprobe kvm-amd (AMD)
```

버추얼머신 사용 시에는 프로세서가 Intel VT-x/EPT 혹은 AMD-V/RVI가 지원되도록 세팅되어야 한다. 또한, 인텔 프로세서에서는 안드로이드 SDK 툴 리비전 12에서, AMD 프로세서에서는 리비전 14의 개발환경에서 사용 가능하다.

[그림 3-11] 및 [그림 3-12]는 윈도우즈와 리눅스에서의 안드로이드 SDK 구글 TV Addon 설치화면을 보여준다. 윈도우에서는 안드로이드 SDK 매니저 화면에 "Google TV Addon"이 "Not compatible with Windows"로([그림 3-11]), 리눅스 시스템에서는 "Not Installed"로 표시되는 것을 볼 수 있다([그림 3-12]).

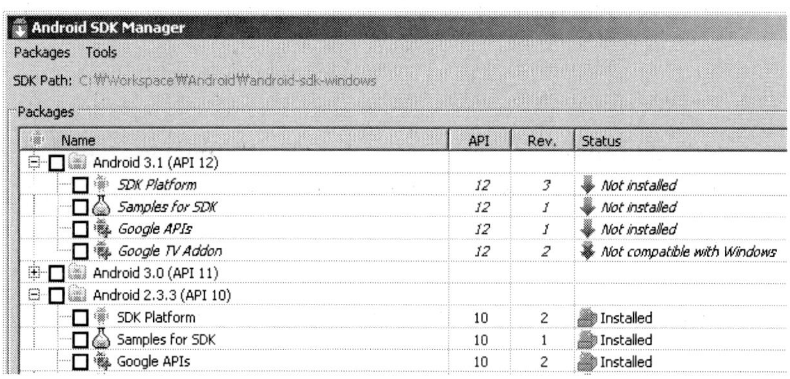

[그림 3-11] 윈도우즈 시스템에서의 안드로이드 SDK의 구글 TV Addon 설치 화면

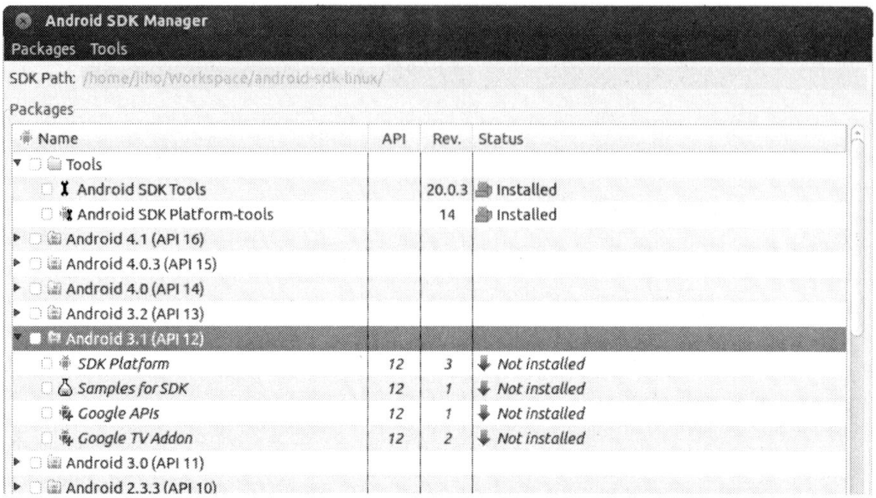

[그림 3-12] 리눅스 시스템에서의 안드로이드 SDK의 구글 TV Addon 설치 화면

(7) 구글 TV 에뮬레이터 생성

구글 TV 에뮬레이터 생성 방법은 일반적인 안드로이드 AVD(Android Virtual Device) 생성 방법과 유사하다. 구글 TV용 AVD를 생성하기 위해서는 AVD 매니저에서 플랫폼 타겟을 "GoogleTV Addon(Google, Inc.) - API Level 12"으로 지정한다. 생성되는 구글 TV AVD는 CPU가 Intel Atom(x86), 화면 해상도가 720p로 기본 설정된다. 1080p로 세팅하기 위해서는 세팅메뉴에서 해당 해상도를 선택하면 된다. 지원되는 Intel Atom(x86) CPU는 수정할 수 없다. 그외 카메라나 GPS 등의 선택적인 H/W 추가가 가능하나 실제 만들어진 구글 TV AVD에서는 해당 HW 기능이 지원되지 않는 것에 유의한다. [그림 3-13]은 리눅스 시스템에서 안드로이드 AVD 매니저를 실행하여 안드로이드 에뮬레이터를 생성하는 화면이다.

생성된 구글 TV AVD를 실행하려면 일반적인 안드로이드 에뮬레이터와 동일하게 AVD 매니저에서 생성된 구글 TV AVD를 선택하고 Start 버튼을 클릭하여 실행 시킬 수 있다. 커맨드 라인에서 에뮬레이터를 실행하기 위해서는 다음의 명령을 수행하면 된다.

```
emulator -avd <GoogleTV_name> <other_flags>
```

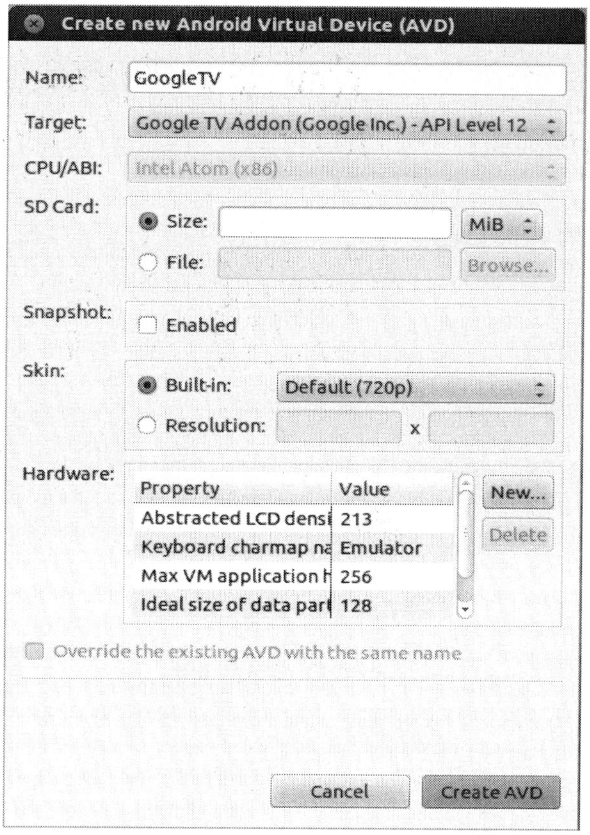

[그림 3-13] 구글 TV 에뮬레이터 생성 화면

여기에서 〈GoogleTV_name〉은 생성된 구글 TV AVD의 이름을 의미한다. [그림 3-14]는 실행된 구글 TV 에뮬레이터 화면과 미디어 컨트롤 버튼이다. [표 3-1]은 [그림 3-14]에 표시된 숫자에 해당되는 스크린 버튼을 나타낸다.

구글 TV 에뮬레이터와 플랫폼이 제공하는 기능은 다음과 같다.

- 실시간 TV 방송용 안드로이드 응용 프로그램: 구글 TV는 실시간 TV 방송을 제공하기 위한 실시간 TV 방송용 안드로이드 응용 프로그램을 포함하고 있다.
- 채널 리스트 콘텐트 프로바이더(ChannelListing Content Provider): 구글 TV 플랫폼은 실시간 방송 신호 채널과 방송국 정보를 제공하기 위해 콘텐트 프로바이더를 제공한다.
- 구글 TV add-on: 구글 TV 개발환경은 구글 TV 에뮬레이터를 제공하기 위한 구글 TV add-on 패키지를 포함한다.

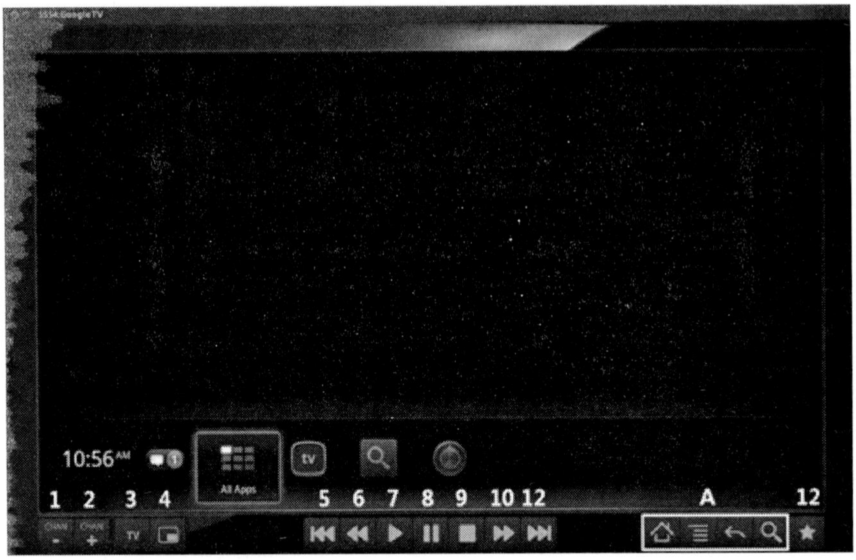

[그림 3-14] 구글 TV 에뮬레이터와 미디어 컨트롤 버튼

[표 3-1] 구글 TV 에뮬레이터의 스크린 버튼

버튼	이름	설명
1	채널 Down	하위 채널로 이동
2	채널 Up	상위 채널로 이동
3	TV	라이브 TV 방송 On
4	PiP	Picture-in-Picture 모드
5	Previous	이전 콘텐츠로 이동
6	Rewind	빠른 Backward 이동
7	Play	플레이 시작
8	Pause	플레이 정지
9	Stop	플레이 중지
10	Forward	빠른 Forward 이동
11	Next	다음 콘텐츠로 이동
12	Favorites	Favorite 링크
A	Android Keys	표준 안드로이드 키(Home, Menu, Back, Search)

- 구글 TV는 자이로스코프나 기기 방향 센서, 터치스크린 등의 기능은 포함하고 있지 않다.

생성된 구글 TV 에뮬레이터에서 라이브 방송 TV 신호를 사용하기 위해서는 우편 번호(zip 코드)를 기반으로 구글 TV 내에서 제공하는 TV 프로바이더를 선택하면 된다. TV 프로바이더가 선택되면, 에뮬레이터는 Channel Listing content provider를 보여 준다. 구글 TV 애플리케이션 개발 시 ACTION_VIEW와 해당 채널의 URI를 갖는 Intent를 생성해서 특정 채널을 에뮬레이팅할 수 있다. 라이브 TV 에뮬레이션을 실행 하려면 아래 설명 된 순서대로 진행한다.

1) 라이브 TV 플레이어를 실행하기 위해서는 구글 TV 에뮬레이터 화면 하단에 있는 파란색 바탕의 TV 아이콘을 클릭한다.
2) "No paired devices found" 다이얼로그에서 "Video input"을 클릭한다.
3) Video input 다이얼로그가 나타나면 "Emulator video source"를 선택하여 클릭한다.
4) "Add new device" 다이얼로그에 입력신호 확인을 위한 Video Signal Emulation이 보이면 Next 버튼을 클릭한다.
5) "Enter your ZIP code" text box에 Zip 코드를 입력한다(원하는 임의의 zip 코드를 입력하면 된다).
6) Text box 아래에 입력한 zip 코드에 해당되는 city and state가 보이고 Set 버튼을 클릭한다.
7) Provider 다이얼로그가 보이면, 다이얼로그 왼쪽에 지역 TV 프로바이더의 리스트가 보인다. 오른쪽에는 emulated TV signal이 보여진다.
8) 키보드의 화살키를 이용하여 원하는 TV 프로바이더를 선택한다.
9) Premium channels 다이얼로그가 나타나고, 이 채널들을 사용하려면 Yes, 그렇지 않으면 No를 선택한다.
10) 선택이 끝나면 에뮬레이터는 "live TV" 모드로 전환된다. color test pattern과 error 메시지가 나올 수도 있는데 이 메시지들은 무시해도 된다.
11) 라이브 TV Player를 종료하려면 스크린 하단 오른쪽 코너에 있는 Home 아이콘을 클릭한다.

(8) 구글 TV 기기 연결

구글 TV 기기와 호스트 시스템은 일반 안드로이드 기기처럼 Usb로 연결할 수 없다. 따라서 구글 TV 기기를 사용하여 애플리케이션을 개발하기 위해서는 구글 TV 기기와 호스트 시스템을 ADB(Android Debug Bridge)의 네트워크 연결 방법을 통해 연결 가능하다. ADB를 통한 네트워크 연결을 사용하기 위해서는 몇 가지 작업이 필요하다. 먼저, 개발 시스템의 IP 어드레스를 확인하고, 구글 TV 기기의 홈 화면에 있는 App 아이콘을 클릭한 후 Setting 아이콘을 클릭하여 세팅 애플리케이션을 실행한다. 세팅에서 Applications 〉 Development를 선택한 후 Remote debugging을 선택한다. "Debugger IP address"클릭하고 다이얼로그에 호스트 시스템의 IP 어드레스를 입력한다. ADB와 구글 TV의 네트워크 연결을 위해서 다시 Settings 애플리케이션에서 Network 〉 Status를 선택한 후, IP 어드레스에서 구글 TV의 IP 주소를 확인하고 개발 시스템의 콘솔 창에서 다음 명령을 실행한다.

```
$ /<SDKpath>/platform-tools/adb connect <IPAddress>
```

여기에서 〈SDKpath〉는 안드로이드 SDK가 설치된 폴더 위치를 의미하며, 〈IPAddrss〉는 구글 TV의 IP 주소이다.

두 기기가 연결 된 것을 확인하기 위해서는 다음 명령을 실행한다.

```
$ adb devices
```

정상적으로 기기가 연결되면 다음과 같이 출력된다.

```
List of devices attached
<IPAddress>:5555    device
```

참고로 구글 TV 기기의 인식자(Device Identifier)는 다음과 같다.

- asura = 소니 인터넷 TV
- eagle = 소니 인터넷 TV 블루레이 플레이어
- ka = 로지테크 Revue
- NSGZS7 = 소니 2세대 셋탑 박스
- cosmo = LG 구글 TV

3.2 구글 TV용 애플리케이션 개발

구글 TV용 애플리케이션 개발은 두 가지 방법으로 가능하다. 안드로이드용 애플리케이션 개발 방법과 웹애플리케이션(Web App) 개발방법이 있다. 구글 TV용 안드로이드 애플리케이션 개발은 기본적으로 안드로이드 앱 개발방법과 동일하다. 웹애플리케이션은 구글 TV에 포함되어 있는 크롬 브라우저를 기반으로 동작하며, 따라서 웹 표준에 맞는 브라우저용 웹페이지를 구현하는 것과 동일하게 개발된다. 구글 TV 애플리케이션 개발 시 어떠한 플랫폼을 기반으로 할 것인지, 즉 안드로이드 혹은 웹 애플리케이션의 선택은 기존의 개발된 앱의 종류나 구글 TV 이외에 타 플랫폼 및 기기에서 많은 수정 작업없이 동작되어야 하는지 등을 고려해서 결정하여야 된다.

이번 절에서는 안드로이드를 기반으로 하는 구글 TV용 애플리케이션을 구현하는 방법에 대해 소개한다. 구글 TV용 애플리케이션을 구현하기 위해서는 이클립스에서 안드로이드 프로젝트를 생성하고, 생성하는 프로젝트의 타겟을 “Google TV Addon”으로 선택한다. 타겟이 “Google TV Addon”으로 선택되면, 이후 애플리케이션 개발 과정은 앞서 설명 한 것처럼 기존의 안드로이드용 애플리케이션 개발 과정과 유사하다. 하지만 기존 모바일용 안드로이드 애플리케이션 개발과는 달리 TV환경에 맞는 유저 인터페이스나 리소스 및 구글 TV 기능을 지원하기 위한 작업과 구글 TV 호환 애플리케이션임을 표시하기 위한 메니페스트 파일의 수정 작업이 필요하다.

(1) 구글 TV용 애플리케이션 종류

구글 TV의 애플리케이션들은 다음과 같이 분류될 수 있다.

(가) 유니버셜 애플리케이션

유니버셜 애플리케이션이란 구글 TV를 포함한 모든 안드로이드기기에서 모든 기능이 문제없이 동작하는 애플리케이션을 의미한다. 유니버셜 애플리케이션의 경우, 모바일 유저 인터페이스뿐만 아니라 대화면의 구글 TV에 맞는 인터페이스도 동시에 제공하도록 디자인되어야 하며, 다양한 기기에서 무리 없이 사용할 수 있는 하나 이상의 리소스를 제공해야 한다. 또한, 유니버셜 애플리케이션이 구글 플레이 스토어에서 구글 TV용으로 검색되기 위해서는 AndroidManifest.xml에 해당 애플리케이션이 터치스크린 기능을 사용 하지 않는다는 정보를 다음과 같이 추가하여야 한다.

```
<uses-feature android:name="android.hardware.touchscreen" android:required
="false"/>
```

위의 요소가 추가 되지 않는 경우 구글 플레이 스토어는 해당 애플리케이션이 터치스크린 사용을 요구하는 것으로 간주하고 구글 TV 기기용으로 검색되지 않게 한다.

(나) 제한적 기능의 애플리케이션

애플리케이션의 몇 가지 기능은 구글 TV에서 지원되지 않으나 구글 TV에서 일반적인 동작이나 사용에는 문제가 없는 애플리케이션을 의미한다. 유니버셜 애플리케이션과 마찬가지로 TV 환경에서 무리 없이 사용될 수 있는 복수의 유저 인터페이스가 제공되어야 하며, 구글 TV에서 지원되지 않는 애플리케이션 내의 기능들은 다음의 코드를 사용하여 구글 TV에서는 동작되지 않도록 한다.

```
if (getPackageManager().hasSystemFeature("com.google.android.tv")) {
    // 구글 TV에서 지원하지 않는 기능의 코드 제외
}
```

또한 구글 플레이 스토어에서 해당 애플리케이션이 구글 TV용으로 검색되기 위해서는 유니버셜 애플리케이션과 동일하게 AndroidManifest.xml에 터치스크린 기능을 사용하지 않는다고 명시하여야 한다.

(다) 구글 TV 전용 애플리케이션

구글 TV 전용 애플리케이션은 구글 TV에서만 동작하거나 구글 TV 전용으로만 개발된 애플리케이션을 의미한다. 공중파 방송 시청 애플리케이션 혹은 채널 리스트 제공 애플리케이션이 그 예이다. 구글 플레이 스토어에서 해당 애플리케이션이 구글 TV가 아닌 모바일 기기용으로 검색되는 것을 방지하기 위해서는 다음과 같이 com.google.android.tv 기능이 요구된다는 정보를 manifest 파일에 추가해야 한다.

```
<uses-feature android:name="com.google.android.tv" android:required="true"/>
```

(라) 구글 TV에서 동작하지 않는 애플리케이션

3G용 전화 통화 앱이나 SMS 애플리케이션과 같이 구글 TV에서 지원하지 않거나 사용할 수 없는 애플리케이션을 의미한다. 구글 플레이 스토어에서 해당 애플리케이션이 구글 TV용으로 검색 되지 않으려면, manifest 파일의 〈uses-feature〉 요소에 해당되는 기능의 속성을 android:required="true"로 설정하면 된다. 예를 들어 〈uses-feature android:name="android.hardware.touchscreen" android:required="true"/〉로 설정하면 구글 플레이 스토어에서는 해당 애플리케이션이 구글 TV용으로 검색되지 않는다.

(2) 구글 TV 지원 H/W 및 S/W

(가) 구글 TV에서 지원 되는 H/W

- 위치(android.hardware.location)

- Usb 호스트(android.hardware.usb.host)
- 와이파이(android.hardware.wifi)

(나) 구글 TV에서 지원되는 S/W

현재 구글 TV버전에서 지원하는 안드로이드 S/W 기능들은 다음과 같다.

- Java용 OpenGL(android.opengl.GLES20 & OpenGL ES 2.0 호환 클래스)
- 구글 TV 라이브 월페이퍼(android.software.live_wallpaper)
- 구글 TV 시스템 기능(com.google.android.tv)

특히, com.google.android.tv 패키지는 구글 TV 플랫폼에서만 제공되기 때문에 다음의 코드를 사용하면 애플리케이션이 동작되고 있는 기기가 com.google.android.tv 기능을 제공하는 지의 여부를 알 수 있다.

```
if (getPackageManager().hasSystemFeature("com.google.android.tv")) {
    Log.d("GoogleTV App", "Running on Google TV!");
}
```

(다) 구글 TV에서 지원되지 않는 기능들

구글 TV에서 지원하지 않는 기능은 다음과 같다.

- 터치스크린(android.hardware.touchscreen)
- NDK(Native Development Kit)(android.hardware.nfc)
- 블루투스 A2DP 프로파일 및 블루투스 키보드(android.hardware.bluetooth)
- 카메라(android.hardware.camera)
- GPS(android.hardware.location.gps)
- 마이크로폰(android.hardware.microphone)
- NFC(Near-Field Communications)
- 방향, 움직임, 밝기 등의 센서
- 전화통신기능(android.hardware.telephony)
- SIP/VOIP(android.software.sip)

이 외에도 TV의 On/Off(슬립) 기능을 지원하지 않으며, 특히 구글 TV에서는 NDK가 지원되지 않기 때문에 기존의 C 혹은 C++로 구현된 NDK 코드는 사용할 수 없음에 유의한다.

(3) 구글 TV 애플리케이션 개발 시 고려사항

TV용 애플리케이션 개발은 모바일 기기를 타깃으로 하는 애플리케이션 개발과 달리 TV 환경에 맞는 사용자 경험을 제공하기 위한 몇 가지 사항이 고려되어야 한다. 지금부터 구글 TV용 애플리케이션 개발을 위한 고려사항에 대해 알아보자.

작은 화면에서 30cm 정도 떨어져 사용되는 모바일 환경과는 달리 TV용 애플리케이션은 약 3m 떨어진 거리에서 시청되는 TV의 대화면 시청 환경을 고려해서 개발되어야 한다. 또한 기존 모바일에서 여러 애플리케이션을 동시에 번갈아 사용되는 것과는 달리 TV용 애플리케이션은 일반적으로 하나의 애플리케이션이 일정시간 동안 계속 사용한다는 특징이 있다. 따라서 TV용 애플리케이션은 TV 환경에 맞는 유저 인터페이스나 화면을 제공하여야 한다. 또한 모바일용 터치스크린이 아닌 리모트 컨트롤러와 장착된 방향키(위, 아래, 좌, 우, 선택키) 및 D-Pad라는 방향 패드를 사용하여 애플리케이션을 사용하게 되며, 구글 TV는 TV뿐 아니라 셋톱박스 형태로도 제공되기 때문에 구글 TV와 연결되는 TV 종류나 스크린의 해상도를 예상할 수 없고, 셋톱박스가 TV와 연결되어 초기화되는 동안 TV 세팅값이 결정된다. 따라서 구글 TV용 애플리케이션은 다양한 TV 해상도를 지원할 수 있도록 개발 되어야 한다. 그외 구글 TV용 안드로이드 애플리케이션 개발 시에는 다음과 같은 사항들에 유의한다.

- Manifest 파일에 구글 TV 관련 태그를 추가한다.
- 안드로이드 모바일기기 용 API를 사용하지 않도록 한다.
- 대형 및 고해상도 TV 화면용 리소스를 사용한다.
- 3m 이상의 거리에서 보일 수 있는 위젯들을 사용한다.
- 애플리케이션은 리모트 컨트롤러로 제어되므로 최대한 단순화된 내비게이션 레이아웃을 사용한다.
- 스크롤뷰(ScrollView) 사용을 최소화하고 애플리케이션 사용 시 빈번한 화면 움직임이 발생하지 않도록 한다.

3.3 구글 TV용 미디어 플레이 클래스

구글 TV용 미디어 플레이를 지원하는 방법에는 VideoView 클래스를 이용하는 방법과 저수준 컨트롤을 지원하는 MediaPlayer 클래스를 이용하는 방법이 있다. 이번 절에서는 TV용 애플리케이션에서 가장 많이 사용되는 기능 중 하나인 안드로이드 기반 미디어 콘텐츠 재생 기능 개발방법에 대해 알아본다.

(1) VideoView 클래스

안드로이드의 VideoView는 다양한 소스에서 공급되는 미디어 콘텐츠를 플레이 해주는 클래스로서 안드로이드의 SurfaceView 클래스를 상속 받아 SurfaceView를 지원한다. 안드로이드의 VideoView는 MediaPlayer 컨트롤과 UI가 추가되어 제공되는 클래스이다. VideoView는 Player 컨트롤을 위한 UI까지 제공하기 때문에 특별한 어려움 없이 간단한 코드만으로 미디어 플레이어를 애플리케이션에 추가할 수 있다. VideoView에서 제공되는 주요 메소드들은 [표 3-2]와 같다.

[표 3-2] VideoView에서 제공하는 주요 메소드

Method	설명
int getCurrentPosition()	현재 플레이되는 위치를 리턴
int getDuration()	플레이되는 콘텐츠의 길이 리턴
boolean isPlaying()	플레이 상태 리턴
void start()	플레이 시작
void pause()	플레이 정지
void resume()	플레이 재시작
void stopPlayback()	플레이 중지
void seekTo(int msec)	특정 시각으로 이동
void setMediaController(MediaController controller)	WebView에 컨트롤러 연결
void setOnCompletionListener(MediaPlayer.OnCompletionListener l)	플레이 재생이 완료되면 호출됨
void setOnErrorListener(MediaPlayer.OnErrorListener l)	플레이시 에러 발생하면 호출됨
void setOnPreparedListener(MediaPlayer.OnPrepared-Listener l)	플레이 준비가 완료되면 호출됨
void setVideoPath(String path)	콘텐츠 위치 설정
void setVideoURI(Uri uri)	콘텐츠 URI 설정
boolean onKeyDown(int keyCode, KeyEvent event)	Key Down 이벤트 발생 시 호출됨
boolean onTouchEvent(MotionEvent ev)	터치 이벤트 발생 시 호출됨
boolean onTrackballEvent(MotionEvent ev)	트랙볼 이벤트 발생 시 호출됨

VideoView는 사용법은 다음의 샘플코드를 참조한다.

Java 파일:

```
import android.app.Activity;
import android.os.Bundle;
import android.widget.MediaController;
import android.widget.VideoView;

public class VideoActivity extends Activity {
String SrcPath = "/sdcard/Video/demo.mp4"; //SD카드에 저장된 콘텐츠
//YouTube에 저장된 콘텐츠
String SrcPath = "rtsp://…youtube.com/…/demo.3gp";
Uri video = Uri.parse("android.resource://" + getPackageName() + "/" +
R.raw. raw_video_file); //Resource의 raw 폴더에 저장된 콘텐츠 (raw폴더에 저장
된 콘텐츠의 확장자는 적지 않음)

   /** Called when the activity is first created. */
   @Override
   public void onCreate(Bundle savedInstanceState) {
      super.onCreate(savedInstanceState);
      setContentView(R.layout.main);

      VideoView myVideoView =
         (VideoView)findViewById(R.id.myvideoview);
      myVideoView.setVideoPath(SrcPath);
      videoHolder.setVideoURI(video);

      myVideoView.setMediaController(new MediaController(this));
      myVideoView.requestFocus();
      myVideoView.start();
   }
}
```

Layout 파일:

```
<?xml version="1.0" encoding="utf-8"?>
<LinearLayout xmlns:android="http://schemas.android.com/apk/res/android"
   android:orientation="vertical"
   android:layout_width="fill_parent"
   android:layout_height="fill_parent"
   >
<TextView
   android:layout_width="fill_parent"
   android:layout_height="wrap_content"
   android:text="@string/hello"
   />
```

```
<LinearLayout
   android:orientation="vertical"
   android:layout_width="fill_parent"
   android:layout_height="wrap_content"
   >
<VideoView
   android:id="@+id/myvideoview"
   android:layout_width="fill_parent"
   android:layout_height="wrap_content"
   />
</LinearLayout>
</LinearLayout>
```

결과화면:

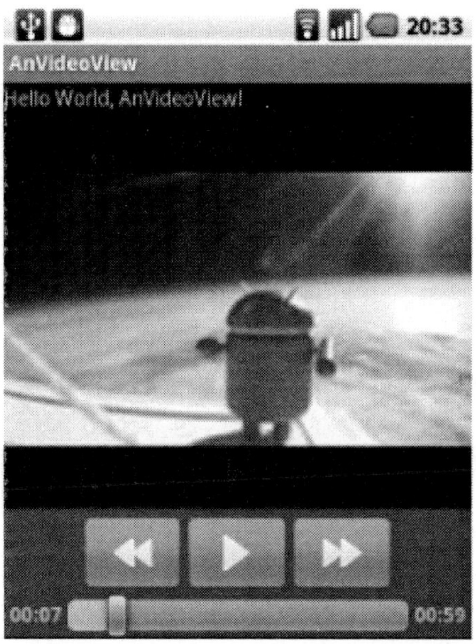

[그림 3-15] VideoView를 사용하여 동영상 재생을 구현한 화면 예

VideoView의 단점은 VideoView를 상속받은 Activity가 화면에 보여지는 경우에만 Play가 가능하다는 것이다. 백그라운드에서도 미디어 콘텐츠를 안정적으로 플레이하기 위해서는 Madia Player 클래스를 사용해야 한다. 다음은 MediaPlayer 사용법에 대해 알아본다.

(2) MediaPlayer 클래스

VideoView와 유사하게 MediaPlayer는 내부 저장장치, SD 카드 및 네트워크 서버에 저장된 콘텐츠 플레이가 가능하다. 우선 리소스의 raw 폴더에 저장된 미디어 콘텐츠를 플레이하기 위한 코드는 다음과 같다.

```
MediaPlayer mediaPlayer = MediaPlayer.create(context, R.raw.sound_file);
mediaPlayer.start(); // no need to call prepare();
```

시스템 내부의 URI로 지정되는 콘텐츠는 다음 코드를 사용하여 플레이할 수 있다.

```
Uri myUri = ....; // initialize Uri here
MediaPlayer mediaPlayer = new MediaPlayer();
mediaPlayer.setAudioStreamType(AudioManager.STREAM_MUSIC);
mediaPlayer.setDataSource(getApplicationContext(), myUri);
mediaPlayer.prepare();
mediaPlayer.start();
```

HTTP 스트리밍을 통해 제공되는 remote URL 콘텐츠는 다음 코드를 사용하여 플레이 가능하다. HTTP 스트리밍을 통해 제공되는 콘텐츠는 progressive download가 가능한 파일이어야 한다.

```
String url = "http://........"; // your URL here
MediaPlayer mediaPlayer = new MediaPlayer();
mediaPlayer.setAudioStreamType(AudioManager.STREAM_MUSIC);
mediaPlayer.setDataSource(url);
mediaPlayer.prepare(); // might take long! (for buffering, etc)
mediaPlayer.start();
```

MediaPlayer는 start(), pause(), seekTo() 등의 메소드를 사용하고 제어 가능하고, MediaPlayer를 release하려면 release() 메소드를 사용한다. 다음은 release() 메소드를 사용한 예이다.

```
mediaPlayer.release();
mediaPlayer = null;
```

[그림 3-15]는 MediaPlayer의 상태 다이어그램이다.

MediaPlayer를 애플리케이션에서 동작시키기 위해서는 AndroidManifest 파일에 관련 퍼미션을 추가하여야 한다. 우선, 미디어플레이어가 네트워크 상에 저장된 스트리밍 콘텐츠를 사용할 경우 다음과 같은 인터넷 퍼미션을 추가하여야 한다.

```
<uses-permission android:name="android.permission.INTERNET" />
```

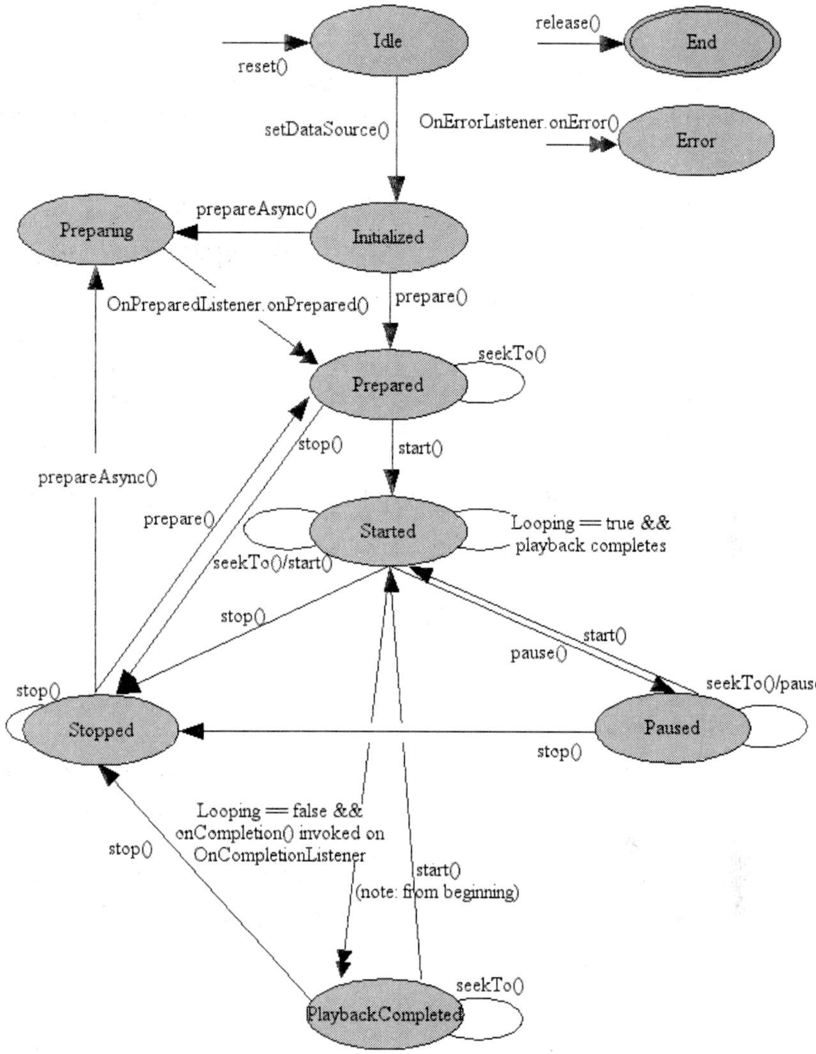

[그림 3-16] MediaPlayer의 State Diagram(출처: Android Developer Site)

미디어 플레이 중 화면이 어두워지거나 프로세서가 슬립모드로 들어가는 것을 방지하려면 WakeLock 퍼미션을 추가한다.

```
<uses-permission android:name="android.permission.WAKE_LOCK" />
```

또한 자바 코드에도 다음 메소드들을 추가한다.

- MediaPlayer.setScreenOnWhilePlaying()
- MediaPlayer.setWakeMode()

wake lock을 사용하는 자바 샘플 코드는 다음과 같다.

```
MediaPlayer mMediaPlayer = new MediaPlayer();
mMediaPlayer.setWakeMode(getApplicationContext(), PowerManager.PARTIAL_
WAKE_LOCK);
```

Media Player가 인터넷의 스트리밍 콘텐츠를 플레이할 때는 와이파이 역시 동작되어야 하기 때문에 필요할 경우 와이파이가 슬립모드가 되지 않도록 WifiLock을 사용한다. WifiLock 사용의 샘플 코드는 다음과 같다.

```
WifiLock wifiLock = ((WifiManager) getSystemService(Context.WIFI_SERVICE)).
createWifiLock(WifiManager.WIFI_MODE_FULL, "mylock");
wifiLock.acquire();
```

미디어가 정지 혹은 중지되었거나, 와이파이가 더 이상 필요하지 않을 경우는 다음과 같이 WifiLock을 해제한다.

```
wifiLock.release();
```

(3) 오디오 포커스

안드로이드는 멀티태스킹 환경을 제공한다. 일반적으로 기기의 오디오 출력은 하나이기 때문에 여러 프로세스들이 요구하는 오디오 출력 요청에 대한 관리가 필요하다. 이러한 오디오 출력에 관한 요청을 오디오 포커스 요청이라 부르며, 안드로이드의 오디오 포커스 API는 오디오 포커스를 관리하기 위한 목적으로 안드로이드 2.2(API 레벨 8)부터 지원되기 시작하였다.

오디오가 출력되는 애플리케이션은 오디오 포커스 요청을 위한 코드가 필요하며, 만약 이러한 처리를 하지 않았을 경우는 원하는 시점에서의 정상적인 오디오 플레이 출력을 보장할 수 없다. 애플리케이션의 오디오 포커스를 요청 후 해당 애플리케이션이 오디오 포커스를 가져 오면 자유롭게 기기에서의 오디오 플레이가 가능하며, 오디오 포커스를 잃게 되었을 경우 애플리케이션의 오디오 플레이 기능을 정지시켜야 해당 애플리케이션은 사용자에게 정상적인 콘텐츠 플레이 환경을 제공할 수 있음에 유의 한다.

오디오 포커스 요청을 하기 위해서는 AudioManager의 requestAudioFocus() 함수를 사용한다. requestAudioFocus() 함수의 샘플 코드는 다음과 같다.

```
AudioManager audioManager = (AudioManager) getSystemService(Context.AUDIO_
SERVICE);
int result = audioManager.requestAudioFocus(this, AudioManager.STREAM_
MUSIC,AudioManager.AUDIOFOCUS_GAIN);
if (result != AudioManager.AUDIOFOCUS_REQUEST_GRANTED) {
    // could not get audio focus.
}
```

오디오 포커스의 변화는 다음 코드와 같이 onAudioFocusChange() Listener에서 처리한다.

```
class MyService extends Service
implements AudioManager.OnAudioFocusChangeListener {
    public void onAudioFocusChange(int focusChange) {
        // Do something based on focus change...
    }
}
```

focusChange 파라미터들은 다음과 같다.

- AUDIOFOCUS_GAIN: 오디오 포커스를 받았을 경우
- AUDIOFOCUS_LOSS: 오디오 포커스를 장기간 잃었을 경우. 해당 경우에는 모든 오디오 플레이를 정지시키고 관련 리소스와 MediaPlayer를 해제시켜야 한다.
- AUDIOFOCUS_LOSS_TRANSIENT: 오디오 포커스를 짧은 시간 잃었을 경우. 이 경우는 모든 오디오 플레이를 정지시켜야 하나, 관련 리소스나 MediaPlayer를 release할 필요는 없다.
- AUDIOFOCUS_LOSS_TRANSIENT_CAN_DUCK: 오디오 포커스를 짧은 시간 잃었을 경우. 이 경우에는 오디오 플레이를 정지시키거나 release할 필요는 없다. 필요할 경우 낮은 소리의 오디오 플레이를 이어가도 된다.

OnAudioFocusChangeListenr와 관련된 파라미터를 사용하는 샘플 코드는 다음과 같다.

```
public void onAudioFocusChange(int focusChange) {
    switch (focusChange) {
        case AudioManager.AUDIOFOCUS_GAIN:
            // resume playback
            if (mMediaPlayer == null) initMediaPlayer();
            else if (!mMediaPlayer.isPlaying()) mMediaPlayer.start();
            mMediaPlayer.setVolume(1.0f, 1.0f);
            break;
```

```
        case AudioManager.AUDIOFOCUS_LOSS:
            // Lost focus for an unbounded amount of time:
            // stop playback and release media player
            if (mMediaPlayer.isPlaying()) mMediaPlayer.stop();
            mMediaPlayer.release();
            mMediaPlayer = null;
            break;

        case AudioManager.AUDIOFOCUS_LOSS_TRANSIENT:
            // Lost focus for a short time, but we have to stop
            // playback. We don't release the media player
            // because playback is likely to resume
            if (mMediaPlayer.isPlaying()) mMediaPlayer.pause();
            break;

      case AudioManager.AUDIOFOCUS_LOSS_TRANSIENT_CAN_DUCK:
            // Lost focus for a short time, but it's ok to keep playing
            // at an attenuated level
            if (mMediaPlayer.isPlaying())
                mMediaPlayer.setVolume(0.1f, 0.1f);
            break;
    }
}
```

(4) 구글 TV용 미디어 키 처리

구글 TV 키보드는 미디어 제어 키를 가지고 있으며, 미디어 콘텐츠를 플레이하는 애플리케이션은 android.view.View.onKeyDown() 콜백을 이용해 미디어 제어키를 처리 할 수 있다. 구글 TV 키보드의 미디어 제어 키 이벤트 값은 다음 [표 3-3]과 같다.

[표 3-3] 구글 TV 키보드의 미디어 컨트롤 키 이벤트

Action	KeyEvent keycode constant	Keyboard Symbol
Start playback	KeyEvent.KEYCODE_MEDIA_PLAY	▶
Pause playback	KeyEvent.KEYCODE_MEDIA_PAUSE	❚❚
Stop playback	KeyEvent.KEYCODE_MEDIA_STOP	■
Next	KeyEvent.KEYCODE_MEDIA_NEXT	▶❚
Fast-forward	KeyEvent.KEYCODE_MEDIA_FAST_FORWARD	▶▶
Previous	KeyEvent.KEYCODE_MEDIA_PREVIOUS	❚◀
Rewind	KeyEvent.KEYCODE_MEDIA_REWIND	◀◀

키 이벤트를 처리하는 샘플 코드는 다음과 같다.

```
@Override
public boolean onKeyDown(int keyCode, KeyEvent event) {
switch (keyCode) {
    case KeyEvent.KEYCODE_PAUSE:
      Log.d("MediaPlayer", "Pausing the slideshow");
      if (slideshow.pause()) {
        showStatusToast(R.string.slideshow_paused);
      }
      return true;

     case KeyEvent.KEYCODE_MEDIA_PLAY:
      Log.d(TAG, "Resuming the slideshow");
      if (slideshow.resume()) {
        showStatusToast(R.string.slideshow_resumed);
      }
      return true;

    default:
      return super.onKeyDown(keyCode, event);
  }
}
```

(5) 안드로이드 3x 및 구글 TV에서의 지원 미디어 포맷

구글 TV에서 지원하는 미디어 및 Container 포맷은 안드로이드 3.x에서 지원하는 포맷과 기본적으로 동일하다. 구글 TV에서 지원하는 미디어 포맷은 [표 3-4]와 같다.

[표 3-4] 안드로이드 및 구글 TV에 지원하는 미디어 포맷

<table>
<tr><th rowspan="2">Type</th><th rowspan="2">포맷</th><th colspan="2">Encoder</th><th colspan="3">Decoder</th><th rowspan="2">Supported file types/
container formats</th></tr>
<tr><th>3.x</th><th>TV</th><th>3.x</th><th>TV</th><th>HW</th></tr>
<tr><td rowspan="4">Audio</td><td>AAC LC/
LTP</td><td>O</td><td>O</td><td>O</td><td>O</td><td>O</td><td rowspan="3">• MP4(.mp4, .m4a)
• AVI(.avi)
• Flash(.flv)
• Quicktime(.mov, .qt)
• Matroska(.mkv, .mka)
No support for raw AAC(.aac)</td></tr>
<tr><td>HE-AACv1
(AAC+)</td><td></td><td></td><td></td><td>O</td><td>O</td></tr>
<tr><td>HE-AACv2</td><td></td><td></td><td></td><td>O</td><td>O</td></tr>
<tr><td>MP3</td><td></td><td></td><td></td><td>O</td><td>O</td><td>• MP3(.mp3)
• AVI(.avi)
• Flash(.flv)
• Quicktime(.mov, .qt)
• Matroska(.mkv, .mka)</td></tr>
</table>

[표 3-4] 안드로이드 및 구글 TV에 지원하는 미디어 포맷(계속)

Type	포맷	Encoder		Decoder			Supported file types/ container formats
		3.x	TV	3.x	TV	HW	
Audio	DD/AC3		O		O	O	DIVX(.divx), MP4(.mp4), AVCHD(.mts)
	WMA				O	O	ASF(.asf, .wma, .wmv)
	DTS				O	O	
Image	JPEG	O	O	O	O		JPEG(.jpg)
	GIF			O	O		GIF(.gif)
	PNG	O	O	O	O		PNG(.png)
	BMP			O	O		BMP(.bmp)
Video	H.263	O	O	O	O		3GPP(.3gp), FLV(.flv)
	H.264	O	O	O	O	O	• 3GPP(.3gp) • MP4(.mp4) • MPEG TS(.ts) • Matroska(.mkv) • AVI(.avi) • Flash(.flv, .f4v) • Quicktime(.mov) • AVCHD(.mts)
	MP4 (SP&ASP)			O	O	O	3GPP(.3gp), AVI(.avi), MP4(.mp4), DivX(.divx), MPEG TS(.ts)
	VP6				O	O	Flash(.flv)
	WMV9/VC-1				O	O	ASF(.wmv, .asf), MPEG TS(.ts)

3.4 구글 TV용 웹 응용 프로그램(Web App) 개발

구글 TV에서는 크롬 브라우저를 지원한다. 따라서 구글 TV용 크롬 브라우저 기반의 웹 애플리케이션 개발이 가능하다. 이번 절에서는 구글 TV용 웹 응용 프로그램 개발방법에 대해 소개한다. 먼저, 구글 TV용 웹애플리케이션 UI 라이브러리에 대해 소개하고, 구글 TV용 웹페이지 구현방법에 대해 알아본다.

구글 TV용 웹 애플리케이션은 리치 콘텐츠 개발이 가능한 HTML5 사용을 권장하나 구글 TV 크롬 브라우저에서는 HTML5의 canvas, SVG, 비디오 및 오디오 태그,

파일 API, 스토리지 API 등의 기능은 지원하지 않는다. 또한 HTML5 Geolocation API를 지원하나 우편번호를 기반으로 하는 지역 위치 정도의 정확도만을 지원한다. 구글 TV용 크롬 브라우저가 지원하는 HTML5 기능은 구글 TV 브라우저로 html5test.com에 접속하면 확인 가능하다.

(1) 구글 TV jQuery UI 라이브러리

구글 TV의 jQuery UI 라이브러리는 키보드 내비게이션 및 커스텀 컨트롤, 그리고 템플릿 페이지를 제공한다. 구글 TV jQuery UI 라이브러리는 http://code.google.com/p/gtv-ui-lib/에서 다운로드 가능하다.

(가) 키보드 내비게이션(Keyboard Navigation)

키보드 내비게이션 라이브러리는 키보드 내비게이션과 관련된 컨트롤러 클래스(gtv.jq.KeyController)를 제공하며, 이 키 컨트롤러는 키보드나 마우스를 사용하여 앱을 동작시키는 방법을 제공한다. 또한 이 키 컨트롤러는 팝업이나 전체 화면 디스플레이와 같은 다중 레이어를 독립적으로 관리할 수 있는 수단을 제공한다.

(나) UI 컨트롤

이 라이브러리는 10-foot(약 3m) UI에서 사용할 수 있는 다양한 컨트롤들을 제공하며, 이 컨드롤들은 모두 키보드 내비게이션을 지원한다. 이 라이브러리가 제공하는 컨트롤에는 다음이 있다. 다음 컨트롤의 데모는 http://goo.gl/qdZ1v에서 확인 가능하다.

- RowControl - 웹페이지에서 아이템들의 수평 리스트와 스크롤링
- SideNavControl - 수평, 혹은 수직 방향의 선택 리스트 메뉴
- SlidingControl - 몇 개의 아이템들이 한 페이지에 보여주며, 사용자가 좌우의 페이지로 이동하여 아이템을 시청할 수 있는 기능
- PhotoControl - 사진 슬라이드 쇼 컨트롤. Play, Pause, Next, Back 버튼 및 미디어키를 지원한다.
- VideoControl - 동영상 플레이 컨트롤. Play, Pause, Next, Back 버튼 및 미디어키를 지원한다.
- RollerControl - 수평으로 정렬된 아이템들이 수직으로 이동하며 포커스를 갖는 기능. 포커스를 받은 열은 좌우로 아이템들을 이동할 수 있다.

- RotatorControl – 하나의 열에 있는 아이템들이 사용자의 상화 키에 의해 회전하며 표시되는 기능
- StackControl – 사용자가 좌우 키를 통해 90도 회전되어 아이템이 보여지는 기능이다.

(다) 페이지

구글 TV jQuery UI 라이브러리는 빠른 시작을 위한 2개의 풀페이지 화면을 제공한다.

- BuilderPhotoPage – 사진 슬라이드쇼와 썸네일 스크롤링 기능이 동작되는 페이지를 제공한다.
- BuilderVideoPage – 유투브 비디오 플레이어와 썸네일 스크롤링 기능이 동작되는 페이지를 제공한다.

(2) 구글 TV용 웹페이지 구현 방법

(가) 구글 TV용 폰트 사용 방법

구글 TV에서는 다양한 폰트를 지원하며, TrueFont(.ttf) 및 OpenType(.otf) 폰트를 사용할 수 있는 CSS의 @font-face가 지원된다.

```
@font-face
{
  font-family: Bonzai;
  src: "Bonzai.ttf";
}

.font-demo-css {
  font-family: 'Bonzai', sans-serif;
  font-size: 36px;
}
```

Google Font API를 사용하여 Google Font 디렉터리에서 제공하는 폰트를 다음과 같이 사용할 수 있다.

```
<link rel="stylesheet" type="text/css" href="http://fonts.googleapis.com/
css?family=Tangerine">
<style>
.font-demo-google {
  font-family: 'Tangerine', serif;
  font-size: 36px;
  text-shadow: 4px 4px 4px #aaa;
```

```
}
</style>
```

(나) D-pad 내비게이션 사용 방법

자바스크립트에서 D-pad를 사용하는 방법은 다음과 같다.

```
window.onload = function() {
  document.onkeydown=function(e){

    if (!e) e=window.event;

    switch(e.keyCode) {

      case 37:
        alert("Left arrow");
        break;

      case 38:
        alert("Up arrow");
        break;

      case 39:
        alert("Right arrow");
        break;

      case 40:
        alert("Down arrow");
        break;

      case 13:
        alert("Enter/select");
        break;
    }
  }
}
```

(다) 구글 TV 키보드의 미디어 키 사용 방법

구글 TV 키보드에서 제공하는 미디어 키의 코드 값은 다음과 같다.

- Play/Pause: 179
- Stop: 178
- Skip Forward: 176
- Skip Back: 177

- Rewind: 227
- Fast Forward: 228

(라) 구글 TV용 웹페이지의 오토 스케일링 사용 방법

구글 TV에서는 웹페이지를 화면에 맞게 보여주기 위해 오토 스케일링 알고리즘을 사용한다. 따라서 개발하고자 하는 웹페이지가 정확한 픽셀로 보여주길 원한다면 오토 스케일링이 사용되지 않게 하거나 오토 스케일링의 변환 수준을 변경하여야 한다.

1) 오토 스케일링이 사용되지 않게 하는 방법

구글 TV의 오토 스케일링이 사용되지 않게 하기 위해서는 웹페이지에 다음의 〈meta〉 태그를 추가하면 된다. 하지만 이러한 방법을 사용하기 위해서는 오토 스케일링의 기능이 동작하지 않아도 개발된 웹페이지가 정확히 보일 수 있도록 개발자가 직접 화면 구성을 해야 한다.

```
<meta name="gtv-autozoom" content="off" />
```

2) 오토 스케일링 제어 방법

오토 스케일링을 사용은 하나 오토 스케일링의 수준을 제어하기 위해서는 다음과 같은 코드들을 사용할 수 있다.

① jQuery

웹페이지에서 jQuery를 사용할 경우 다음 코드를 ready() 함수 안에 추가한다.

```
$(document).ready(function() {

  var w = screen.width;
  var h = screen.height;

  var bw = $(window).width();
  var bh = $(window).height();

  var wRatio = bw/w;
  var hRatio = bh/h;
  var ratio = (wRatio + hRatio) / 2;

  $('body').css('zoom', ratio);

})
```

② javascript

일반적인 javascript 코드를 사용하여 zoom을 조절하기 위해서는 다음과 같은 코드를 사용할 수 있다.

```
function init() {

  var w = screen.width;
  var h = screen.height;

  var bw = window.innerWidth;
  var bh = window.innerHeight;

  var wRatio = bw/w;
  var hRatio = bh/h;
  var ratio = (wRatio + hRatio) / 2;

  document.getElementsByTagName('body')[0].style.zoom = ratio;
}
```

(마) 구글 TV용 MPEG-4 및 H.264 동영상 플레이

1) MPEG-4 및 H.264 비디오 플레이

구글 TV 브라우저는 MPEG-4 및 H.264 스트리밍 비디오 코덱을 지원한다. 구글 TV 브라우저에서 비디오를 사용하기 위해서는 HTML5 〈video〉 태그를 사용한다.

구글 TV는 2개의 하드웨어 H.264 디코더를 제공하기 때문에 3개 혹은 이상의 비디오를 동시에 플레이할 수 없다. 2개의 H.264 비디오가 플레이되는 상황에서 추가적인 비디오 플레이 인스턴트 생성 시도가 있을 경우, 구글 TV는 가장 최근에 사용되었던 인스턴스를 남겨 놓고 다른 하나를 중지한다. 따라서 구글 TV에서 문제없이 비디오 플레이를 하기 위해서는 2개 이상의 비디오 인스턴트가 동시에 생성되지 않도록 주의하여야 한다.

2) 어도비 플레쉬 비디오 오버레이

구글 TV는 어도비 플레쉬 플레이어(Adobe Flash Player) 10.2 베타를 지원한다. SWF 콘텐츠에서 투명하게 보이는 콘텐츠는 구글 TV에서는 지원되지 않는다. 즉, 투명한 SWF 아래에 위치하는 콘텐츠는 화면에 나타나지 않게 된다. 또한 두 개의 플래시 콘텐츠가 오버랩 되는 경우, 오버랩 된 콘텐츠 z-index는 무시되며, 따라서 콘텐츠의 화면 디스플레이가 보장되지 않는 것에 유념해야 한다.

참고문헌

[1] Android Developer(http://developer.android.com/index.html)

[2] Google TV Developer(https://developers.google.com/tv/)

[3] "스마트 TV 서비스 전망", 박지호, TTA Journal Vol.135, 2011, pp.51~55

[4] "스마트 TV 서비스 기술 동향", 박지호, 2011. 10, 한국디지털미디어산업협회 Digital Medians.

[5] "Smart TV 기술 및 표준화 동향", 김경호, 홍호택, 이현재, 김진필, 방송공학회지 16권 1호, 2011년 4월, pp.40~53

제 4 장

스마트 TV 터미널 기술

4.1 MPEG-2

4.2 MPEG-4

4.3 H.264/AVC

4.4 코덱 관련 제품들

본 장에서는 스마트 TV의 콘텐츠 부분을 지원하는 코덱 기술에 대해서 설명한다. 이 코덱 기술은 스마트 TV를 구성하는 핵심 기술들 중 하나로써 최근 중요한 이슈로 등장하고 있다. 현재 Google은 로얄티 프리 코덱의 적용을 주도하고 있고, 브라우저 개발사들은 코덱 기능이 내장된 브라우저를 개발하고 있다. 스마트 TV 시장에서는 당분간 로얄티 프리 코덱과 유료 코덱이 혼재되어 사용되는 양상을 유지할 것으로 예상된다.

본 장에서는 스마트 TV에서 사용될 멀티미디어 코덱들의 압축원리와 기술적 특성을 설명한다. 우선 4.1절에서는 HDTV의 코덱으로 사용되고 있는 MPEG-2를 설명함으로써 동영상 압축 원리에 대해서 학습한다. 그리고 4.2절에서는 VoD 서비스에서 사용되는 MPEG-4, 4.3절에서는 DMB 시스템에서 사용되고 있는 H.264에 대해서 설명한다. 지금까지 이 코덱들은 각기 다른 방송 시스템에서 독립적으로 사용되어 왔으나, 다양한 종류의 멀티미디어 데이터를 처리해야하는 스마트 TV에서는 이 코덱들 모두가 지원되어야 한다.

4.1 MPEG-2

이번 절에서 학습하려는 영상압축 표준기술은 표준화 기관 ITU-T에서 H.262로 명명되었고, 표준화 기관 ISO/IEC에서는 MPEG-2라고 알려진 비디오 코덱 기술이다. 이 동영상 압축 기술은 ITU-T와 ISO/IEC가 협력하여 공동으로 표준화한 기술이다. 이 기술은 5~20Mbps 이상의 높은 비트율에서 고화질 및 고품질을 방송 서비스를 실현하기 위한 동영상 및 음향 압축 기술로써 저장미디어뿐만 아니라 통신, 방송 미디어에도 적용이 가능하다. 응용분야로는 디지털 위성방송, 고선명TV, 디지털 비디오디스크(DVD), 주문형 비디오(VOD) 등이 있다.

4.1.1 MPEG-2 인코더의 구조

[그림 4-1]은 MPEG-2 인코더의 구조를 나타낸다. MPEG-2 인코더에는 어떤 모듈들이 있는지 살펴보자. 블록 다이어그램의 맨 왼쪽 상단의 처음부분에는 Frame reordering 모듈이 있고, 그 다음에는 DCT 모듈, 양자화 모듈 Q가 있다. 그 옆에는 엔트로피 코딩 모듈도 있다. 그림의 오른쪽 부분에는 역(Inverse) 양자화 모듈이 있고, 역 DCT 모듈인 IDCT 모듈도 있다. 복호화된 픽처를 저장하는 메모리가 있고, ME(Motion Estimaion, 움직임 추정), MC(Motion Compensation, 움직임 보상) 모

듈들이 있다. 이 모듈들에 대한 간략한 설명을 [표 4-1]에 정리하였다.

[표 4-1] MPEG-2 인코더의 핵심 모듈들의 기능

모듈	목적 및 동작 과정
Frame Reordering	B 픽처를 부호화할 때 과거 참조 영상뿐만 아니라 미래의 참조 영상도 사용하기 때문에 영상의 촬영 순서와 영상의 부호화 순서가 다르게 된다. 이 문제를 해결하기 위해서 촬영된 영상들의 순서를 재배치해야 하는데, 이 기능을 Frame Reordering 모듈에서 수행한다.
DCT	영상에 존재하는 공간적 상관성을 없애기 위해서 화소 공간의 정보를 주파수 공간으로 변환시키는 기능을 수행한다. I 픽처에서는 화소 정보를 직접 DCT 변환하고, P 또는 B 픽처에서는 참조 블록과 현재 블록 간의 차이 신호를 DCT 변환한다.
Q	DCT 변환한 정보를 양자화하는 모듈이다. 저주파수 영역은 작은 크기의 스텝으로 양자화하고, 고 주파수 영역은 큰 스텝으로 양자화한다.
Entropy Coding	양자화된 정보를 zig-zag 스캔한 후, RLC과 Huffman Code를 이용하여 압축하는 과정을 수행한다.
Buffer	Entropy Coding을 거친 비트 스트림을 채널을 통해 전송하기 전에 버퍼에 잠시 저장한다.
Inverse Q	인코더 내부에서 참조 영상을 만들기 위해서 복호화 과정의 일부분을 수행하는데, 이를 Inverse Q와 IDCT, 그리고 MC 모듈이 수행한다. Inverse Q는 양자화 과정의 반대 과정을 의미한다.
IDCT	IDCT는 DCT의 역과정으로써 인코더 내부에서 참조 영상을 만들기 위한 과정이다.
Memory	인코더 내부에서 디코딩 과정의 일부를 수행함으로써 현재 영상의 복호화된 영상을 만들 수 있는데, 이 영상을 Memory에 저장한다. 여기에 저장된 복호화된 영상은 다음에 부호화할 P 또는 B 픽처의 참조 영상으로 사용된다.
ME	움직임 벡터(MV)를 계산하는 과정으로 복잡도가 매우 높다. 이 부분을 효율적으로 설계하고 구현함으로써 인코더의 복잡도를 크게 낮추고 압축 효율을 향상시킬 수 있다.
MC	움직임 보상 기능을 수행하는 모듈로써 인코더 내부에서 디코딩 과정의 일부를 수행하여 참조 영상을 만들 때 사용한다.
Rate Control	I, P, B 픽처를 부호화할 때 각 픽처마다 발생하는 비트량을 조절하는 기능을 수행한다. 이 모듈에서 발생 비트량을 조절하기 위해서 매크로 블록마다 양자화 스텝 사이즈를 변경한다.

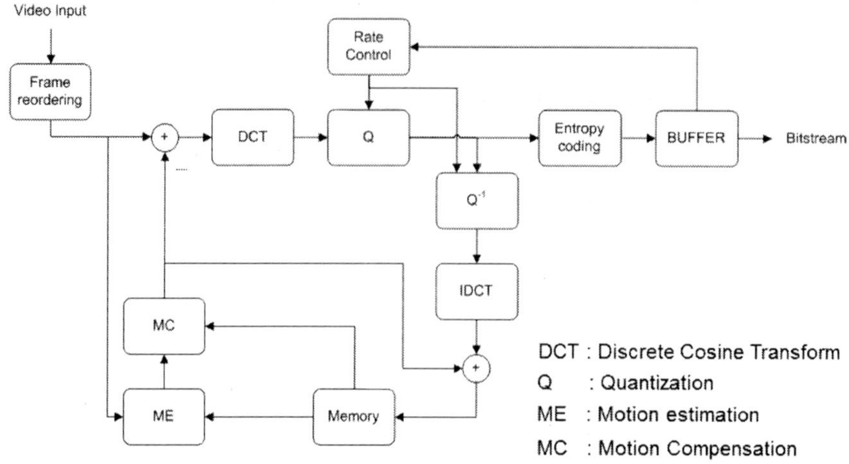

[그림 4-1] MPEG-2 인코더 구조

4.1.2 Picture 종류 및 GOP 구조

MPEG-2 부호화기에서는 동영상의 연속적인 모든 picture들을 같은 방식으로 부호화하지 않고 다음과 같이 세 가지 타입으로 나누어서 부호화한다[1][2].

(1) I Picture 부호화

I 픽처는 동영상을 구성하는 다른 픽처들을 참조하지 않고, 현재 Picture 내부의 화소 밝기값들 사이의 공간적인 상관성만을 이용하여 압축된다. 이 방법은 JPEG의 기술을 이용하여 정지영상을 압축하는 방법과 매우 유사하다. 동영상을 구성하는 다른 픽처 타입(P, B)과 달리 I 픽처는 자기 자신만을 가지고 부호화되기 때문에 복호화할 때도 I 픽처에 해당하는 정보만 있으면 복호화가 가능하다. I 픽처는 Intra 픽처를 의미하는 명칭으로써, I 픽처를 부호화하는 자세한 방법은 다음 절에서 설명한다.

(2) P Picture 부호화

연속된 픽처들이 서로 비슷하기 때문에 이전 픽처와 현재 픽처 간에 차이나는(다른 부분) 부분만 부호화하는 방법을 사용하여 P 픽처를 압축한다. 과거 영상을 기준(reference)으로 현재 픽처를 위한 예측값을 만든 후, 이렇게 만들어진 예측값과 현재 픽처 사이의 차이신호를 계산하기 때문에 예측(Predictive) 부호화란 의미로 P 픽처 부호화라 명칭한다. 현재 영상과 이전 영상의 차이값을 효율적으로 계산하기 위해서, 움직임 벡터를 과거 참조(reference) 영상으로부터 찾는다.

(3) B Picture 부호화

현재 영상을 시간적으로 과거에 촬영된 참조(reference) 영상과 비교한 후, 두 영상 사이의 차이값을 부호화하는 P 픽처 부호화 방법과 달리, B 픽처를 부호화할 때는 현재 영상을 시간적으로 과거에 촬영된 영상뿐만 아니라 시간적으로 미래에 촬영된 영상과도 비교하여 차이값을 계산한다.

B 픽처를 부호화하는 과정에서 현재 픽처와 과거 참조 영상을 비교하여 가장 닮은 부분을 찾아 낸 후, 그 가장 닮은 부분끼리의 차이값을 부호화하는 것은 P 픽처의 부호화 방법과 같다. 그렇지만, B 픽처 부호화에서는 추가적으로 현재 픽처와 미래 참조 픽처를 비교하여 가장 닮은 부분을 찾은 후, 현재 픽처와 미래 참조 영상과의 차이값도 부호화한다. 이렇게 과거 참조 영상과 미래 참조 영상 모두에 대해서 닮은 부분을 찾은 후, 찾아진 닮은 부분들을 비교하여 과거쪽 참조 블록이 현재 블록과 더 닮았는지, 미래쪽 참조 블록이 현재 블록과 더 닮았는지, 아니면 과거 참조 블록과 미래 참조 블록 모두를 사용할 때 현재 블록과 더 닮은 신호를 만들 수 있는지를 판단한다. 이렇게 과거와 미래의 양쪽 방향으로 닮은 블록들을 찾고 그 블록들간의 차이값을 계산하는 것을 Bi-directional 예측 부호화 방법이라고 한다.

앞의 설명처럼 B 픽처를 부호화하기 위해서는 미래 시간에 촬영될 영상을 참조 영상으로 사용해야 하는데, 이는 현재 픽처를 부호화할 때 현재 픽처만 사용가능하다고 압축할 수 있는 것이 아니라 미래에 촬영될 참조 영상을 기다렸다가 현재 영상을 촬영해야 한다는 의미이다. 이런 이유 때문에 현재 B 픽처를 부호화하기 위해서는 일정 개수의 미래 촬영 픽처들을 버퍼에 저장해서 보관하고 기다려야하는 buffering 과정이 필요하고, 이 과정에서 시간 지연(delay)이 존재한다.

(4) GOP 구조

앞서 설명한 I, P, B 타입 픽처들이 동영상을 구성하는데 그 예를 [그림 4-2]에 보이고 있다. 이 그림에서 I 픽처부터 다음 I 픽처 이전까지의 픽처들의 집합(Group)을 GOP(Group of Picture)라고 한다. MPEG-2에서는 GOP가 동영상 복호화의 random access 단위라고 할 수 있다.

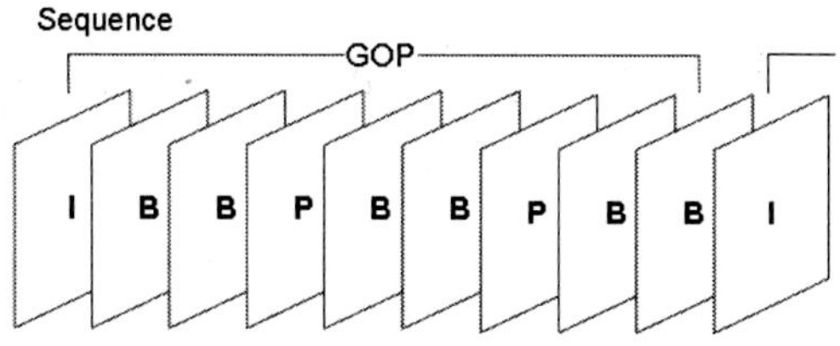

[그림 4-2] 시퀀스의 GOP 구조

(5) 픽처들의 재순서화

앞의 설명에서와 같이 B 픽처 사용으로 인해 buffering 과정을 통한 시간 지연이 존재하는데, 이 과정은 [그림 4-3]에서 설명하는 픽처 재순서화(reordering) 과정을 통해 실시된다. [그림 4-3]에서 윗부분은 카메라로 촬영된 순서로 픽처들을 나열한 그림이다. 여기서 Picture들의 촬영 순서가 0(I), 1(B), 2(B), 3(P), 4(B), 5(B), 6(P), 7(B), 8(B), 9(P), …일 때 1(B) picture를 압축하기 위해서는 0(I) picture와 3(P) picture가 먼저 압축된 후 복호화되어 있어야 이 복호화된 0(I) picture와 3(P) picture를 참조 영상으로 사용하여 현재 픽처인 1(B) picture를 압축할 수 있다. 이 과정에서 현재 픽처인 1(B)의 내부 블록들이 참조 영상들인 0(I), 3(P)의 어느 부분과 가장 닮았는지를 탐색한 후, 가장 유사한 참조 블록과 현재 블록 간의 차이신호를 계산해서 차이신호만 부호화한다. 또한 2(B) picture를 압축하기 위해서도 0(I) picture와 3(P) picture가 먼저 압축되어 있어야 한다(이에 대한 더 자세한 이유는 이장의 후반부에 서술되어 있다. 여기서는 이런 순서로 압축된다고 이해하고 넘어가자). 따라서 [그림 4-3]의 아래 부분 그림에서처럼 0(I), 3(P), 1(B), 2(B), 6(P), 4(B), 5(B), 9(P), 7(B), 8(B), … 순서로 픽처들을 압축한다. 이와 같이 촬영된 순서와 부호화 순서는 재순서화 과정을 거치면서 달라진다. 이런 과정들은 디지털 방송에서 시간 지연(delay)을 발생시킨다.

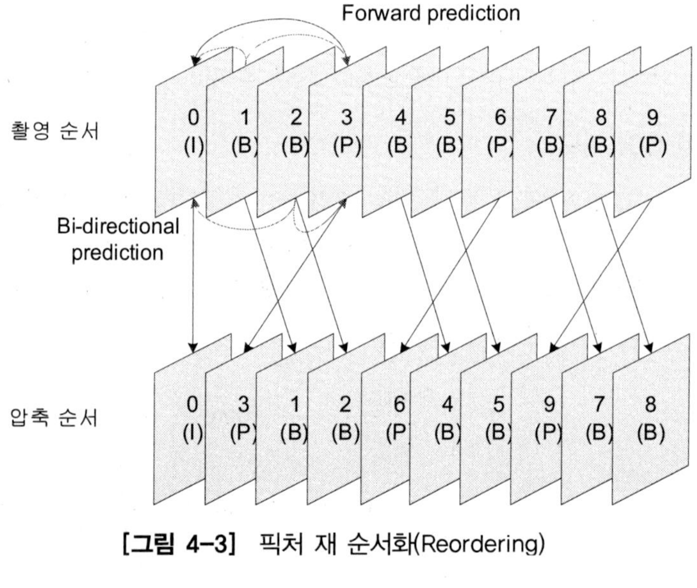

[그림 4-3] 픽처 재 순서화(Reordering)

4.1.3 움직임 벡터 추정(ME)과 움직임 보상(MC)

앞 절에서, P 픽처나 B 픽처를 부호화할 때, 현재 코딩하려는 블록과 과거 및 미래 참조 블록과의 차이 신호를 압축한다고 설명했다. 압축 효율을 높이기 위해서는 찾아진 참조 블록이 현재 블록과 매우 닮아서, 현재 블록과 참조 블록간의 차이 블록이 0에 가까운 잔차신호들로 이루어져 있어야 한다. 이 닮은 참조 블록을 찾는 과정에서 현재 블록의 공간적인 위치 좌표와 참조 블록의 공간적인 위치 좌표 사이의 차이를 움직임 벡터(MV, Motion Vector)라고 한다. 이 MV를 찾는 과정을 움직임 벡터 추정 과정이라고 한다.

움직임 벡터 추정과정(ME, Motion Estimation)은 동영상에 존재하는 시간축 중복성을 제거하는 과정이다. 연속된 영상들 간에 비슷한 부분이 존재한다면 모든 정보를 다 전송하지 않고 차이값만 전송하기 위해 사용되는 과정이다. [그림 4-4]는 연속된 프레임간의 움직임 벡터를 찾는 과정을 보여주고 있다. 움직임 벡터 추정(ME)은 현재 Picture 내의 MB(Macro Block 매크로 블록)이 참조 Picture의 어느 16×16 블록과 가장 유사한가(닮았는가, 비슷한가)를 결정하는 과정이다. 매크로 블록이란 움직임 벡터를 추정하는 블록 단위이며 MPEG-2에서는 16×16(=256)개 픽셀들의 모임이 된다.

현재 MB과 가장 유사한 16×16 크기 블록을 참조 영상 내에서 찾는 과정은 현재 MB 내부의 화소값들과 참조 블록 내부의 화소값들 사이의 평균 자승 오차(Mean Square Error, MSE)가 최소인 블록을 찾아내는 과정이다.

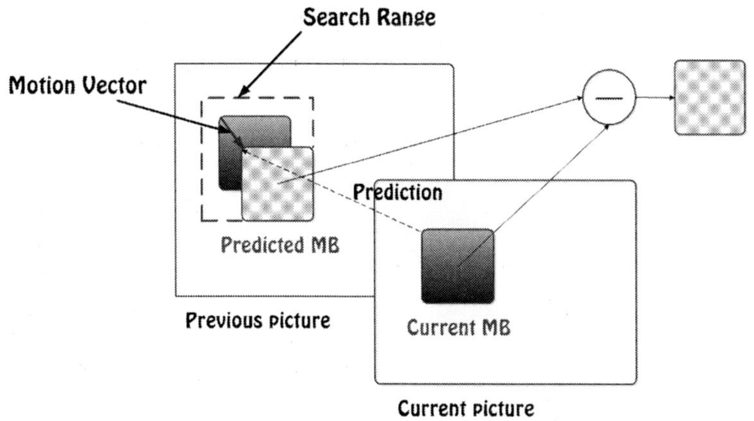

[그림 4-4] 움직임 추정 과정

MPEG-2에서 움직임 벡터는 정수화소 단위와 반화소 단위로 모두 찾아본 후, 부호화 효율이 더 좋은 경우를 선택하여 사용한다. 정수 화소 단위로 움직임 벡터를 찾는다는 의미는 현재 블록과 가장 닮은 참조 블록을 참조 픽처의 화소값을 이용하여 찾는다는 것이다. 다른 한편으로, 움직임 벡터를 반화소 단위로 찾는다는 것은 현재 블록과 가장 닮은 블록이 참조 픽처 내의 화소값과 화소값 사이에 존재한다는 의미이다. 이를 위해서 화소와 화소 사이의 반화소 위치에 가상적인 화소 밝기값을 계산해야 한다. MPEG-2에서는 반화소 위치에 새로운 샘플링 값을 계산하기 위해서, bi-linear 방법을 사용하여 보간(interpolation)한다. 이 경우, 반화소 위치의 보간 화소 값들과 현재 블록 내부의 화소값들 사이의 최소 MSE를 계산함으로써 움직임 벡터를 찾는다.

움직임 벡터를 찾은 후 현재 MB의 화소값들과 제일 유사한 참조블록의 화소값들 간의 차이 신호를 나머지(Residual) 신호라고 한다. 이렇게 만들어진 Residual 신호를 압축함으로써 연속된 화면 간 차이 신호만을 부호화하는 것이 가능하게 된다. 수신단에서는 송신단에서 보내준 MV을 가지고 참조 영상을 만들고, 수신된 MV을 사용하여 현재 블록을 복구하게 된다. 수신단에서 참조 블록을 만들기 위해서는 수신기에서 이전에 복호화한 후 저장하고 있는 참조 영상에서 수신된 MV가 가리키는 위치의 블록을 복사해서 사용해야 한다. 이렇게 MV가 가리키는 참조 블록을 사용하는 과정을 움직임 보상(MC, Motion Compensation)이라고 한다.

움직임 벡터를 이용하여 참조 영상 정보를 재구성하는 움직임 보상(MC) 과정을 [그림 4-5]에 표시하였다. 그림에서처럼 만들어진 MC 영상에 복호화된 잔차신호(차이신호)를 더하면 현재 픽처의 복원 영상이 된다. 이렇게 만들어진 현재 픽처의 복원 영상은 다른 픽처를 위한 참조 영상으로 사용되기 위해서 메모리에 저장된다.

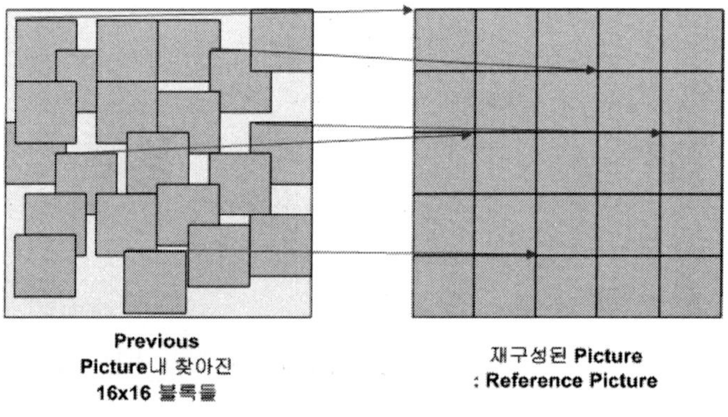

[그림 4-5] 움직임 보상(Motion Compensation)

4.1.4 Picture 타입별 부호화 방법

(1) I Picture 부호화

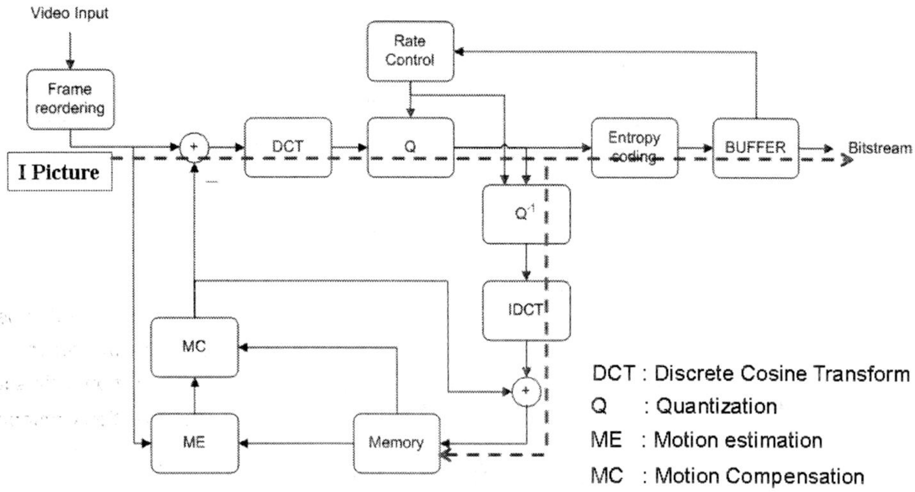

[그림 4-6] I-picture 부호화 과정

[그림 4-6]은 I 픽처를 부호화할 때, 사용되는 블록들을 표시하고 있다. 그림에서 볼 수 있듯이 I 픽처를 부호화할 때는 DCT, 양자화(Q), Entropy Coding만을 거치게 된다. I 픽처를 부호화하는 세부 과정은 다음과 같다. 제일 먼저 I Picture를 8×8 블록 단위로 나눈다. 그리고 나서 나눠진 각 8×8 블록을 각각 DCT 변환한다. 이때 [그림 4-6]의 화살표 상의 DCT 블록을 사용한다. 그리고 나서 DCT 변환 결과를 양자화한다. 이때, Q 모듈을 이용한다. 그 다음엔 양자화 결과를 Entropy Coding한다. 그리고 Entropy coding된 결과를 전송하거나 저장한다. 그런데 MPEG-2의 I Picture를 압축하는 과정은 여기서 끝나지 않는다. [그림 4-6]에서 볼 수 있듯이 양자화된 데이터를 Q^{-1} 모듈을 사용하여 역양자화 하고, 그 데이터를 IDCT 모듈을 이용하여 화소 영역으로 복원한다. 이 복원된 화소 정보를 내부 메모리에 저장하여 다음 영상의 참조 영상으로 사용한다.

(2) P Picture 부호화

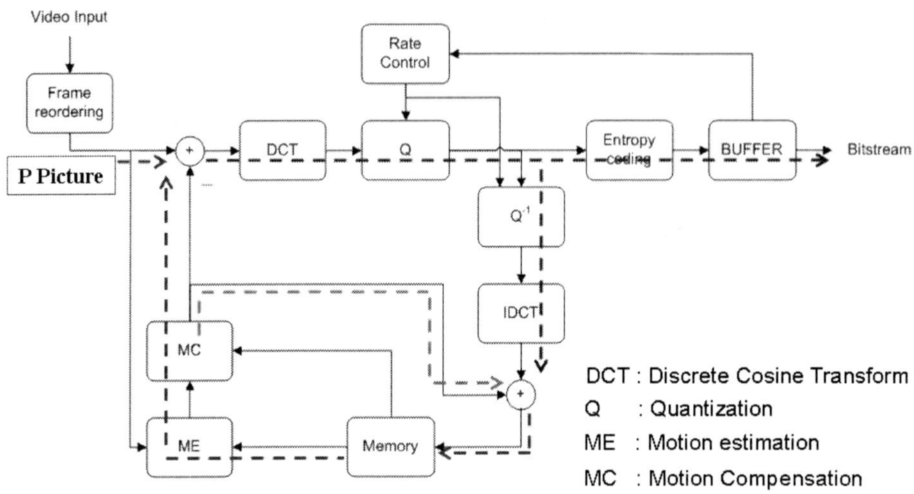

[그림 4-7] P-picture 부호화 과정

[그림 4-7]에 표시된 P Picture를 압축하는 절차를 확인해 보면, 앞서서 I picture를 부호화 하는 과정에서 Memory에 저장했던 참조 영상과 현재 입력으로 들어오는 P picture와의 차이를 계산한다. 여기서 차이를 계산한 다는 것은 16×16 크기의 화소 블록마다 움직임 벡터(MV)를 찾는 과정을 수행한 후 현재 블록과 가장 닮은 참조 블록과 현재 블록 사이의 차이 블록을 계산하는 과정이다. 현재 P picture의 특정 16×16 블록이 참조 영상의 특정 부위의 16×16과 가장 유사하다고 결정되면, 그 블록들 간의 위치를 움직임 벡터(MV)로 표현한다. 움직임 벡터를 찾고 나면, 현재 16×16 블록과 reference 16×16 사이의 차이값 블록이 얻어진다. 이 차이값 블록의 크기도 16×16이 된다. 움직임 벡터 추정을 통해 16×16 크기의 차이값 블록들을 얻은 후, 다음과 같은 절차로 부호화를 수행한다. 먼저 16×16 크기의 차이값 블록을 4개의 8×8 블록으로 나눈다. 그리고 나서, 각 8×8 블록을 DCT한다. 그 DCT 결과를 양자화한다. 양자화 결과를 Entropy Coding한다. 그리고 나서, Entropy coding 결과를 전송한다. 이러한 P picture coding 과정은 차이 값 블록을 JPEG 방법으로 압축하는 것과 똑같다.

P picture를 부호화한 후, 현재 부호화를 마친 P 픽처가 다음 영상을 압축하는 시점에서는 참조 영상으로 사용될 수 있도록, 몇 가지 후처리 과정을 수행한다. 먼저, 양자화 결과를 역 양자화한다. 그리고 나서, 역양자화 결과를 역DCT한다. 이 과정

을 수행하면, 역 DCT한 결과는 움직임 추정과정(Motion Estimation)을 통해 얻은 차이값(residual) 신호에 양자화 왜곡이 더해진 결과가 얻어진다. 역 DCT를 통해서 얻은 복호화된 residual 신호를 메모리에 저장되어 있는 I picture와 더한 후 다시 메모리에 저장한다. 이때 그냥 더하는 것이 아니라 메모리에 저장된 영상을 MC(움직임 보상, Motion Compensation) 모듈을 통해 움직임 보상을 시킨 후 더한다. 움직임 보상 과정은 [그림 4-5]에서 설명한 바 있다. 이 메모리 저장 정보는 다른 P picture를 코딩하기 위한 참조 영상이 될 수도 있고, B picture를 코딩할 때 참조 영상이 될 수도 있다.

(3) B Picture 부호화

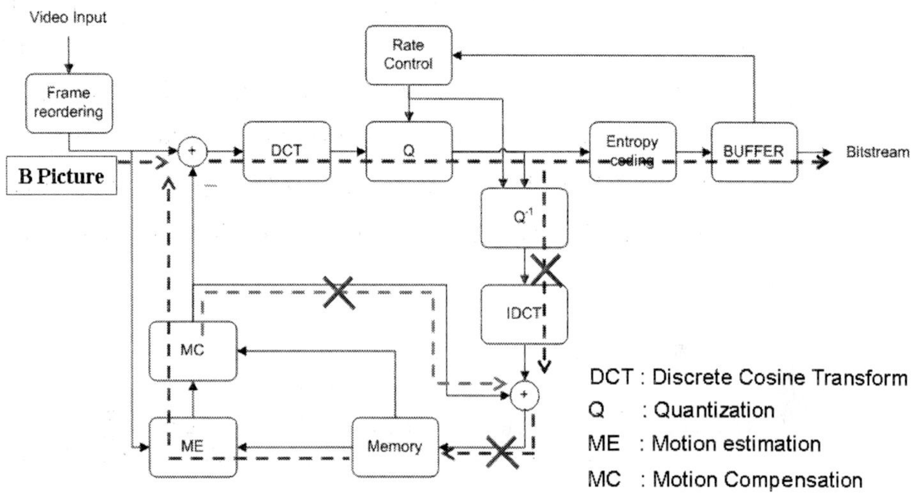

[그림 4-8] B-picture 부호화 과정

[그림 4-8]은 B 픽처를 부호화하는 과정을 표시하고 있다. B picture를 압축하는 과정에서는 움직임 벡터를 추정하기 위해서 과거의 영상과 미래의 영상 모두를 참조 영상으로 사용한다. 즉 B picture가 입력 영상으로 들어오면 메모리에 저장되어 있는 2장의 참조 영상을 이용하여 움직임 벡터를 찾는다. 2장의 참조 영상이란(예를 들면) 이전 단계에서 압축 및 복원된 후 메모리에 저장된 I Picture와 P picture 이렇게 2장이 될 수 있다. 현재 B 픽처 내부에 있는 16×16 크기의 매크로 블록마다 과거의 참조 영상과 미래의 참조 영상에 대해서 움직임 벡터를 추정하기 때문에 각 매크로 블록마다 과거 방향 MV와 미래 방향 MV가 존재한다. P 픽처에서는 과거 방향 MV만 존재했던 것과 차이가 있다.

움직임 벡터를 찾고 나면 P picture를 부호화할 때와 똑같이 16×16 크기의 차이 영상 블록들이 발생한다. 이 16×16 크기의 차이값 블록을 4개의 8×8 블록으로 나눈 후, 각 8×8 블록을 DCT 변환한다. 이 후 DCT 변환된 결과 신호를 양자화한 후, 양자화 결과를 Entropy Coding한다.

B picture를 수행하는 과정이 P picture를 코딩하는 과정과 다른 점은 역 양자화, 역 DCT 등을 수행하지 않는다는 점이다. B picture의 경우 복호화 과정을 거친 후 메모리에 복원된 영상을 다시 저장하는 그런 과정은 수행하지 않는다. 왜냐하면, MPEG-2에서는 B picture가 다른 영상의 참조 영상으로 사용되지 않기 때문이다.

4.1.5 MPEG-2의 프로파일 및 레벨, 그리고 특성

MPEG-2 압축 방법에는 [표 4-2]에서 표시한 것과 같이 여러 가지 Profile들과 Level들이 존재한다. Profile은 사용되는 기술들의 종류에 따라서 달라진다. 간단한 알고리즘들만으로 구성된 Simple profile이 있고, 핵심 기술들로 구성된 Main profile이 있다. Level은 화면 해상도 및 비트 발생률에 따른 구분이다. 관련 기술에 상관없이 화면 해상도 크기나 부호화 비트율의 범위 등을 기준으로 여러 가지 Level로 나눌 수 있다. 주로 사용하는 Profile과 Level은 Main Profile과 Main Level이다 [3]-[6].

[표 4-2] MPEG-2 Profile과 Level

Level \ Profile	Simple	Main	SNR Scalable	Spatial Scalable	High
High (1920×1152×60)		MP@HL			HP@HL
High-1440 (1440×1152×60)		MP@H1440		SSP@H1440	HP@H1440
Main (720×576×30)	SP@ML	MP@ML	SNP@ML		HP@ML
Low (352×288×30)		MP@LL	SNP@LL		

앞에서 설명한 MPEG-2 압축 표준의 특징을 정리하면 [표 4-3]과 같이 정리될 수 있다[3]-[6].

[표 4-3] MPEG-2의 특성

항목	특성
주사방식	MPEG-2에서는 Progressive 주사 방식과 Interlace 주사 방식 모두를 사용한다.
움직임 벡터 추정 단위	움직임 벡터를 찾는 단위는 매크로 블록이고 그 크기는 16×16이다.
DCT 적용 단위	DCT를 수행하는 블록의 크기는 8×8이다.
영상 압축 타입	영상 압축하는 타입은 I picture, P picture, B picture로 구분할 수 있다.
비트율 제어 방법	MPEG-2에서는 발생 비트율을 제어하기 위해서 DCT 계수의 양자화 스텝 크기를 조절한다.
랜덤 액세스	MPEG-2로 압축한 비트스트림은 GOP 단위로 랜덤 액세스가 가능하다.
응용 분야	MPEG-2의 응용 분야는 저장 및 방송 미디어 분야이다.
MPEG-1과의 호환성	MPEG-2 디코더는 MPEG-1 비트스트림을 재생할 수 있다.

4.2 MPEG-4

MPEG-4의 응용 분야에는 (a) 디지털 TV방송, (b) 화상회의, (c) 비디오 저장분야, (d) 객체 기반 비디오 응용분야, (e) 인터넷과 무선 채널을 통한 스트리밍 비디오, (f) 2D와 3D의 변형 가능한 Mesh 도형 또는 사람의 얼굴 및 몸통 애니매이션을 이용하는 컴퓨터 그래픽, (g) 실제 비디오와 정지이미지, 컴퓨터 그래픽을 결합하는 하이브리드(Hybrid) 비디오 응용 분야 등 매우 다양하다.

MPEG-4의 표준화 초기에는 저 전송률(64kbps 이하) 환경에서 적용하기 위한 코덱 개발을 목표로 삼았으나, 최종적으로는 저속 전송에서부터 초고속 전송에 이르는 모든 응용분야에 다양하게 적용(64kbps 이하, 64~384kbps, 384kbps)할 수 있도록 표준화 되었다. MPEG-4가 표준화된 시기는 1999년경이다[7][8].

4.2.1 인코더 구조

[그림 4-9]는 MPEG-4 인코더의 구조를 나타내고 있다. MPEG-4 인코더에서 특이한 점은 움직임 예측을 하는 부분에 Pred1, Pred2, Pred3 모듈들 가운데 하나를 선택하여 사용할 수 있다는 것이다. Pred1, Pred2, Pred3와 같이 움직임 예측 및 보

상 과정에 여러 가지 모듈들을 사용하는 이유는 MPEG-4가 다양한 종류의 객체를 사용하여 움직임 예측을 사용하기 때문이다.

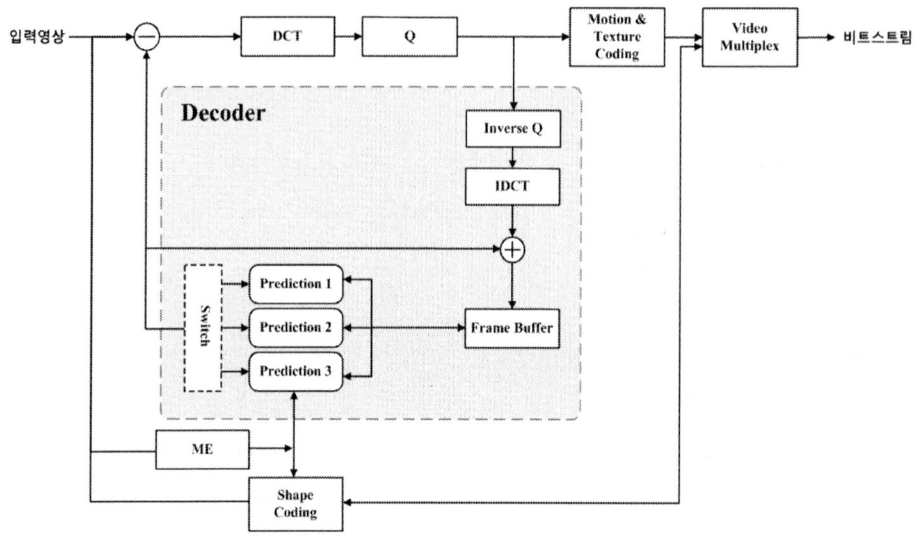

[그림 4-9] MPEG-4 부호화기의 구조

4.2.2 객체 기반 부호화 구조

MPEG-4 코덱에서는 기존의 코덱들과 달리, 한 화면 내부의 의미 있는 물체들을 각각의 객체로 정의하여 이 객체를 기반으로 부호화한다. 즉, 한 화면을 화면 내의 물체들 및 배경 조각 등으로 구분지은 후, 각 객체별로 독립적인 부호화를 수행한다. 이 절에서는 MPEG-4에서 사용되는 객체 기반 압축 기술들에 대해 학습해보자.

(1) 비디오 객체를 이용한 부호화

화면 내 존재하는 화소 정보들을 의미 있는 객체(VOP, Video Object Plane)들로 구분 지은 후, 객체마다 독립적으로 부호화를 하는 방법이다. [그림 4-10]에서 보여주는 것처럼 비디오 신호를 'A 배경 객체', 'B 배경 객체' 그리고 '인물 객체' 이렇게 3개 객체로 나눈 후, 각 객체로 이뤄진 동영상 정보를 독립적으로 부호화한다. 이렇게 되면 독립된 비트 스트림 3개가 얻어지는데 이를 수신단에서 각각 독립적으로 복호화한 후 이들을 합성하여 원래 동영상을 만들게 된다. 이때, 수신단의 선택에 의해서 일부 객체들은 복호화되고 다른 일부 객체들은 복호화하지 않고 버려짐으로써 다양한 조합의 합성 비디오를 만들 수 있다. [그림 4-10]에서는 수신단에서 합성된 2가지 종류의 비디오의 예를 보이고 있다. 이와 같이 비디오 신호가 여러 개의 객체들로 구분되어진 후 각 객체들을 독립적으로 부호화하기 때문에 필요에 따라서는 객체별 중요도를 평가하여 중요한 객체는 고화질로 부호화하고, 상대적으로 중요하지 않은 객체(예를 들면, 배경 객체)들은 저화질로 부호화할 수 있다.

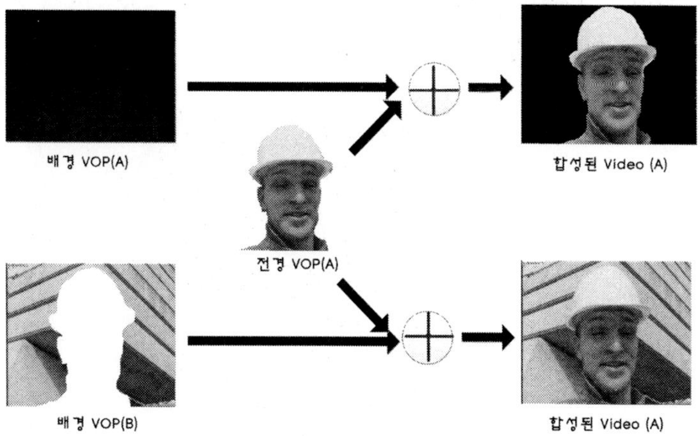

[그림 4-10] 비디오 객체 사용의 예

(2) 얼굴 객체 부호화

MPEG-4 코덱에서는 인간의 얼굴을 표현하기 위해 얼굴 객체 개념을 사용한다. 이를 위해서 얼굴 모양을 "얼굴정의" 매개변수와 "얼굴동작" 매개변수를 이용하여 부호화한다. 여기서, "얼굴정의" 매개변수(FDP : Facial Definition Parameter)는 얼굴의 모양이나 피부결 정보를 표현함으로써 얼굴 정보를 표현할 수 있다. "얼굴동작" 매개변수(FAP : Facial Animation Parameter)는 다양한 표정들을 부호화할 수 있다.

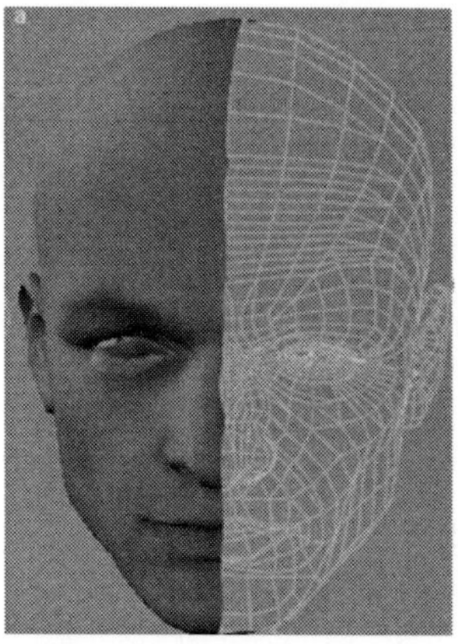

[그림 4-11] 얼굴 객체 표현

(3) 그물 객체 부호화

시간에 따라 변화하는 물체의 형태를 삼각형의 조각들로 분할된 Mesh 구조를 이용하여 표현한다. 이 기법은 과거에 컴퓨터 그래픽 분야에서 3차원 물체를 표현하기 위해 사용되어 온 방법이다. [그림 4-12]에는 그물 객체를 기반으로 비디오 신호를 부호화하는 개념을 보여주고 있다.

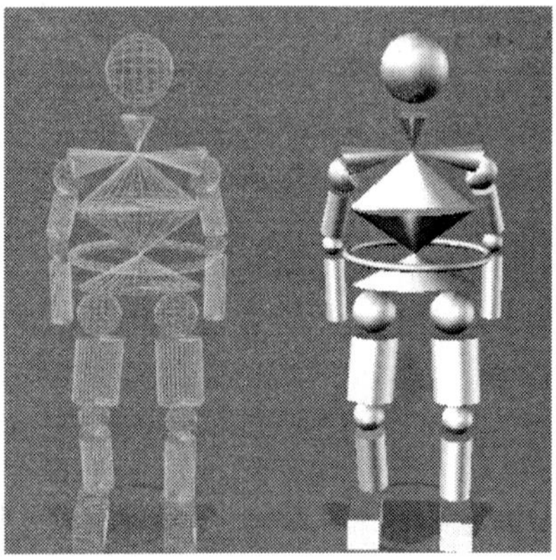

(a) 그물객체(Mesh)로 표현된 사물의 예

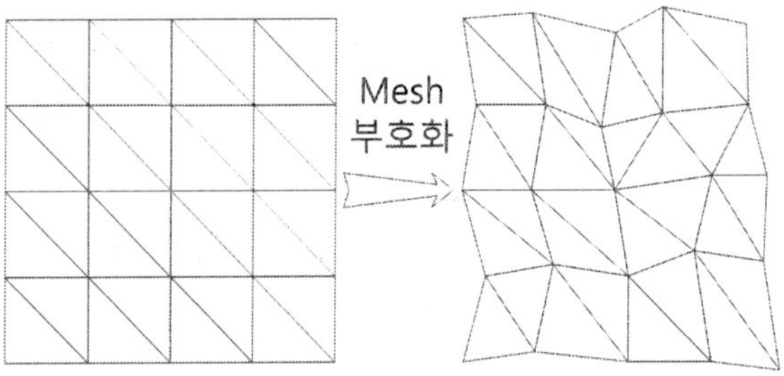

(b) 그물 객체로 표현된 물체의 움직임 표현 방법

[그림 4-12] 그물 객체의 이용

(4) 정지화면 객체 부호화

정지화면 객체 부호화를 수행할 때는 Wavelet 변환 기법을 사용한다. 정지 영상 객체를 Wavelet 변환하면 여러 sub-band들로 신호가 분해되어 가장 저주파수 성분 영역부터 고주파수 성분 영역까지 다양한 성분들이 점진적으로 분포하게 된다. 이 변환 신호에서 가장 낮은 저주파수 영역은 DPCM 방식으로 부호화를 수행하고, 나머지 고주파수 영역의 데이터들은 주파수 영역간 상관성을 이용하는 zero tree 부호화 기법을 이용하여 부호화한다.

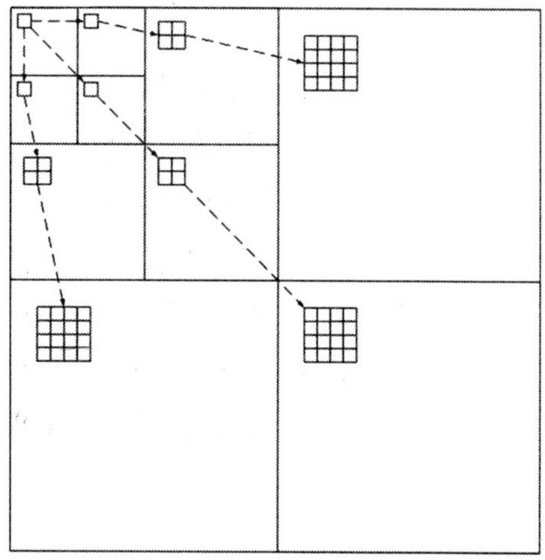

[그림 4-13] 정지화면 객체 부호화 방법

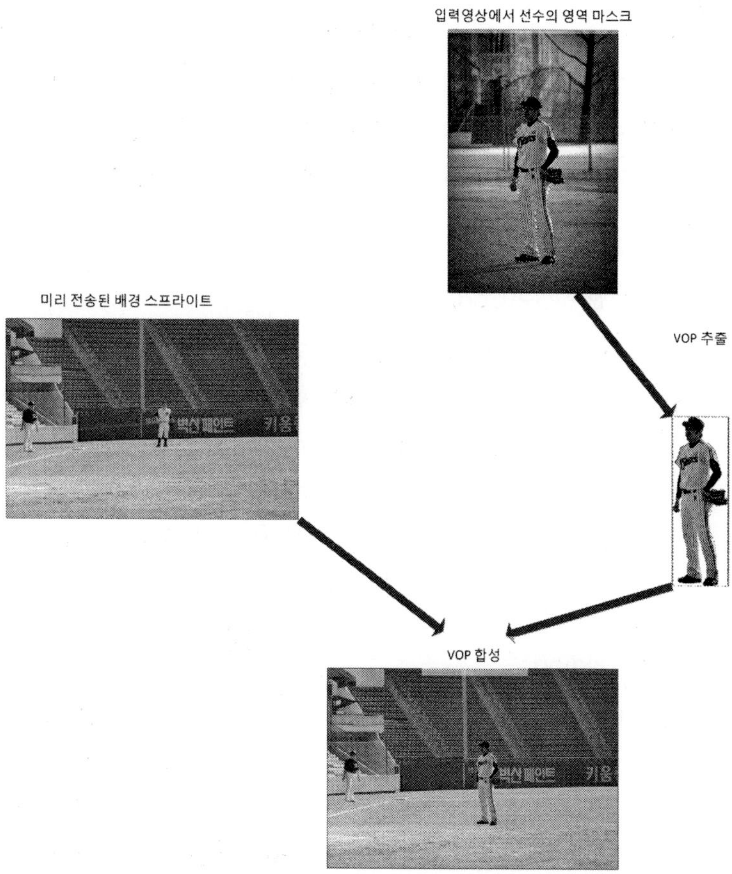

[그림 4-14] 스프라이트 부호화 방법

(5) 스프라이트 부호화

화면을 구성하는 객체를 (a) 배경 객체와 (b) 주목하는 물체 객체로 구분지은 후, 배경 객체는 파노라마 '정지'영상으로 한 번만 부호화한다. 배경은 비록 정지영상 방식으로 부호화했지만, 파노라마 형식으로 매우 큰 범위의 배경 정보를 갖고 있기 때문에 필요한 영역만을 선별적으로 추출해서 사용(화면에 디스플레이)할 수 있다.

움직이는 물체를 독립적인 객체로 부호화한 후, 물체가 위치하는 곳의 배경 정보를 스프라이트 배경 객체로부터 읽어와 합성함으로써 데이터량이 많은 배경 정보는 한 번만 전송하고, 전송량이 적은 객체만 필요할 때마다 부호화해서 전송하는 방식이다.

4.2.3 VOP 구조

MPEG-4에서 사용되는 VOP(Video Object Plane)에는 I-VOP, P-VOP, B-VOP가 있다. I-VOP는 Intra VOP로써 참조 영상을 찾지 않고, 객체 내부의 화소간에 존재하는 redundancy를 감소시킴으로써 부호화되는 객체이다. P-VOP는 현재 P-VOP 내부의 매크로 블록과 과거 참조 영상에 존재하는 참조 객체 내부의 블록 사이의 상관성을 이용하여 부호화되는 객체이다. B-VOP는 현재 매크로 블록과 가장 닮은 블록을 과거 참조 영상내의 객체와 미래 참조 영상 내부의 객체에서 찾음으로써 부호화된다.

(1) P-VOP, B-VOP Coding

P-VOP에서 매크로 블록당 1개의 움직임 벡터를 추정할 수도 있고, 매크로 블록을 4 등분한 후 8×8 블록마다 한 개의 움직임 벡터를 추정할 수도 있다. B-VOP의 경우 과거 및 미래의 참조 객체를 참조하기 때문에 매크로 블록당 2개 또는 8개의 움직임 벡터가 발생된다. 움직임 벡터를 추정하는 화소 단위는 사용되는 프로파일에 따라서 다른데, 심플 프로파일에서는 반화소(1/2) 단위로 움직임 벡터를 추정하고, 고급 심플 프로파일에서는 1/4 화소 단위로 움직임 벡터를 추정한다.

(2) I-VOP Coding

화면 내 부호화의 부호화 효율을 높이기 위해서 I-VOP 내부의 블록을 DCT 변환한 후, DC 계수와 AC 계수를 예측 부호화한다. DC 계수를 부호화할 때는 현재 블록의 바로 윗 블록의 DC 계수와 현재 블록의 바로 왼쪽 블록의 DC 계수 중 현재 블록의 DC 계수와 가장 닮은 DC 계수를 선택하여 DC 값들 사이의 차이값을 부호화한다.

AC 계수의 경우 8×8 블록 내부의 모든 AC 계수를 예측 부호화하는 것이 아니라

8×8 블록 내부의 가장 윗줄 한 row와 가장 왼쪽의 한 column에 존재하는 AC 계수만 예측 부호화한다. 바로 윗 블록의 AC 계수를 이용하여 현재 블록의 AC 계수를 예측 부호화할 경우는 현재 블록의 가장 윗 row만 예측 부호화한다. 또한, 바로 왼쪽 블록의 AC 계수를 이용하여 현재 블록의 AC 계수를 예측 부호화할 경우에는 현재 블록 내의 가장 왼쪽 column의 AC 계수만 예측 부호화한다.

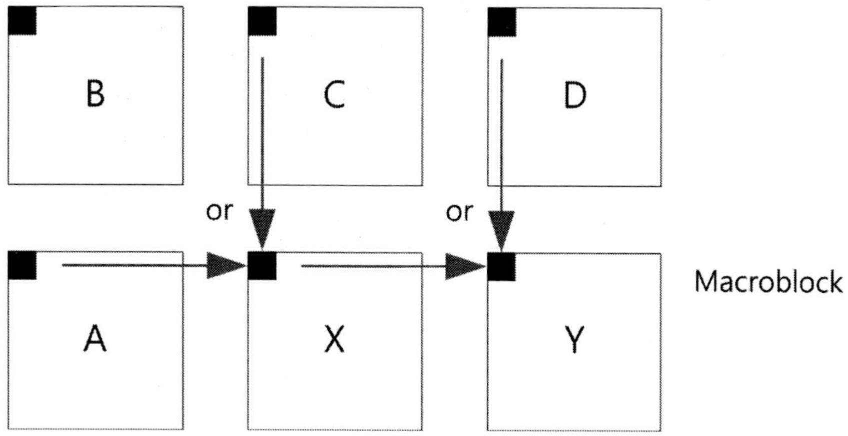

(a) DC 계수 예측

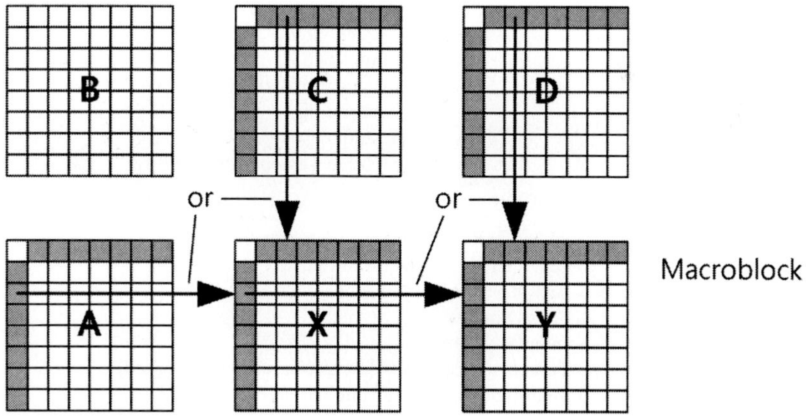

(b) AC 계수 예측

[그림 4-15] DC 및 AC 계수 예측 부호화 방법

4.2.4 Transform

MPEG-4에서는 다른 코덱들과 마찬가지로 8×8 크기의 DCT 변환을 사용한다.

4.2.5 프로파일 및 레벨

MPEG-4에는 15개 profile들이 존재하는데, 이들 중에서 자주 언급되는 대표적인 프로파일들에는 Simple profile, Core profile, 128bit profile 등이 있다. 이들 중 Simple profile에서는 객체지향 부호화 기법이 사용되지 않고, 간단한 기술 위주로 사용된다. 즉, simple profile에서 사용되는 기술 중 대표적인 기술은 움직임 벡터를 16×16 단위와 8×8 블록 단위로 찾는 정도이다. 현재 소비자들이 많이 사용하는 디지털 카메라에서 사용되는 MPEG-4 코덱은 대부분 simple profile이 구현되어 있어서 빠른 속도로 압축이 가능하게 되어 있다. 또, VoD 서비스를 이용하여 동영상 다시 보기를 이용하는 경우에도, MPEG-4 코덱을 사용한다면 MPEG-4 simple profile이 사용되고 있는 것이다. MPEG-4의 대표적인 기술인 객체지향 부호화 기법은 Core profile에 포함된다. [그림 4-16]은 MPEG-4의 profile들이 사용하는 핵심 기술들을 구분지어 표시하고 있다.

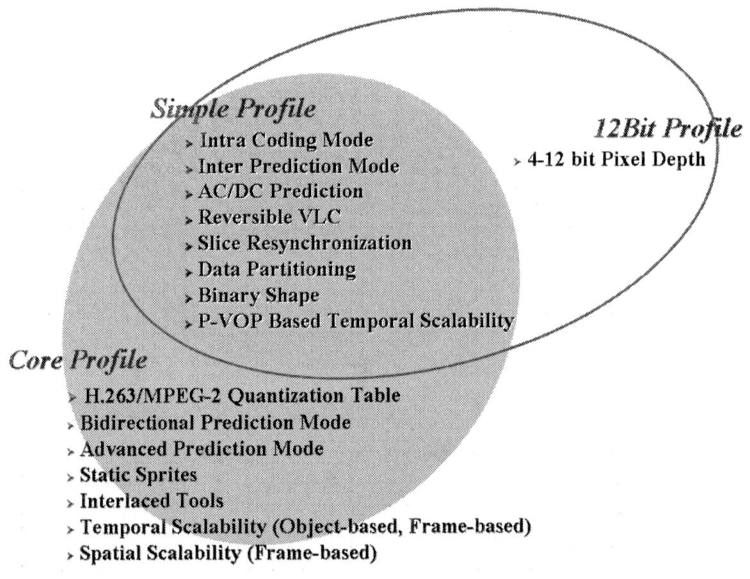

[그림 4-16] MPEG-4의 Profile들

MPEG-4에서 정의된 level들에 대한 설명은 표준화 문서[8]의 Annex N을 참고하기 바란다.

4.3 H.264/AVC

국제 표준화 기구인 ISO/IEC JTC1/SC29/WG11("Moving Picture Experts Group: MPEG")과 ITU-T Q.16/SG16("Video Coding Experts Group: VCEG")은 2001년 MPEG과 VCEG은 기존 비디오 코덱의 압축 성능보다 2배 이상의 효율을 얻을 수 있는 새로운 비디오 코덱 기술을 표준화하기 위해 공동 프로젝트팀인 JVT(Joint Video Team)를 결성하였다. 이 JVT에서 공동으로 작업하여 표준화를 완성한 코덱을 AVC (Advanced Video Codec)이라고 명명하였다. 이 기술을 ISO/IEC MPEG 측에서는 MPEG-4 Part 10 AVC라고 명명하였고, ITU-T VCEG 측에서는 H.264라고 명명하였다. AVC는 1990년대 후반부터 표준화가 시작되어서 2004년에 완성되었다[9][10].

4.3.1 H.264 인코더

H.264 인코더의 구조를 [그림 4-17]에 나타냈다. 이 구조를 신호 흐름측면으로 살펴보면, 기존의 코덱들(예를 들면, MPEG-1나 MPEG-2)의 구조와 유사하다는 것을 알 수 있다. 그렇지만, 구조 내부에서 사용되는 세부적인 모듈들의 기능을 살펴보면 기존 표준 기술들에 비해 상당히 다르다는 것을 알 수 있다[11][12].

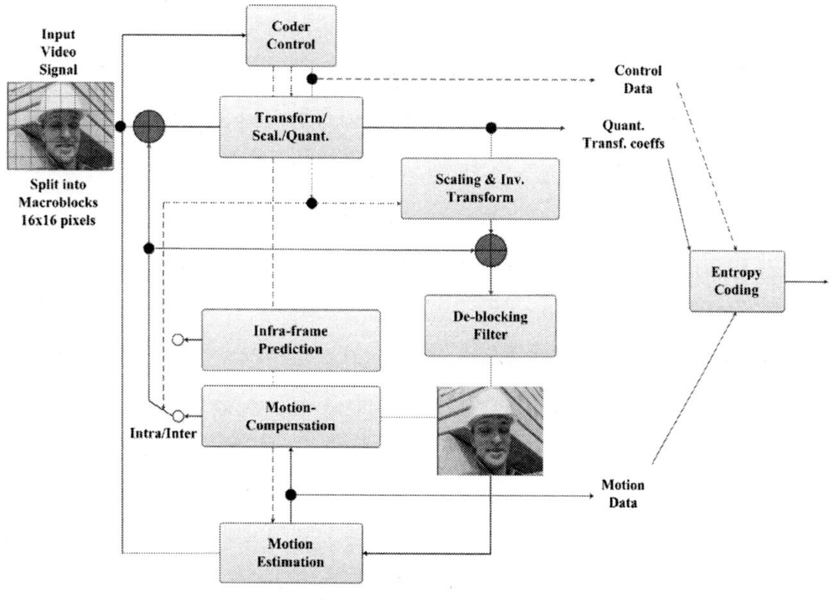

[그림 4-17] H.264의 Encoder 구조

4.3.2 INTRA 예측부호화

MPEG-2, MPEG-4 등 이전의 코덱들에서는 Intra 픽처를 부호화할 때 픽처 내 화소 정보를 그대로 transform한 후 양자화하였으나, H.264에서는 현재블록과 닮은 예측블록을 만들고 이 예측 블록과 현재 블록 사이의 차이 신호를 만든 후, 이 차이 신호(잔차신호, residual signal)를 transform 및 양자화하여 신호를 압축한다. 이때 예측 블록 신호가 현재 블록과 닮으면 닮을수록 부호화 효율이 향상된다. 현재 블록과 닮은 예측 블록 신호를 만들기 위해서 현재 블록의 주변 화소들을 이용한다. [그림 4-18]은 Intra Picture 내 Intra Block을 부호화하는 과정을 설명하고 있다. 현재 블록과 예측 블록의 차이를 계산하여 차이 신호 블록을 만든 후, 이 차이 신호 블록을 Transform 및 Quantization한다. 그리고 양자화된 결과를 엔트로피 코딩한다.

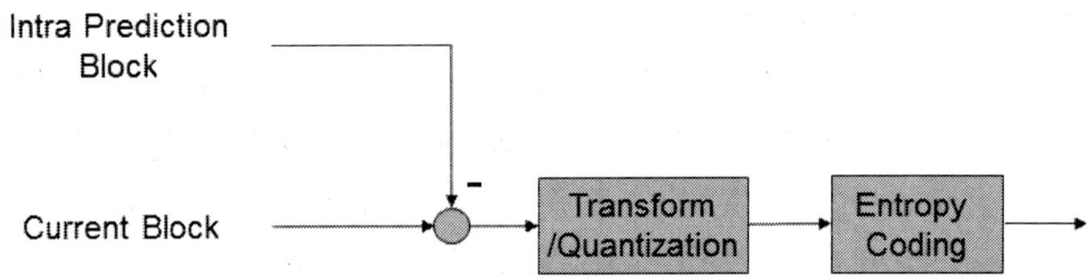

[그림 4-18] Intra Picture내의 현재 블록 부호화 과정

그렇다면, 현재 블록과 닮은 예측 블록을 어떻게 만드는가? 그 방법을 [그림 4-19]와 [그림 4-20]에서 나타내고 있다. [그림 4-19]는 16×16 크기의 현재 블록에 대한 예측블록(당연히 예측블록의 크기도 16×16임)을 만드는 방법을 설명한다. 현재 블록의 주변 화소값들 중에서 바로 윗줄에 존재하는 16개 화소와 바로 왼쪽에 존재하는 16개 화소들을 이용하여 현재 블록에 대한 예측 블록을 만든다. 이는 픽처 내 이웃하는 화소값들 사이에 공간적인 상관성이 존재한다는 특성을 이용하여 예측블록을 만드는 방법이다. 구체적으로 16×16 크기 블록의 예측 블록을 만드는 방법은 4가지가 존재하는데, 0번 방법은 현재 매크로 블록의 윗줄에 있는 화소값과 현재 매크로 블록의 화소값들이 수직 방향으로 유사하다고 가정하고 만드는 방법이다. 이 경우 16×16 크기의 현재 블록 내의 화소값들을 현재 블록의 이웃하는 윗줄의 16개 화소값으로 예측한다. 실제 영상에서 수직방향으로 줄무늬가 있는 경우 0번 방법으로 예측 블록을 만드는 것이 효율적이다. 1번 방법은 현 매크로 블록의 왼쪽 이웃 화소들 이용하여 현재 블록을 예측하는 방법이다. 이 경우는 가로 방향으로 같은 밝기 및 칼라 신호가 반복할 때(가로방향 줄무늬가 존재할 경우) 현재 블록과 매우 닮은 예측 블록을 만들

수 있다. 2번 방법은 현재 블록과 이웃하는 윗줄과 왼쪽 줄에 있는 화소값들의 평균값을 현재 블록의 예측 블록으로 사용하는 것이다. 현재 블록이 속한 영역이 특별한 무늬나 엣지 정보가 없고 밝기 값의 변화가 없는 저주파수 영역일 경우 2번 방법을 이용하면 효율적인 예측 블록을 만들 수 있다. 3번 방법은 비스듬한 방향으로 줄 무늬 또는 엣지가 존재하는 경우에 예측 블록을 만드는 방법으로써, 윗줄과 왼쪽 줄의 화소값을 비스듬한 45° 방향으로 선형 보간하여 예측블록을 만드는 방법이다.

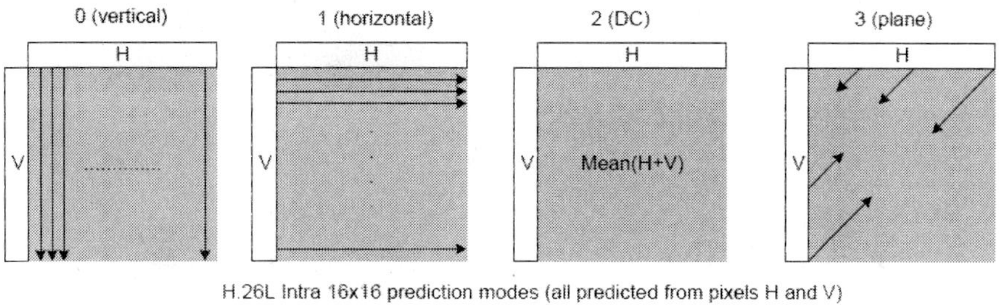

[그림 4-19] 16×16 크기 블록에서 방향성 Intra 예측 부호화

H.264에서는 16×16 Intra coding mode 외에도 4×4 Intra coding mode도 사용되는데, 상대적으로 단순한 화소 영역에서는 주로 16×16 Intra mode가 사용되고, 복잡한 화소 영역에서는 주로 4×4 Intra mode가 사용된다. 4×4 Intra mode가 사용되는 영역은 상대적으로 복잡한 화소 정보들로 이루어져 있기 때문에 16×16 Intra mode가 사용되는 영역보다는 더 다양한 방향으로 예측 신호 블록을 만들어야 한다. 4×4 Intra mode로 부호화될 때 사용되는 예측 방향은 총 9가지가 존재하는데, 각 예측 방향을 [그림 4-20]에 나타내었다.

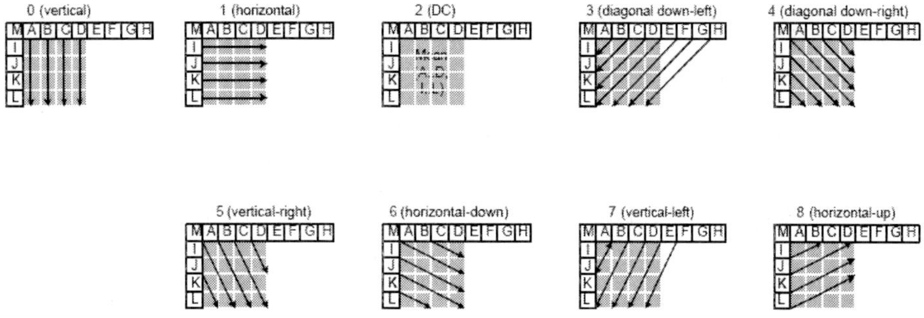

[그림 4-20] 4×4 크기 블록에서 방향성 Intra 예측 부호화

[그림 4-21]은 실제 영상에서 특정 4×4 블록의 주변 화소값을 이용하여 예측 블록을 만드는 예제를 보여주고 있다. 현재 블록의 주변 화소들을 이용하여 총 9가지 예측 블록들을 만든 후, 현재 블록과 가장 유사한 예측 블록을 선택하여 사용하는 것이다.

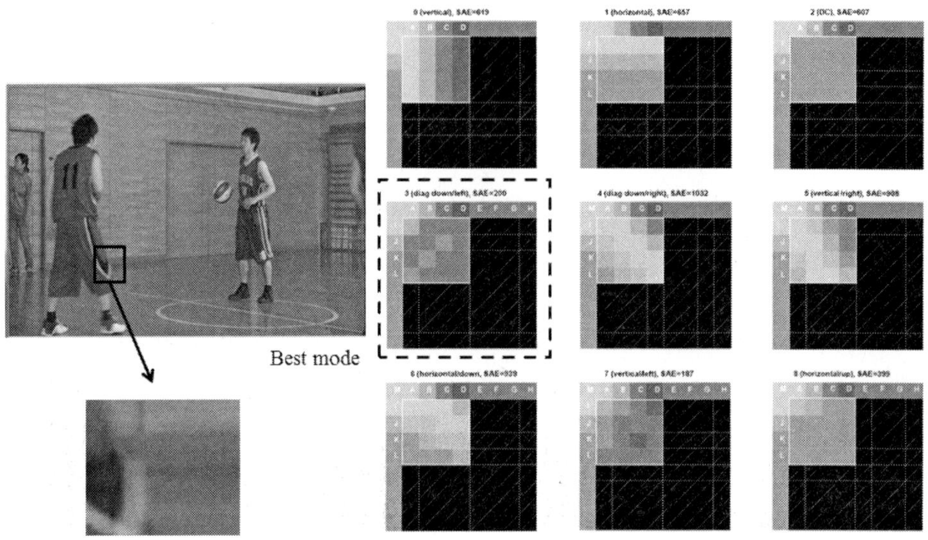

[그림 4-21] 4×4 크기 블록에서 방향성 예측 부호화의 실행 예제

4.3.3 가변크기 블록단위 움직임 추정

H.264에서는 16×16 크기에서 4×4 크기까지 다양한 크기 블록에 대한 움직임 보상 기술이 지원된다. 16×16 크기의 luma(흑백 밝기) 매크로 블록은 [그림 4-22]에 표시된 것처럼 4개 크기 종류의 블록(16×16, 16×8, 8×16, 8×8)으로 구분되어 움직임 벡터 추정과정에서 사용될 수 있다. 이 4가지 종류 블록들 각각에 대해서 움직임 벡터를 찾은 후 RD(Rate-Distortion) 관점에서 가장 최적화된 블록 크기를 결정한다. 만일 P8×8 모드가 최적의 크기 모드로 선택되었다면, 8×8 크기 블록들은 더 세분화된 4개의 블록(8×8, 8×4, 4×8, 4×4)들로 분리되어 고려된다. 이러한 다양한 크기의 블록 분할은 매크로 블록 안에서 다양한 조합을 이룬다. 이와 같이 매크로 블록을 다양한 크기의 움직임 보상 서브블록으로 분할하는 방법을 나무구조(tree-structured) 움직임 보상(MC : motion compensation)이라고 말한다[11].

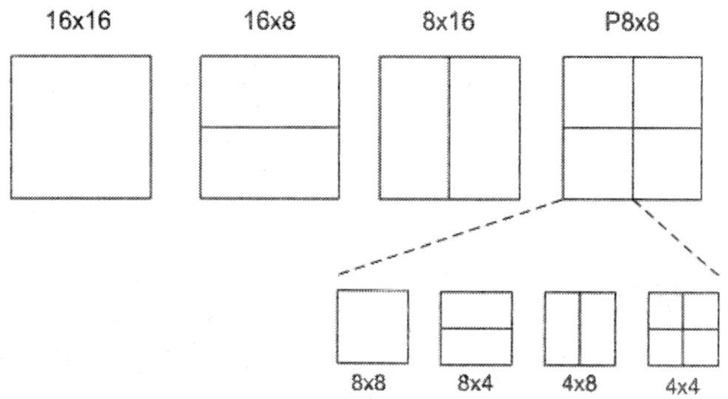

[그림 4-22] 매크로 블록 서브분할

움직임 벡터 추정(ME: Motion Estimation) 과정에서 크게 분리된 블록(16×16, 16×8, 8×16) 모드가 선택되는 경우에는 16×16 크기의 매크로 블록 당 부호화해야 하는 움직임 벡터의 개수가 적기 때문에 움직임 벡터를 부호화하기 위해 필요한 비트수가 적다. 하지만 복잡한 밝기값 변화가 있는 매크로 블록에서 큰 블록 모드가 사용된다면 현재 블록과 참조 블록 간의 차이 신호인 잔여값(residual) 블록이 많은 양의 에너지를 포함하기 때문에 잔여 신호를 부호화과정에서 발생하는 비트수가 증가하게 된다. 다른 한편, 작게 분리된 블록(8×4, 4×8, 4×4) 모드를 사용하여 움직임 벡터를 추정한다면 한 개의 매크로 블록을 부호화하기 위해 부호화해야 하는 움직임 벡터의 개수가 많아져서 움직임 벡터를 부호화하기 위해서 많은 비트수가 필요하지만, 움직임 보상 후에 부호화할 잔여(residual) 신호는 낮은 에너지 성분으로 구성되기 때문에 발생 비트수가 적어진다. 정리하면, 큰 블록 모드들은 밝기값 변화가 적은 신호영역에 적합하고 작은 블록은 엣지(edge) 성분을 포함하는 복잡한 영역에서 사용될 때 부호화 효율을 높일 수 있다.

[그림 4-23]은 7가지 종류의 블록크기 모드를 사용하여 움직임 벡터를 찾았을 때, 최적으로 움직임 벡터가 찾아진 상태에서 블록 크기를 표시했다. 그림에서 알 수 있듯이 공간적으로 화소값의 변화가 큰 부분은 작은 블록에서 최적의 움직임이 찾아졌다. 공간적인 변화가 거의 없어 평평한 저주파 신호로 구성된 영역에서는 큰 블록으로 최적의 움직임이 찾아졌다.

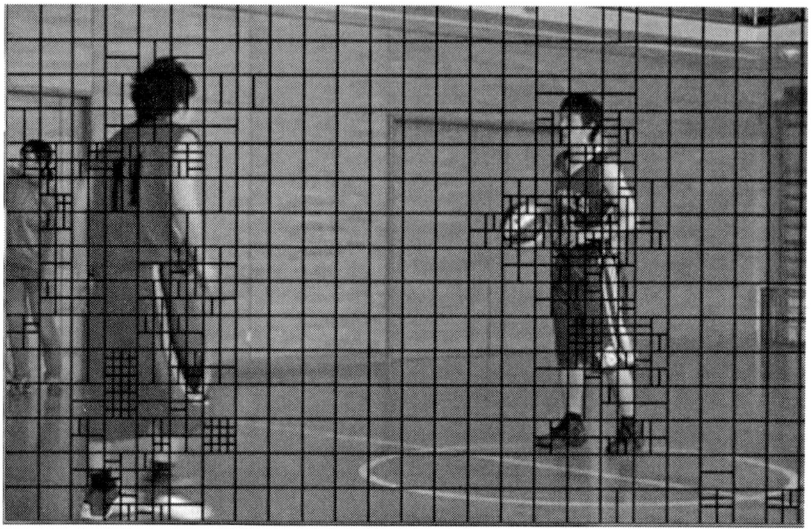

[그림 4-23] 가변크기 블록 사용 예

4.3.4 정수 화소 단위 이하 움직임 추정

H.264에서는 더욱 세밀하게 움직임 벡터를 찾기 때문에 1/4 화소 단위까지 움직임 벡터를 찾는다. [그림 4-24]는 H.264에서 MV를 1/4 화소 단위까지 찾기 위해서 참조 영상을 보간(interpolation)하는 과정을 설명하고 있다. 이 그림에서 어두운 색깔의 사각형들은 정수형 화소를 나타낸다. 그리고 밝은 블록으로 표시된 도형들은 반화소(1/2) 및 1/4 화소 위치를 나타낸다. 참조 영상에 존재하는 정수 화소 위치의 밝기 값들을 이용하여, 반화소 위치와 1/4 화소 위치의 밝기 값을 계산한 후, 이 계산된 밝기값들에 대해서 움직임을 추정하는 것이다. 움직임 벡터 추정을 정확하게 하기 위해서는 효율적인 화소 보간 방법을 사용해야 한다. 이렇게 세부 화소 단위까지 움직임을 찾으면 정확한 움직임 보상이 가능하기 때문에 잔차 신호 블록의 에너지가 작아지고, 결국 압축률 향상을 얻을 수 있다. 그렇지만 1/2 화소 및 1/4 화소 위치의 밝기값을 보간하는 과정에서 복잡도 증가가 발생하는 단점이 있다.

[그림 4-24]에서 반화소(1/2 화소) 위치에서의 화소밝기 예측값들은 6탭 필터를 적용하여 얻어지는데 이때 사용되는 탭 값들은(1, −5, 20, 20, −5, 1)이다. 1/4 화소 위치에서의 예측값들은 정수 화소 위치값과 반화소 위치에서의 화소값들을 평균함(bilinear filter 사용함)으로써 얻어진다.

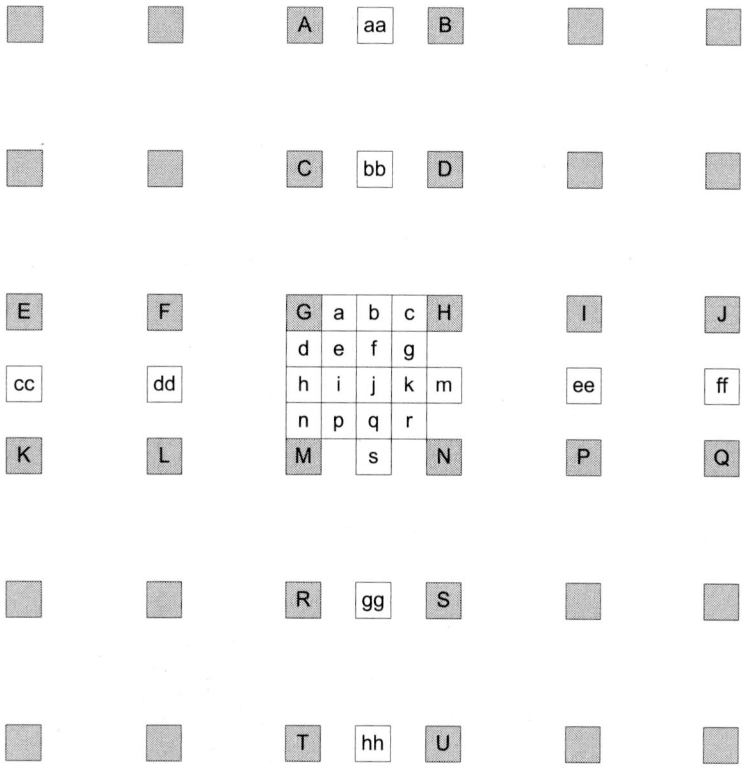

[그림 4-24] 1/4 화소 단위로 밝기 신호를 보간하기 위한 정수 단위 화소 위치 (어두운 블록)와 비정수 단위 화소 위치(밝은 블록)

4.3.5 움직임 벡터 예측

H.264에서는 움직임 벡터를 그대로 부호화하지 않고, 이미 부호화된 주변 블록들의 움직임 벡터들로부터 예상 움직임벡터(Predictive Motion Vector: PMV)를 계산한 후, 실제 MV와 예상 벡터 PMV의 차이 벡터를 부호화한다. 주변 블록들은 서로 신호 특성이 비슷하기 때문에 찾아진 움직임 벡터들 사이에 높은 상관성이 존재한다. 따라서 움직임 벡터를 직접 부호화하는 것보다 예측 움직임 벡터(PMV)와의 차이 성분만 부호화함으로써 압축 효율을 높일 수 있다.

PMV는 16×8과 8×16 블록의 형태일 경우를 제외하고 주위 블록 움직임 벡터들의 "중간값 예측(median prediction)"이 사용된다. 중간값 예측 방식은 평균값 예측 방법에 비해 특정 MV의 영향을 덜 받으면서 주변 블록들의 주된(major) 움직임을 대표하는 벡터를 추출할 수 있다. 여기서 사용되는 주변 블록이란 같은 슬라이스에 속하는 블록들을 의미한다. 다른 슬라이스에 속한 블록들은 그 공간적 인접성이 가까워도 사용되지 않는다.

4.3.6 다중 참조 영상을 이용한 움직임 추정

여기서 H.264의 중요한 특징인 다중 참조 영상(multiple reference pictures) 기법에 대해서 알아보자. Digital TV 등에서 방송용으로 사용되는 MPEG-2에서는 P 픽처 부호화시 단 1장의 과거 영상만 사용하는 것에 반해, H.264는 여러 장의 과거 영상들을 참조 영상으로 사용한다. 이렇게 여러 장의 참조 영상을 사용하는 이유는 현재 블록과 가장 닮은 블록을 바로 직전의 참조 영상에서 찾을 수 없을 경우, 그 이전의 영상들에서 찾음으로 해서 부호화 효율을 향상시키기 위함이다.

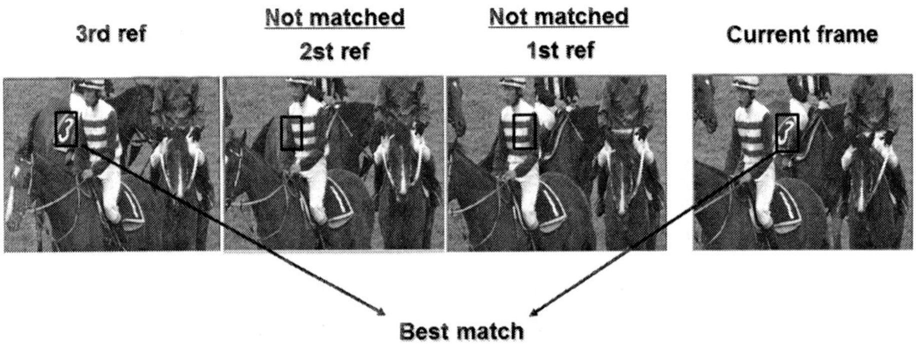

[그림 4-25] 움직임 추정과정에서 다중 참조 영상을 이용하는 예

다중 참조 영상을 사용해서 비디오 신호를 압축하는 경우의 장점에 대해 예제 그림들을 이용하여 설명하면 [그림 4-25]와 같다. 이 그림에서 현재 프레임(current frame)의 중간 부근의 블록과 닮은 블록은 바로 직전의 첫 번째 참조 영상(1st reference)에서 찾을 수 없고 세 번째 참조 영상(3rd reference)에서 찾을 수 있다. 그 이유는 다른 인물에 의해서 첫 번째 및 두 번째 참조 영상에서 해당되는 배경 정보가 가려지기 때문이다. 이런 경우 여러 장의 참조 영상을 사용함으로써 보다 정확한 움직임 예측을 가능하게 한다. 그렇지만, 여러 장의 참조 영상을 사용하다 보니, 움직임 추정하는 과정이 더욱 복잡해져서 실행 시간이 길어지게 된다.

4.3.7 밝기 보상(Illumination Compensation) 기법을 이용한 움직임 예측

비디오 인코더에서 연속된 픽처간의 중복된 정보(군더더기 redundancy, 상관성

correlation)는 움직임 추정 과정을 통해서 제거된다. 이 과정에서 연속된 픽처 사이에 중복되는 정보를 효율적으로 제거할 수 있을수록 비디오 코덱의 압축효율을 높일 수 있다. 그런데 [그림 4-26]에서처럼 촬영된 영상의 내용에는 매우 높은 상관성이 존재하지만(즉, 배경 및 등장인물 등은 유사하여 반복적인 정보로 이뤄져 있지만), 외부요인(여기서는 카메라 플래시(flash))에 의해 밝기가 급격하게 변하는 경우 기존의 움직임 벡터 추정 방법을 사용하면 압축효율이 크게 감소하게 된다. 왜냐하면, 움직임 벡터 추정 방법으로 현재 블록과 가장 닮은 블록을 참조 영상에서 찾는다고 해도 두 블록간의 잔차신호(residual signal)의 에너지가 크고 이를 부호화하면 발생 비트가 매우 높아 압축 효율이 낮아지기 때문이다. 이럴 경우 참조 영상에 W만큼 밝기 조절을 한 후 움직임 추정을 수행하면 현재 블록과 참조 블록이 더욱 닮게 만들 수 있기 때문에 잔차신호의 에너지를 감소시킬 수 있어 결국 발생 비트량을 줄이고 압축 효율을 향상 시킬 수 있게 된다. 이는 참조 영상의 전반적인(global) 밝기를 보상하는 개념이다.

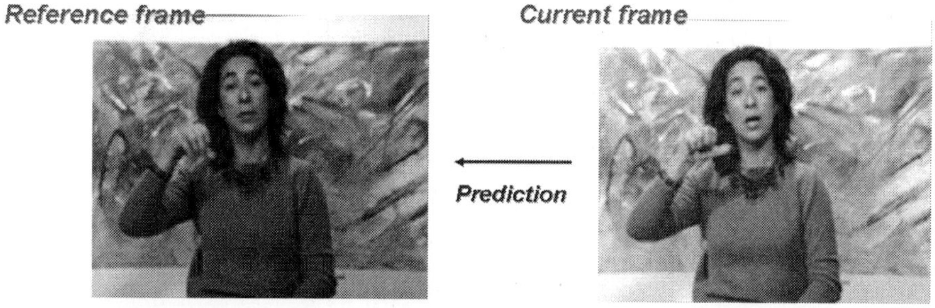

[그림 4-26] 현재 프레임의 전체 밝기가 급격하게 변한 경우

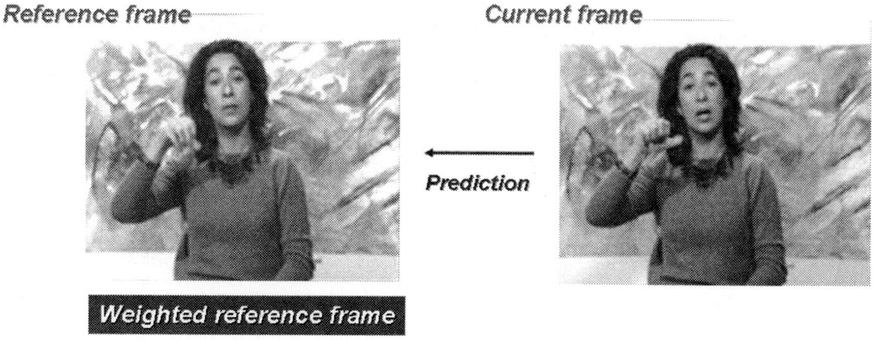

[그림 4-27] 참조 영상의 전체 밝기를 조정한 후 움직임 추정을 수행하는 예

[그림 4-27]은 [그림 4-26]의 참조 영상에 W 만큼 밝기 조절을 수행해서(참조 영상 내 모든 화소의 밝기 값에 W를 곱하는 과정을 수행해서) 참조 영상의 평균 밝기가 현재 영상의 평균 밝기와 거의 같아진 경우를 보여주고 있다. 이런 방법으로 참조 영상의 평균 밝기를 변경하면 움직임 벡터를 추정하는 과정에서 압축 성능을 높일 수 있다. 이 기술은 H.264의 Main Profile과 Extended Profile에서 지원되며, 사용된 가중치값 W는 Slice Header에 저장된다.

4.3.8 Integer Transform 및 양자화 과정

MPEG-2, MPEG-4, H.263 등 기존의 비디오 압축표준에서 사용되는 DCT 변환은 소수점(float) 연산을 기반으로 하고 있다. 소수점 연산을 이용한 DCT 변환의 사용은 계산 과정 중의 반올림으로 인해 원 신호와 역변환된 신호 간의 불일치 문제가 발생한다는 단점이 있다. 이 문제를 해결하기 위해서 H.264에서는 4×4 블록 단위로 Integer Transform을 사용한다. 또한 Transform 다음에 수행되는 양자화 과정을 수행할 때, Transform 모듈과 Quantization 모듈이 독립적으로 작동하지 않고 두 과정이 결합하여 동시에 수행된다.

4.3.9 De-blocking 필터 사용

지금까지 설명한 것처럼 H.264에서 Inter 또는 Intra mode로 영상 정보를 부호화할 때 블록 단위로 신호를 압축한다. 그 과정 중에는 주파수 공간으로 변환된 신호를 양자화하는 과정이 포함되고 이 양자화 과정이 복원 영상의 화질을 저하시키는 주요 원인이 된다. 이 양자화 과정에서는 주파수 변환된 계수 값들을 미리 정해진 양자화 스텝 크기로 나누는 동작을 수행하는데, 픽처 내의 서로 이웃하는 블록 간에 다른 크기의 양자화 스텝값들을 사용하여 신호를 양자화하게 되면 복원 영상에서 코딩 블록 경계를 따라 경계선이 보이는 왜곡 현상이 발생한다. 이를 블록 왜곡(blocking artifact)이라고 한다. 이 블록 왜곡 현상이 발생한 영상은 사람의 눈에 매우 거슬려 보인다. 또한 움직임 벡터를 추정하는 inter mode 부호화 과정에서 blocking artifact가 발생한 참조 영상을 사용하면 정확하지 않은 움직임 벡터를 찾는 것은 물론 움직임 벡터를 찾고 나서 만들어지는 잔차 신호의 에너지가 증가하게 된다. 이 결과 발생 비트량이 증가하여 코덱의 압축 효율이 낮아지게 된다. 이 블록 왜곡현상을 줄이기 위해서 de-blocking filter를 사용하는데, 이 필터가 인코더의 loop 내부에 존재하기 때문에 loop filter라고 부르기도 한다. De-blocking filter의 역할은 이웃하는 블록들간의 평균 밝기 값의 차이 때문에 블록 경계선이 두드러져 보이는 현상을 감소시키는 것으로써, 경계에 존재하는 밝기 값의 급격한 변화를 완화시키는 것이다. 이 과정은 복원 영상에서 블록 경계에 위치한 화소값들간의 차이를 줄임으로써 이루어지며, 이는 Low Pass Filter(LPF, 저대역 통과 필터)의 역할과 유사하다.

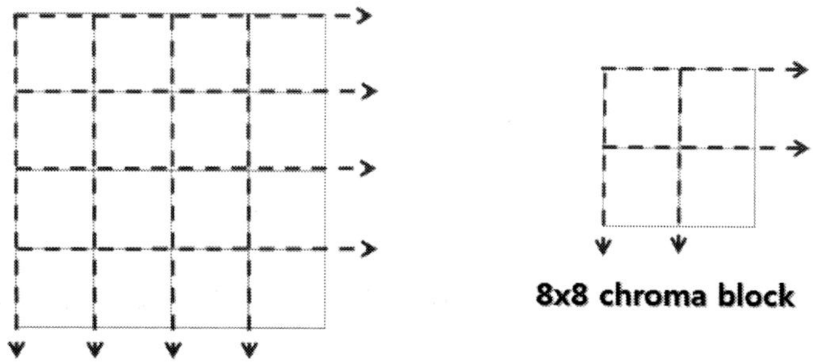

[그림 4-28] Deblocking 필터가 적용되는 4×4 블록들의 경계

Deblocking filter는 매크로 블록 내부의 4×4 블록들의 경계 영역에 적용된다. [그림 4-28]은 칼라 포맷이 4 : 2 : 0인 경우 밝기(Luma) 신호와 색차(Chroma) 신호 블록에 deblocking filter가 적용되는 위치를 표시하였다. 그림에서 점선으로 표시한 선이 4×4 블록들간의 경계선이 된다. 이 경계선을 중심으로 양쪽 블록들 내부의 화소값들의 예를 [그림 4-29]에 나타냈다. 그림에서 p_3, p_2, p_1, p_0으로 구성된 왼쪽 블록과 q_0, q_1, q_2, q_3으로 구성된 오른쪽 블록의 평균 밝기값의 차이가 크다는 것을 알 수 있다. 이렇게 큰 평균 밝기값 차이가 이웃하는 블록간에 존재하는 것을 블록킹 왜곡(artifact)이라고 하는데, 이 왜곡을 감소시키기 위해서는 p_3, p_2, p_1, p_0 값과 q_0, q_1,q_2, q_3 값을 새로운 값으로 변경시켜야 한다. 이런 필터링 과정은 주변 화소값들의 특성에 따라 강하게 적용할 수도 있고 약하게 적용할 수도 있다. H.264에서는 블록 경계마다 총 5개의 필터링 강도 중에서 한 가지 강도를 선택하여 사용할 수 있다. 즉, 블록 경계를 이루는 화소값들인 p_3, p_2, p_1, p_0와 q_0, q_1, q_2, q_3의 특성을 고려하여 블록 경계 화소에 대한 필터링을 강하게 할 수도 있고, 약하게 할 수도 있고, 또는 아무런 필터링도 수행하지 않을 수도 있다. 이렇게 5개나 되는 필터링 강도를 정해놓고 그 중 하나를 선택하여 사용하는 이유는 블록의 경계가 두드러지는 정도가 강할 경우도 있고 약할 경우도 있기 때문이다. 또한, 블록들간 경계에 엣지가 위치하여 blocking artifact로 오인될 수도 있다. 그렇기 때문에 엣지 정보인지 아닌지를 판별하고, 블록 왜곡의 심한 정도를 구분하여 사용될 필터의 강도를 정하게 된다.

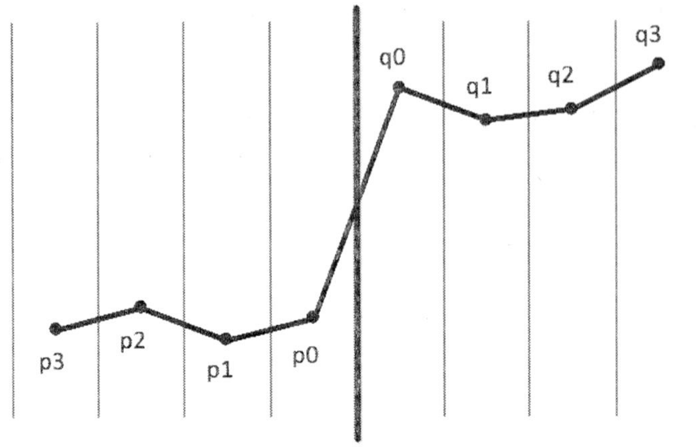

[그림 4-29] 블록간 경계에서 화소값들의 예제

De-blocking 필터를 사용하여 동영상을 부호화했을 경우 수신단에서 복원한 영상의 시각적인 효과를 살펴보면 [그림 4-30]과 같다. 왼쪽의 두개 영상은 filter를 사용하지 않았을 경우의 결과 영상이고 오른쪽 두개의 영상은 filter를 사용했을 경우의 결과 영상이다. 그림에서 알 수 있듯이 de-blocking filter를 사용했을 경우 블록 왜곡이 상당히 감소하여 화질이 개선됨을 알 수 있다.

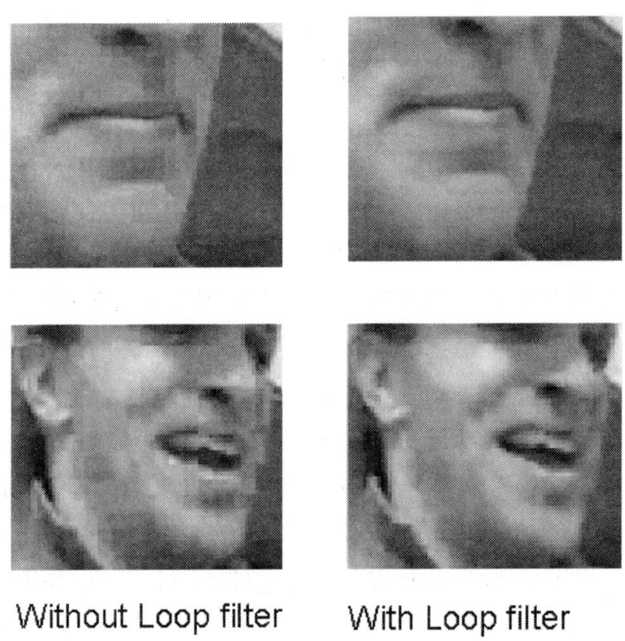

[그림 4-30] De-blocking filter 사용 시 시각적인 화질 향상

4.3.10 H.264 비트스트림 구조

지금까지 설명한 H.264에서 사용되는 핵심 기술들을 정리해보자. Inter mode coding을 위해서는 ME(Motion Estimation), MC(Motion Compensation), Transform, Scaling, Quantization, Inverse Scaling, Inverse Transform, De-blocking Filter 등의 모듈들이 사용되었다. Intra mode coding을 위해서는 Intra Prediction, Transform, Scaling, Quantization, Inverse Scaling, Inverse Transform, De-blocking Filter 등이 사용되었다. 이런 과정을 거치고 나면 각 매크로 블록(MB) 마다 전송해야 할 정보들이 발생하는데 이들을 정리하면 다음 [표 4-4]와 같다.

[표 4-4] 매크로 블록마다 부호화할 정보

전송 정보	포함하는 정보 내용
MB_type	매크로 블록 타입
Reference Frame Index	어느 참조 영상을 사용해서 움직임 벡터를 추정했는지 참조 영상 정보
mvd_l0	과거 참조 영상들로부터 추정한 움직임 벡터 정보
mvd_l1	미래 참조 영상들로부터 추정한 움직임 벡터 정보
CBP	Coded Block Pattern, 매크로 블록 내에 코딩할 정보가 있는 서브 블록과 코딩할 정보가 없는 서브 블록을 구분하여 표시하는 표시자
delta_QP	현재 매크로 블록에서 사용된 양자화 파라미터에 대한 정보
Residual data	Inter 또는 Intra mode로 부호화한 후 잔차신호를 Transform & Quantization한 후 얻어지는 신호

이 정보들은 엔트로피 코딩된 후 약속된 구조의 패킷에 담겨져서 전송되는데 그 개념적인 구조를 [그림 4-31]에 나타냈다. 엔트로피 코딩이란 데이터의 발생 확률에 따라 심볼마다 서로 다른 길이의 코드 워드를 할당하여 부호화하는 방법으로써 잘 알려진 Huffman Code가 Entropy Code의 한 종류이다.

[그림 4-31]에서 보여주고 있는 H.264 비트스트림의 구조에서 SPS(Sequence Parameter Set)는 시퀀스에 공통적으로 사용되는 정보를 전송하는 부분이고, PPS (Picture Parameter Set)은 현재 픽처를 부호화할 때 사용되는 기본적인 파라미터를 전송하는 부분이다. 이 SPS와 PPS는 고정된 길이의 코드워드를 사용하여 표현된다. SPS와 PPS와 달리 MB_type, Reference Frame Index, mvd_l0, mvd_l1, CBP, delta_QP, Residual data 등으로 구성된 MB data는 가변 길이 부호화 코드를 사용하여

부호화된다. H.264에서 사용되는 가변 길이 부호화 코드로는 CAVLC와 CABAC 이렇게 2가지 종류가 있다. H.264의 baseline profile에서는 entropy_coding_mode_flag가 0으로 세팅되고 CAVLC가 사용되며, main profile에서는 entropy_coding_mode_flag가 1로 세팅되고 CABAC이 사용된다.

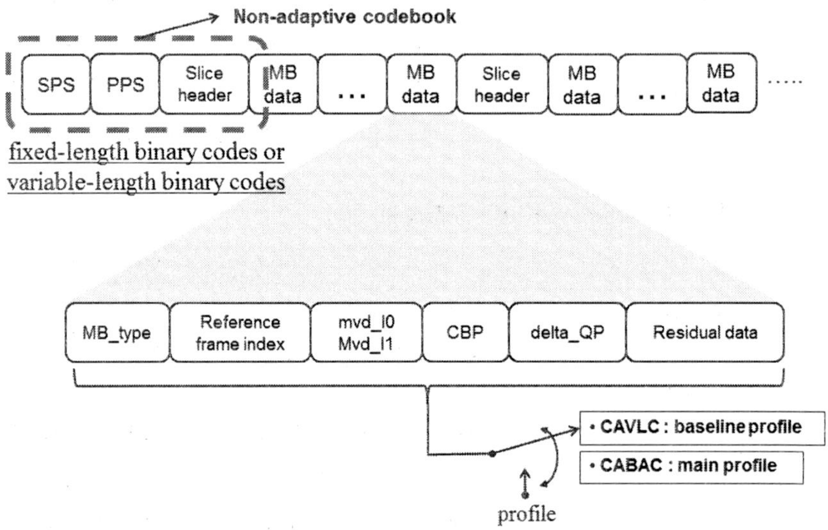

[그림 4-31] H.264에서 전송되는 비트스트림 구조

4.3.11 H.264의 Profile과 Level

H.264 코덱에서 사용하는 기술들의 조합에 따라서 총 12개의 profile로 구분할 수 있다. 그 중에 가장 보편적으로 사용되는 profile로는 Baseline profile과 Extended profile, Main profile, High profile이 있다. Baseline profile은 주로 화상회의를 비롯한 모바일 환경에 적합하도록 비교적 복잡도가 낮은 기술의 조합이 이루어져 있다. Main profile은 디지털 TV 방송을 효과적으로 전송하기 위하여 압축률이 높은 기술들의 조합들이 주를 이루고 있다. Extended profile에서는 통신망을 이용한 video streaming 서비스를 위하여 데이터 통신에 유리한 기술들이 다수 포함되어 있다. High profile은 방송과 저장매체에 고화질 영상을 제공하기 위하여 복잡도보다는 화질을 높일 수 있는 기술들의 조합이 사용된다. 그밖의 profile들은 각각이 특수한 목적에 적합하도록 기술의 조합이 이루어져 있다. [표 4-5]에서는 각 profile에 따라 사용되는 기술들을 정리하였다.

[표 4-5] H.264의 profile에 따라 사용되는 알고리즘들

Tool	Baseline	Main	Extended	High
Color format	4:2:0	4:2:0	4:2:0	4:2:0
Bit per sample	8	8	8	8
Flexible MB Ordering(FMO)	○	×	○	×
Arbitrary Slice Ordering(ASO)	○	×	○	×
Redundant Slices	○	×	○	×
Data Partitioning	×	×	○	×
SI and SP slices	×	×	○	×
B slices	×	○	○	○
Interlaced Coding	×	○	○	○
CABAC	×	○	×	○
8×8 Transform	×	×	×	○

H.264 코덱에서 사용되는 영상의 화면 해상도, 발생 비트율 범위, 프레임 주파수 등 사용되는 변수(파라미터)들의 범위에 따라서 여러 가지 Level로 구분 지을 수 있다. Level은 encoder가 decoder의 복호화 능력을 고려하여 적절한 범위 안에서 영상을 부호화함으로써, 복호화 시 지연이나 버퍼 넘침 현상으로 인하여 발생하는 문제를 최소화하기 위한 제한 조건이다. [표 4-6]은 각 Level별 제한 조건을 표시한다.

[표 4-6] H.264의 Level에 따른 제한 조건

Level Number	Typical Picture Size	Typical Frame Rate	Maximum Bit Rate	Vertical MV Range
1	QCIF	15	64 kbps	[-64, +63.75]
1b	QCIF	15	128 kbps	[-64, +63.75]
1.1	CIF / QCIF	7.5 / 30	192 kbps	[-128, +127.75]
1.2	CIF	15	384 kbps	[-128, +127.75]
1.3	CIF	30	768 kbps	[-128, +127.75]
2	CIF	30	2 Mbps	[-128, +127.75]
2.1	480i / 576i	30 / 25	4 Mbps	[-256, +255.75]
2.2	SD	15	4 Mbps	[-256, +255.75]
3	SD	30	10 Mbps	[-256, +255.75]
3.1	720p	30	14 Mbps	[-512, +511.75]
3.2	720p	60	20 Mbps	[-512, +511.75]
4	720p / 1080i	60 / 30	20 Mbps	[-512, +511.75]
4.1	720p / 1080i	60 / 30	50 Mbps	[-512, +511.75]
4.2	1080p	60	50 Mbps	[-512, +511.75]
5	2K×1K	70	135 Mbps	[-512, +511.75]
5.1	4K×2K	30	240 Mbps	[-512, +511.75]

4.4 코덱 관련 제품들

앞 절들에서는 대표적인 비디오 코덱들인 MPEG-2, MPEG-4, H.264/AVC의 동작 원리에 대해서 설명했다. 이 절에서는 이 코덱들이 사용된 대표적인 제품들에 대해서 알아보도록 하자. 시중에 유통되고 있는 코덱 제품들을 소프트웨어 제품들과 하드웨어로 구성된 제품으로 구분지어 설명하려고 한다. 이 제품들에 대해서 알아봄으로써 향후 개발되는 스마트 TV에서 채용될 코덱 기술의 개발 방향을 예상할 수 있을 것이다.

4.4.1 Software 제품

제품명	지원 코덱	특성 및 사양	사용 제품 및 분야	제조사
Elecard MPEG-2 Plug-In for WMP Description	MPEG-2	Multimedia, Video, Animation 재생	컴퓨터	Elecard Ltd
CoreAVC	H.264/AVC	빠른 비디오 디코더	H.264 영상 재생	Core Codec
Open264-HR Open264-VR	H.264/AVC	HR: Full HD급 화질의 실시간 영상 전송을 위한 초고속 코덱 VR: DVR, NVR, 그리고 캡처 보드와 같은 멀티채널 영상에 최적화된 코덱	지능형 영상보안 소프트웨어	이노뎁
KMplayer	H.264, X264, DIVX, XVID, WMV1,2,3, VC-1, Real Video, Theora	다양한 포맷으로 압축된 비디오 신호의 재생이 가능함	비디오 재생	KMP media
곰 플레이어	MPEG-2 MPEG-4 H.264/AVC	다양한 포맷으로 압축된 비디오 신호의 재생이 가능함	비디오 재생	gretech

4.4.2 Hardware/SoC 제품

제품명	지원 코덱	특성 및 사양	사용 제품 및 분야	제조사
WinFast PxVC 1100	MPEG-2, H.264/AVC	동영상 변환, 인코딩, 디코딩 전용	컴퓨터	리드텍
MN85560	MPEG-2	입력되는 비디오 신호를 MPEG-2로 변환	DVD 제작	Panasonic
NVP3100	MPEG-4	저전력 영상코덱칩, 실시간 인코딩/디코딩	PC기반 DVR, PVR, 네트워크 카메라	넥스트칩
시스템온칩 (NVS3600)	H.264/AVC	CPU와 이미지 처리 기능이 하나로 통합	자동차 블랙박스	넥스트칩
트라이콘	H.264/AVC	다채널 동시 시청 및 녹화기능 제공	DMB 전용폰	씨앤에스 테크놀로지
H.264 Hardware Compression Card	H.264/AVC	DVR 기반 16 channel video 2 channel audio 영상사이즈: CIF	CCTV video capture card	Hongkong Hocho Technology
Monster HD 264	H.264/AVC	1920x1080p에 대응한 리얼타임 H.264 비디오 녹화	비디오, 캠코더, 디지털 카메라 등	Wow system
MB86H50	H.264/AVC	1920x1080 영상 실시간 처리 FCRAM 지원 전력 소모량 750mW 이하	매우 다양함	후지쯔
CX2418X	MPEG-4		차세대 HDTV용 MPEG-4 AVC 칩세트	Conexant 시스템즈
BODA9 SERIES	AVS, MVC, VP8, Theora, Sorenson, H.264, MPEG4, H.263, MPEG-2, VC-1, RealVideo	Full HD decoder로 4K 해상도까지 지원	3D digital TV High-end Set-top box, 3D Blu-ray disc player	Chips&Media

제품명	지원 코덱	특성 및 사양	사용 제품 및 분야	제조사
다빈치 DM6441 (TMS320DM6441)	H.264/AVC	1080p/60fps 비디오 스트림 3개 동시 지원, 720p/30fps 비디오 스트림 12개 동시 지원	비디오 스트리밍, HD 비디오 감시 시스템, 영상회의 시스템, 미디어 허브 및 서버	Texas Instruments
Falco	MPEG-4, H.264, VC-1, WMV9, MPEG-2	Cortex A8 기반의 프로세서임, Full HD 인코딩과 디코딩을 동시에 지원, 3D 그래픽 가속 엔진인 OpenGL-ES2.0과 2D 그래픽 OpenVG 1.1을 지원	3D 내비게이션, 태블릿 PC 등의 하이엔드 멀티미디어 제품	Core Logic

참고문헌

[1] 이호석, 김준기, "알기쉬운 MPEG-2", 홍릉과학출판사, 2001.

[2] 김재균, 권재철, 문주희, 황강욱, "영상통신개론", 홍릉과학출판사, 2010.

[3] 하영호, 남재열, 최윤식, 원치선 공역(Ze-Nian Li and Mark S. Drew 저), "멀티미디어 공학(원제: Fundamentals of Multimedia)", Pearson Prentice Hall, 2004.

[4] K. R. Rao, J. J. Hwang, "Techniques & Standards for Image Video & Audio Coding", Prentice Hall, 1996.

[5] Iain E. G. Richardson, "Video Codec Design", John Wiley & Sons, 2002.

[6] John Watkinson, "The MPEG Handbook", Elsevier, 2004.

[7] Fernando Pereira, Touradj Ebrahimi, "The MPEG-4 Book", Prentice Hall, 2003.

[8] ISO/IEC, "Information Technology-Coding of Audio Visual Objects, Part2: Visual, Amendment 3: New levels and tools for MPEG-4 visual", ISO/IEC 14496-2 /Amd. 3:2003(E)

[9] ITU-T and ISO/IEC JTC 1, "Advanced Video Coding for Generic Audiovisual Services", ITU-T Recommendation H.264 and ISO/IEC 14496-10(MPEG4- AVC), 5th ed., May 2009.

[10] Iain E. G. Richardson, "H.264 and MPEG-4 Video Compression", John Wiley & Sons, 2003.

[11] A. Luthra, G. J. Sullivan, and T. Wiegand, "Introduction to the special issue on the H.264/AVC video coding standard," IEEE Trans. Circuits and Systems for Video Technology, vol. 13, no. 7, pp. 557–559, July 2003.

[12] T. Wiegand, G. J. Sullivan, G. Bjntegaard, and A. Luthra, "Overview of the H.264/AVC video coding standard," IEEE Trans. Circuits and Systems for Video Technology, vol. 13, no. 7, pp. 560–576, Jul. 2003.

제 5 장

스마트 TV 네트워킹 기술

5.1 인터넷 개요

5.1.1 인터넷의 구성요소

인터넷의 어원은 Inter-network로서 "네트워크들 간의 네트워크"이다. 또한 인터넷은 크게 공공 목적을 위한 인터넷과 사적인 인트라넷이라는 두 가지 형태가 있다. 인터넷은 계층적인 구조를 갖는 네트워크이며 인터넷을 구성하고 있는 요소들을 살펴보면 다음과 같다([그림 5-1]).

- **호스트 또는 단말기**: PC, 워크스테이션, 서버, 스마트폰, 스마트가전 등의 네트워크 응용 작업을 수행할 수 있는 '컴퓨팅' 디바이스
- **통신 링크**: 광케이블, 구리선, 무선, 인공위성 등
- **라우터**: 데이터 패킷[1])을 네트워크를 통해 전달하는 네트워크 교환 장비
- **프로토콜**: 메시지의 송수신을 제어하는 규약으로서 예를 들면 TCP, IP, HTTP, FTP, PPP 등

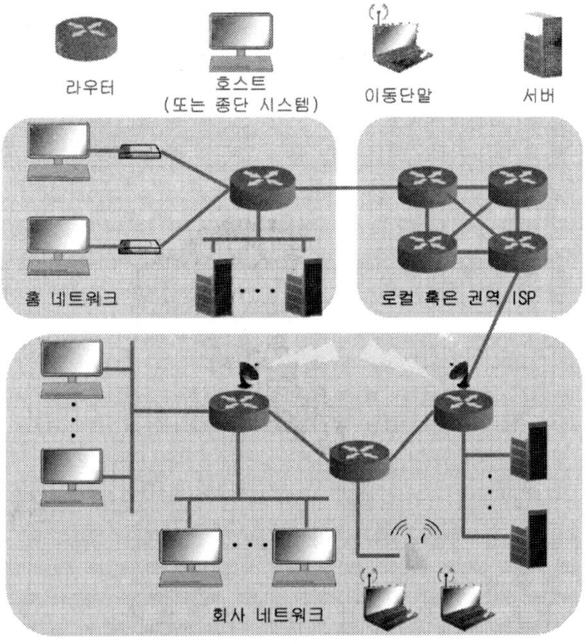

[그림 5-1] 인터넷의 구성요소

1) 인터넷에서의 데이터 전송의 기본 단위는 패킷으로서 사용자의 데이터는 각 네트워크가 요구하는 크기의 일종의 블록들로 분할되고 각각의 블록은 하나의 패킷에 실려 전송된다.

5.1.2 서비스 관점에서의 인터넷

서비스 관점에서 인터넷은 WWW, email, 온라인게임, 분산 데이터베이스, 전자상거래, 온라인투표 등의 분산 응용을 가능하게 하는 통신 인프라이다. 물론 여기에서 언급한 응용 이외에도 수많은 분산 응용들이 존재한다. 인터넷이 제공하는 통신 서비스의 형태에는 두 가지, 즉 비연결형(connectionless) 서비스와 연결지향(connection-oriented) 서비스가 있다[1]. 개념적으로 비연결형 서비스는 송수신 양단간에 사전 연결설정 없이 데이터를 전송하는 방식으로 데이터 전송의 신뢰성 및 성능 보장이 제공되지 않는다. 연결지향 서비스는 데이터 전송 이전에 연결 설정을 선행하므로 데이터 전송 오류 및 속도 등의 상태 정보 확보가 가능하고 이에 따른 수정 기능을 수행하여 신뢰성 보장을 제공할 수 있다. 네트워크 응용은 각각의 특성에 따라 이 두 가지 서비스 중 하나의 방식으로 구현된다. 보다 자세한 설명은 다음 절에서 한다.

5.1.3 프로토콜

프로토콜은 통신에 있어서 송수신 양단간에 데이터를 주고 받기 위하여 따르는 규약으로 교환 데이터(메시지)의 종류와 포맷, 그리고 각각의 메시지를 송수신함에 따른 처리과정(액션)으로 구성된다. 인간 사회에도 다양한 프로토콜이 존재하며, 종종 인터넷의 프로토콜과 유사한 형태를 갖기도 한다. 예를 들면, 낯선 이에게 시간을 물어볼 때에는 "잠깐 실례합니다."와 같은 표현을 사용하여 대화를 시작하는 것이 보편적이며, 상대방의 허락을 얻은 후에 본론으로 들어가서 시간을 물어본다. 이러한 암묵적이며 관례적인 규약 혹은 예절을 지키지 않을 경우 원활한 대화가 이루어질 수 없을 것이다. 인터넷에서도 이와 유사하게 정해진 절차에 따라 통신이 수행되어야 한다. 예를 들면, 웹브라우저가 웹서버로부터 데이터를 얻어오기 위해서는 우선 TCP 연결 요청 메시지를 송신하며 TCP 연결 응답 메시지를 수신함으로써 서버와의 연결 승인을 얻는다. 그 다음 순서로 웹데이터의 요청과 수신이 이루어질 수 있다.

5.1.4 인터넷의 구조

인터넷의 구조는 네트워크 에지, 네트워크 코어, 액세스 네트워크(접근망)의 세 부분으로 나눠진다. 네트워크 에지는 응용과 호스트를 포함하며, 네트워크 코어는 라우터와 네트워크들의 네트워크로 이루어진다. 마지막으로 액세스 네트워크 및 물리적 매체는 호스트가 네트워크 코어로 연결되는 통신링크를 의미한다. 이들 세 부분에 대한 구체적인 설명은 다음과 같다.

(1) 네트워크 에지

네트워크 응용은 상대방과의 상호작용을 위해 네트워크를 통하여 메시지를 송수신하는데, 이를 위해 응용과 네트워크 간의 연결 고리 역할을 하는 것이 네트워크 에지가 제공하는 통신 서비스이다. 네트워크 에지가 제공하는 통신 서비스에는 연결형과 비연결지향의 두 가지 형태가 있으며, 두 가지 모두 단말간의 데이터 전송을 목적으로 한다. 연결형 서비스는 데이터 전송을 수행하기 전에 인간들이 "헬로"라는 표현을 사용하는 것과 유사하게 악수(handshaking)에 해당하는 일련의 설정과정을 거치게 되며, 이 때 두 호스트 내에서 상태(state) 초기화가 이루어진다. 인터넷에서의 연결지향 서비스는 TCP가 제공하며 TCP의 핵심 기능은 다음과 같다.

- **신뢰성 있는 순차적 바이트 스트림 데이터 전송**: 데이터 손실이 발생할 경우 수신 확인 및 재전송을 통해 오류 정정
- **흐름 제어**: 송신자가 수신자가 감당하지 못할 정도로 빠른 전송을 하지 못하도록 함
- **혼잡 제어**: 네트워크에 병목 현상이 감지될 경우 송신자가 전송 속도를 낮춤

비연결형 서비스는 연결 설정을 수행하지 않는다. 인터넷의 비연결형 서비스 프로토콜은 UDP이며, 비신뢰적 데이터 전송을 수행한다. 또한, 흐름 제어나 혼잡 제어 등의 기능도 제공하지 않는다. 대표적인 TCP 기반 응용으로는 HTTP(WWW), FTP(파일전송), Telnet(원격터미널접속), SMTP(이메일) 등이 있으며, UDP 기반의 응용으로는 미디어 스트리밍, 원격회의, 인터넷 전화 등이 있다. TCP 또는 UDP의 선택은 응용의 특성에 따라 결정되는데, 자세한 내용은 추후에 다룬다.

(2) 네트워크 코어

네트워크 코어는 그물망 형태로 연결된 수많은 라우터들로 이루어져있다. 네트워크 코어의 핵심 기능은 데이터를 네트워크를 통과시켜 전송하는 것이며 여기에는 두 가지 방식이 있다. 회선 교환 방식은 전화망에서 각 통화마다 전용 회선을 할당하는 방식이며, 패킷 교환 방식은 데이터를 다수의 '뭉치'들로 나누고 각각을 독립적으로 전송하는 방식이다.

회선 교환 방식에서는 각각의 통화세션을 위해서 단대단 자원, 즉 링크의 대역폭, 교환기의 처리능력 등에 대한 예약이 이루어진다. 이 방식은 물리적인 회선 교환 방식과 유사한 성능 특성을 가진다. 자원예약을 위해서는 통화 설정이 필수적이다.

패킷 교환 방식에서는 각각의 단대단 데이터 스트림이 다수의 패킷들로 분할되고, 이 패킷들이 다른 사용자들의 패킷들과 네트워크 자원을 공유한다. 각 패킷은 링크

통과 시에만 자원을 소모하게 되며 전체 링크 대역폭을 독점한다. 따라서 각 패킷은 링크 전송 기회를 확보하기 위해 타 패킷과의 경쟁에서 우위를 점해야 하며, 사용자(통화)의 수가 많을 때에는 전체 자원 요구량이 가용 자원량을 초과할 수 있다. 이 경우, 패킷은 링크 전송 기회 확보 이전에 큐에서 대기하게 되며 이러한 현상을 혼잡이라고 한다. 패킷 교환 방식은 하나의 링크 전송 후에는 다음 링크 전송이 이루어지기까지 순서를 기다려야 한다. 따라서 패킷들은 한 번에 한 홉만큼만 이동할 수 있으며, 이러한 방식을 store-and-forward 방식이라 한다.

패킷 교환 방식은 웹서비스, email 등과 같이 데이터가 일정하지 않게 집중적으로 전송되는 응용에서 우수한 성능을 보이지만 과도한 혼잡 상황에서는 패킷 지연 및 손실이 발생하는 단점이 있다. 반면에 오디오/비디오 서비스와 같이 데이터 전송량이 일정하게 유지되는 응용의 경우에는 일정 수준의 대역폭을 보장하는 회선 교환 방식 형태의 동작이 적절하기 때문에 패킷 교환 방식의 단점을 보완하는 기술이 요구된다.

패킷 교환 네트워크는 라우팅을 필요로 한다. 라우팅은 패킷을 라우터들을 통해 근원지에서부터 목적지까지 이동시키는 것을 의미한다. 이를 위해 경로 선택 알고리즘은 최적의 패킷 전송 경로를 결정한다.

단대단 경로 상에서의 모든 패킷은 전송 지연의 영향을 받는다. 각 홉 마다 발생하는 전송 지연의 원인에는 크게 네 가지가 있다([그림 5-2]).

- **노드 처리 지연**: 노드 처리 지연은 비트 에러 검사 및 출력 링크 결정 등의 처리 과정에 의해 발생된다.
- **큐잉 지연**: 큐잉 지연은 출력 링크에서 전송을 기다리는 데 소모되는 시간을 의미한다. 이 지연은 라우터의 혼잡 정도에 따라 결정된다.

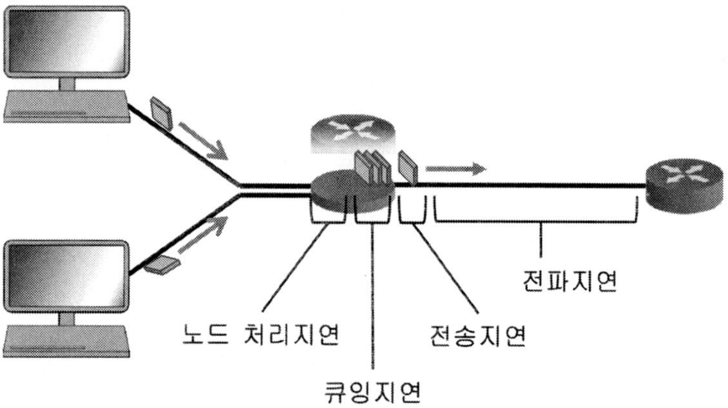

[그림 5-2] 전송 지연 요소

- **전송 지연**: 전송 지연은 링크 안으로 데이터 비트들은 들여보내는 데 걸리는 지연으로 링크 대역폭이 R bps이고 패킷의 길이가 L bits일 경우 L/R 값을 가진다.
- **전파 지연**: 전파 지연은 데이터 신호가 물리적인 링크를 따라 전파되는데 걸리는 지연으로 링크의 길이가 d이고 매체의 신호 전파 속도가 s(약 2×10^8)일 경우, 전파 지연 시간은 d/s가 된다. 주의할 점은 s와 R은 개념적으로 전혀 다른 값이라는 것이다.

(3) 액세스 네트워크

단말 시스템은 대부분 가정용 액세스 네트워크, 기업용 액세스 네트워크, 또는 이동통신 네트워크 등에 의해 네트워크 코어와 연결된다. 가정용 액세스 네트워크는 주로 점대점(point-to-point) 방식의 네트워크로 전화선 모뎀(dialup modem), ISDN (Integrated Services Digital Network), ADSL(Asymmetric Digital Subscriber Line) 등이 대표적이다. 이중 ADSL은 초고속 인터넷의 기반을 제공하며 상향링크 방향은 최대 1Mbps, 하향링크는 최대 8Mbps의 속도를 지원한다.

케이블 TV망은 HFC(Hybrid Fiber Coaxial) 케이블을 기반으로 하며 상향링크에서 10Mbps, 하향링크에서 1Mbps의 속도를 지원한다. 사용자는 케이블 모뎀을 이용하여 구리 및 광케이블로 구성된 케이블 네트워크를 통해서 ISP의 라우터에 접속한다.

기업용 액세스 네트워크는 대개의 경우 근거리 네트워크(Local Area Network)의 형태로 구성되며 이더넷(Ethernet)이 가장 보편적이다. 이더넷은 일반적으로 twisted pair 구리선과 허브(hub), 이더넷 스위치, 브릿지 등의 디바이스에 의하여 연결된다. 현재 100Mbps 급의 이더넷이 보편적으로 사용되고 있으나 최근 들어 최대 1Gbps 급 이더넷의 도입도 빠르게 확산되고 있다. 무선랜은 이더넷의 무선 버전이라고 할 수 있는 근거리 네트워크의 일종으로 단말 시스템과 AP(Access Point) 간의 무선통신으로 연결된다. 가장 보편적인 무선랜은 WiFi 방식으로 IEEE 802.11 표준을 기반으로 하며, 전송속도에 따라 다양한 방식이 존재한다. 현재는 최대 600Mbps를 지원하는 IEEE 802.11n 방식이 주로 사용되고 있다.

5.1.5 네트워크 프로토콜의 계층구조

네트워크는 다양한 종류의 호스트, 라우터, 링크, 응용, 프로토콜, 하드웨어, 소프트웨어 등으로 구성되는 복잡한 시스템이다. 복잡도가 높은 시스템을 다루는 경우, 명확한 구분 지어진 구조는 시스템의 각 부분을 식별하고 상호 관계를 규정하는데 편리함을 제공하는 모듈화 기법을 사용하는 것이 일반적이다. 네트워크 시스템에서의

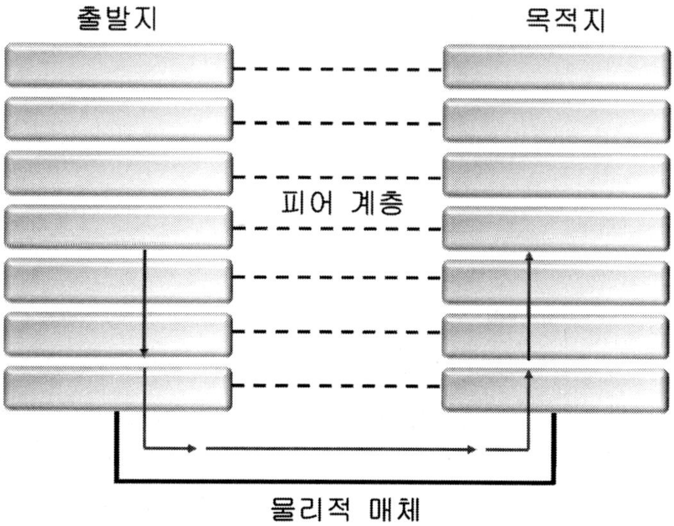

[그림 5-3] 네트워크 계층 구조의 상호 피어관계

모듈화는 프로토콜의 계층 구조화로 발현된다. 이는 컴퓨터 시스템이 하드웨어, OS, 쉘, 미들웨어, 응용 프로그램 등의 계층들로 모듈화 되어 있는 것과 유사하다. 프로토콜 계층구조에서의 상위 계층 프로토콜은 하위 계층 프로토콜이 제공하는 서비스를 이용하여 자신의 기능을 수행한다([그림 5-3]). 프로토콜 계층 구조화의 장점으로는 복잡도 감소, 표준화된 인터페이스, 모듈화된 엔지니어링, 상호운용 기술의 보장, 기술 진화의 가속, 교육의 용이성 등을 들 수 있다.

OSI(Open Source Interconnection) 표준 모델은 데이터 통신을 위한 계층으로 응용, 표현, 세션, 전송, 네트워크, 데이터 링크, 물리의 7개의 계층을 규정하고 있다. OSI 모델은 다음과 같은 장점을 갖고 있다([그림 5-4]).

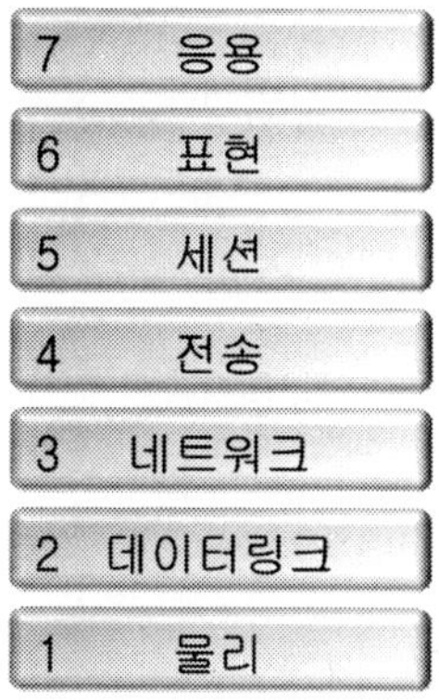

[그림 5-4] OSI 모델의 7 계층 구조

네트워크 시스템은 OSI 7계층으로 구분되며, 각 계층의 기능을 요약하면 다음과 같다.

(1) **물리 계층** : 프레임 내부의 각 비트를 전송매체를 통해 한 노드에서 다음 노드로 이동시킨다.
(2) **데이터 링크 계층** : 하나의 링크로 연결된 송신 노드에서 수신 노드로 프레임을 전달하며, 신뢰적 전송을 지원하며 에러 교정, 흐름 제어 등의 기능 등이 있다.
(3) **네트워크 계층** : 하나의 호스트에서 다른 호스트로 데이터그램을 라우팅하는 역할을 한다. 이를 위해 경로를 설정하고 제어하며, 패킷이 수신 측에 바르게 보내지도록 제어하고, 메시지의 어드레싱과 논리 주소를 물리 주소를 바꾸는 기능이 있다.
(4) **전송 계층** : 클라이언트와 서버 간에 응용 계층 메시지를 전달하는 서비스를 제공한다. 연결지향형 서비스이며 신뢰성 있는 전송을 제공하기 위해 흐름 제어, 동기화, 에러 검출과 복구 등의 기능을 포함한다.
(5) **세션 계층** : 통신하는 두 호스트 간의 세션이라는 연결을 설정하는 것으로 세션을 만들고 닫으며 두 응용간의 이름을 확인하는 기능을 가진다.
(6) **프레젠테이션 계층** : 네트워크에 연결된 컴퓨터 간에 데이터를 교환할 때 사용할 표준 형태를 변환하는 기능을 가진다.
(7) **응용 계층** : 전자메일, 파일 전송, 네트워크 관리 등의 기능을 수행할 수 있는 네트워크 인터페이스를 제공한다.

인터넷의 프로토콜 스택 구조는 TCP/IP 모델이라 하며, 응용, 전송, 인터넷, 네트워크 접근의 4계층으로 구성된다. [그림 5-5]에서와 같이 인터넷의 응용 계층은 대략

[그림 5-5] OSI 모델과 TCP/IP 모델의 스택 구조

[그림 5-6] 각 계층에서의 캡슐화

OSI 모델의 응용, 표현, 세션 계층을 포함하고, 인터넷 계층은 OSI 모델의 네트워크 계층을, 네트워크 접근 계층은 데이터 링크와 물리 계층을 포함한다.

프로토콜 계층 구조에서 응용 계층에서 데이터를 내려 보내면 전송 계층에서는 크기가 큰 데이터를 조각화하여 네트워크 계층에 내려 보내고, 네트워크 계층에서는 자신이 필요한 정보를 데이터에 붙여 캡슐화한 후 하위 계층인 링크 계층에 내려 보내며, 링크 계층도 유사한 작업을 수행한다. 링크로부터 내려 받은 프레임은 물리 계층에서는 비트 스트림으로 목적지로 전송된다([그림 5-6]).

각 계층 간 통신에서 사용되는 데이터 명칭은 응용, 표현, 세션 계층에서는 데이터, 전송 계층에서는 세그먼트, 네트워크 계층에서는 패킷, 데이터 링크 계층에서는 프레임, 물리 계층에서는 비트로 서로 상이하다([그림 5-7]).

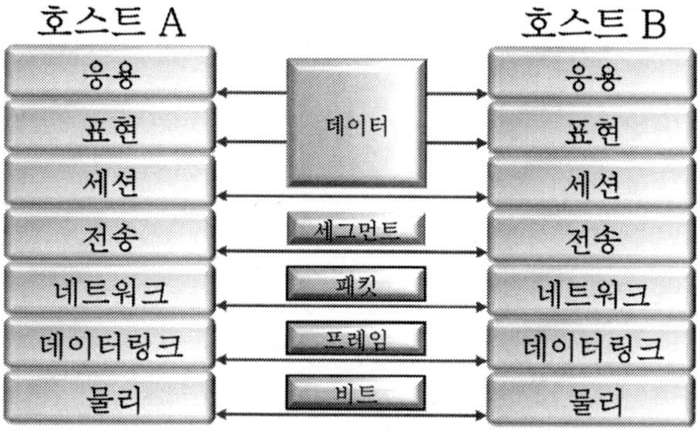

[그림 5-7] 각 계층에서의 데이터 명칭

5.2 인터넷 응용

5.2.1 응용 구조

네트워크 응용의 구조에는 클라이언트-서버 구조, P2P 구조, 클라이언트-서버와 P2P가 혼합된 구조가 있다. 클라이언트-서버 구조에서 서버는 상시 동작하는 호스트이고 영구적인 IP 주소를 가지고 있다. 접속 사용자가 많은 서버의 경우 확장성을 가질 수 있도록 서버 팜의 형태로 구성되기도 한다. 클라이언트는 서버와 통신하며, 동적 IP 주소를 가질 수도 있다. 일반적으로 클라이언트들은 서로 직접 통신하지 않는다([그림 5-8]).

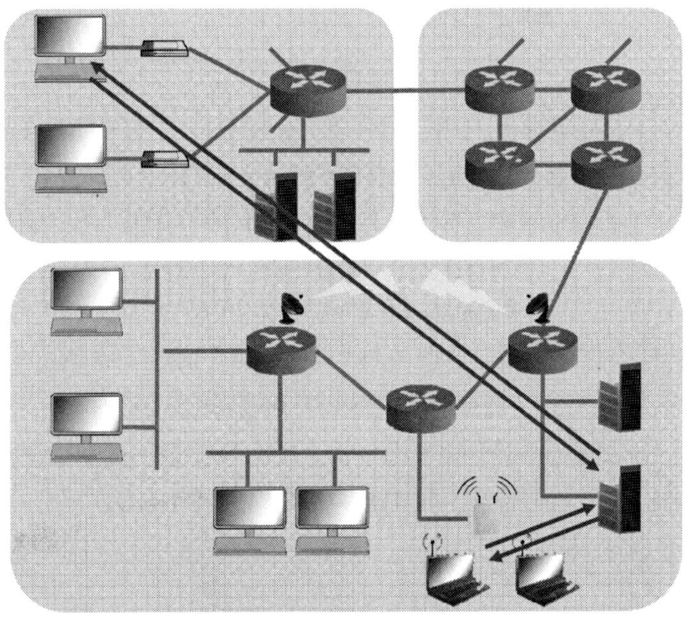

[그림 5-8] 클라이언트-서버 구조

특정 서버를 통하지 않고, 피어 간에 통신하는 이 구조를 피어-투-피어(peer-to-peer, P2P)라고 한다. P2P 구조에서는 참여 호스트가 항상 동작하도록 요구하지 않고 참여 호스트가 네트워크로 들어 왔을 때 IP주소를 교환한다. 순수 P2P 구조를 갖는 응용은 주로 파일 공유 응용으로 임의의 호스트 간에 파일을 공유하고 교환할 수 있으며, 또한 파일이 있는 곳을 찾기 위한 질의와 그 질의에 대한 응답 메시지를 전달할 수 있다. P2P 구조의 가장 강력한 장점 중 하나는 확장성이지만 분산 특성 때문에 관리가 어렵다는 단점도 있다([그림 5-9]).

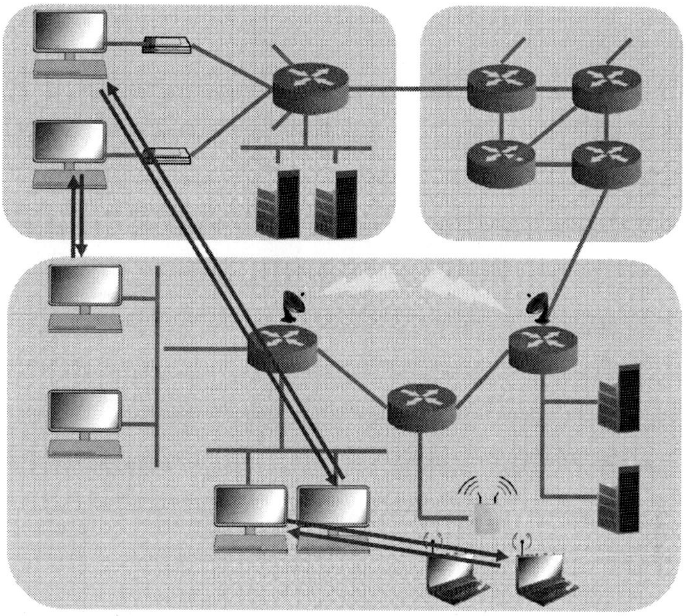

[그림 5-9] 순수 P2P 구조

하이브리드 구조는 클라이언트-서버 구조와 P2P 구조가 융합된 형태이며, 가장 잘 알려진 예의 하나가 인스턴트 메시징이다. 인스턴트 메시징 즉, 채팅 응용에서 두 사용자 사이에 보내는 글은 서버를 거치지 않지만, 사용자가 자신의 인스턴트 메시지 응용을 사용하기 위해서는 서버에 자신을 등록해야 한다. 친구 목록 중의 누군가와 대화하길 원할 때에도 현재 대화가 가능한 친구를 발견하기 위해서 서버에 접속한다.

5.2.2 소켓

응용 프로세스는 소켓을 통해 메시지를 주고받는다[2]. 소켓은 외부로 통하는 문 에 비유될 수 있으며, 송신 프로세스는 문 뒤편에 전송 구조가 있다고 가정하고 메시지를 문 밖으로 내보내며, 메시지가 목적지 호스트에 도착하면 메시지는 수신 프로세스의 문을 거쳐 수신 프로세스로 인도되어 수신 프로세스에 의해 처리된다. [그림 5-10]은 소켓이 TCP를 이용하여 다른 프로세스에게 메시지를 전달하는 것을 보여준다.

TCP를 기반으로 하는 서버-클라이언트 방식을 따르는 응용에서 두 프로세스 간에는 연결이 설정되어 있어야 한다. 클라이언트로부터의 연결 설정 요청을 받아들이기 위해 서버 프로세스는 소켓을 만들어 놓고 상시 동작 상태로 대기하고 있어야 한다. 클라이언트는 자신의 소켓을 생성하고, 통신을 할 상대편 서버의 IP 주소와 포트

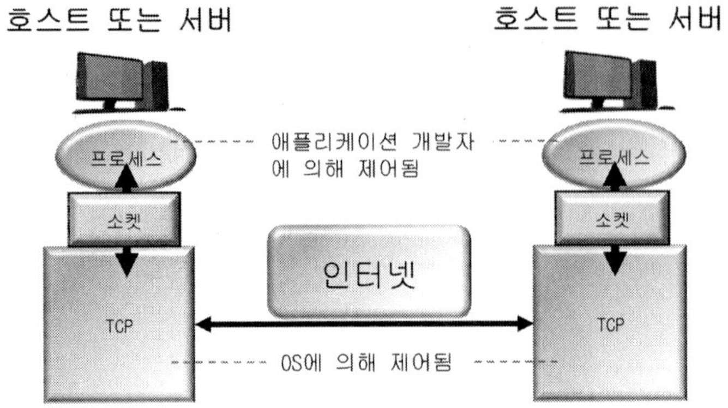

[그림 5-10] 소켓을 통한 TCP 전송의 예

번호를 이용하여 서버와의 연결을 설정한다. 한편 클라이언트와 연결된 서버는 여러 클라이언트를 상대로 통신해야 하기 때문에 이미 생성된 소켓은 다른 클라이언트로부터의 요청을 받을 수 있도록 남겨둔 채로 새로운 클라이언트와의 통신을 위한 새로운 소켓을 생성한다. 이렇게 TCP는 양쪽 소켓 간에 설정된 연결을 통해 상태정보를 유지하며 신뢰적인 통신을 수행한다.

UDP는 TCP와 다르게 클라이언트와 서버 사이에 연결을 설정하지 않는다. 따라서 서버의 소켓은 도착하는 패킷을 저장하는 역할을 수행할 뿐 지속적으로 클라이언트와의 연결을 유지하지는 않는다. 이로 인하여 많은 패킷들이 유실되는 경우가 발생하고, 이에 대한 책임을 지지 않기 때문에 비신뢰적이다.

임의의 프로세스가 메시지를 수신하기 위해서는 유일한 식별자를 가지고 있어야 한다. 각 호스트는 32비트의 유일한 IP주소를 가지고 있음에도 불구하고, 각 호스트 상에는 많은 프로세스들이 동작 중일 수 있기 때문에 호스트의 IP 주소만으로는 프로세스를 구별할 수 없다. 포트 번호는 동일한 호스트 상의 프로세스들을 구분하기 위한 식별자로서, 대표적인 응용 계층 프로토콜에는 특정(well-known) 포트 번호가 할당되어 있다. 예를 들어 HTTP 프로토콜을 사용하는 웹 서버 프로세스에는 포트 번호 80번이 할당되어 있고, SMTP 프로토콜을 사용하는 메일 서버 프로세스에는 포트 번호 25번이 할당되어 있다.

5.2.3 인터넷 전송 서비스

인터넷 응용에게 제공하는 두 가지 전송 서비스는 TCP 서비스와 UDP 서비스이다. TCP 서비스는 5.2.2절에서 설명한 바와 같이 두 프로세스 간에 설정된 연결을 기반으로 다음과 같은 서비스를 제공한다.

(1) **연결지향형 서비스**: 응용이 메시지를 전송하기 전에 TCP는 클라이언트와 서버 간에 서로 전송제어 정보를 교환하도록 한다.
(2) **신뢰성 있는 데이터 전송**: 통신 프로세스는 모든 데이터를 오류 없이 올바른 순서로 전달하도록 한다.
(3) **흐름 제어**: 송신자는 수신자가 패킷을 받고 처리할 수 있도록 패킷 전송 속도를 제어한다.
(4) **혼잡 제어**: 네트워크가 혼잡 상태에 이르면 전송 속도를 조절한다.

반면에 UDP 서비스는 송신 프로세스와 수신 프로세스 간의 비신뢰적인 데이터 전송 서비스만을 제공한다. [표 5-1]은 대표적인 응용 종류 별 특성과 그에 따른 전송 서비스를 정리한 표이다.

[표 5-1] 각 응용에서의 전송 요구 사항

애플리케이션	데이터 손실	대역폭	시간 민감성
파일 전송	비손실	가변적	아니요
e-mail	비손실	가변적	아니요
웹 문서	비손실	가변적	아니요
실시간 오디오/비디오	손실 허용	오디오: 5kbps-1Mbps 비디오 10kbps-5Mbps	네, 100mesc
저장 오디오/비디오	손실 허용	오디오: 5kbps-1Mbps 비디오 10kbps-5Mbps	네, 수 초
상호작용 게임	손실 허용	수 kbps~10kbps	네, 100msec
인스턴트 메시징	손실 허용	가변적	네 그리고 아니요

5.2.4 HTTP(Hypertext Transfer Protocol)

HTTP는 월드와이드웹을 위한 응용 계층 프로토콜로서, 웹 브라우저와 웹 서버 간에 요청 메시지와 웹 데이터를 주고 받기 위하여 사용된다[3]. HTTP는 클라이언트/서버 모델로 동작하며 웹 브라우저(클라이언트)가 웹 서버에게 웹 페이지를 요청하는 메시지 및 처리절차와 웹 서버가 웹 브라우저에게 웹 페이지를 전송하는 데이터 포맷 및 처리 절차를 정의한다. HTTP 1.0은 RFC 1945[4]에 HTTP 1.1은 RFC 2068[5]에 정의되어 있다. 웹 브라우저는 클라이언트로서 웹 서버에게 웹 객체를 요청하고, 객체를 수신하여 보여 주는 역할을 한다. 웹 서버는 웹 브라우저의 요청에 대한 응답으로 객체를 웹 브라우저에 송신하는 역할을 한다([그림 5-11]).

웹 페이지는 하나 이상의 객체들로 구성되어 있으며, HTML 파일, JPEG 이미지 파일, 자바 스크립트 파일, 오디오 파일 등을 포함한다. 일반적으로 웹 페이지는 기

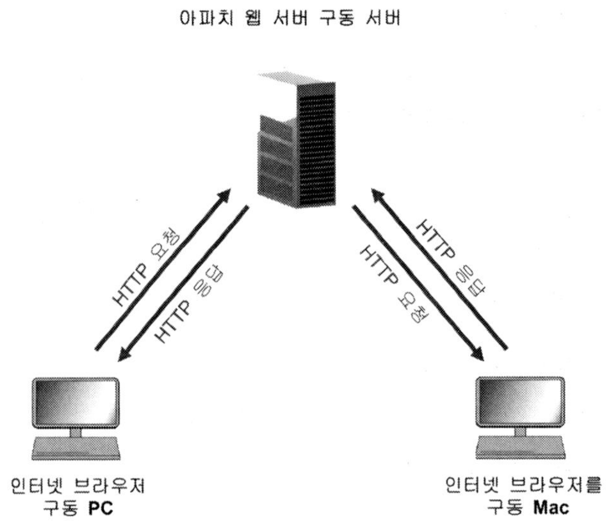

[그림 5-11] HTTP 동작

본 HTML 파일과 여러 참조 객체로 구성된다. 각 객체는 URL로 지정될 수 있는 하나의 파일이며, 이 URL은 두개의 구성요소, 즉 객체를 갖고 있는 서버의 호스트 네임과 객체의 경로 이름을 가진다.

HTTP는 TCP를 이용하여 구현되며 동작은 아래의 순서로 이루어진다.

(1) 클라이언트는 TCP 소켓을 생성하여 서버의 80번 포트로 TCP 연결을 시작한다.
(2) 서버는 클라이언트로부터 TCP 연결을 수락한다.
(3) 클라이언트와 서버 간에 HTTP 메시지 교환을 한다.
(4) 통신이 끝나면 TCP 연결을 종료 한다.

HTTP가 지원하는 클라이언트-서버간 연결 모드에는 비지속(nonpersistent) 연결과 지속(persistent) 연결의 두 가지가 있다. 비지속 연결에서 각 TCP 연결은 하나의 요청 메시지와 하나의 응답 메시지만 전송한다. 즉, 하나의 TCP 연결로 하나의 객체만 전송된다. HTTP/1.0은 비지속 연결을 사용한다. 지속 연결에서는 클라이언트와 서버 간에 하나의 TCP 연결로 여러 객체가 전송될 수 있다. HTTP/1.1은 디폴트 모드로 지속 연결을 사용한다. 비지속 연결 방식은 각 객체당 2 RTT[2)]의 시간을 소비하며, 각 객체를 수신하는데 필요한 수의 병렬 TCP 연결을 설정하므로 운영체제에 부담을 가중시킨다. 반면에, 지속 연결 방식은 비지속 연결 방식에서 필요로 하는 객체당 RTT의 시간 소모를 배제할 수 있고 병렬 TCP 연결에 의한 자원소모를 줄일 수 있다.

2) RTT(Round-Trip Time): 하나의 패킷이 클라이언트와 서버 간에 왕복하는데 걸리는 시간

HTTP 메시지에는 요청 메시지와 응답 메시지가 있으며, ASCII 텍스트 형태이다. HTTP 요청 메시지는 요구 라인(request line), 하나 이상의 헤더 라인(header line), 엔티티 바디의 세 부분으로 구성되며 [그림 5-12]와 같다.

요청 라인은 세 개의 필드, 즉 방식(method) 필드, URL 필드, HTTP 버전 필드를 포함한다. HTTP/1.0은 방식 필드 값으로 세 가지 방식 즉, GET, POST, HEAD 방식을 명시하고 있다. GET 방식은 서버로 URL에 명시된 개체를 전송해 줄 것을 요청하기 위한 것이며, POST 방식은 서버로 폼 필드 데이터를 전송하기 위한 것이다. HEAD 방식은 GET 방식과 유사하지만 HEAD 방식의 요청을 수신한 서버는 요청된 객체를 제외한 HTTP 응답 메시지를 전송한다. HTTP/1.1은 이 세 가지 방식에 추가로 PUT과 DELETE를 포함하는 부가 방식을 허용한다. PUT 방식은 흔히 웹 출판물 도구와 함께 결합하여 사용된다. 이것은 사용자가 하나의 객체를 특정한 웹 서버에 특정한 경로를 통해 업로드를 허용한다. PUT 방식은 또한 웹 서버에 업로드할 객체를 필요로 하는 응용에 의해 사용된다. DELETE 방식을 통해 사용자 또는 응용이 웹 서버에 있는 객체를 삭제할 수 있다.

헤더라인부에는 다수의 헤더라인이 포함될 수 있으며, 헤더의 종류는 헤더 필드명에 의해 구분된다.

- **Host** : 객체가 존재하는 호스트를 명시
- **User-agent** : 서버에게 요청을 하는 브라우저 타입
- **Connection close** : 브라우저가 서버에게 지속 연결 사용을 원하지 않음을 알림
- **Accept-language** : 객체의 특정 언어 버전을 요구

엔티티 바디는 POST 메시지를 통해 서버로 보내고자 하는 폼 필드 데이터를 포함한다([그림 5-12]). 요청 메시지의 방식 필드가 POST이면, 개체 몸체는 사용자가 폼

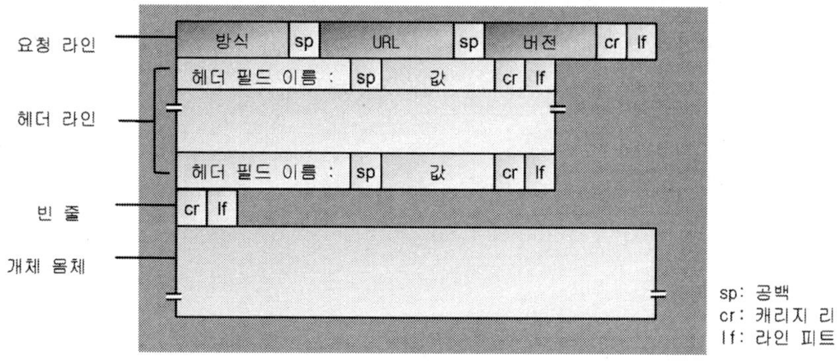

[그림 5-12] HTTP 요청 메시지 포맷

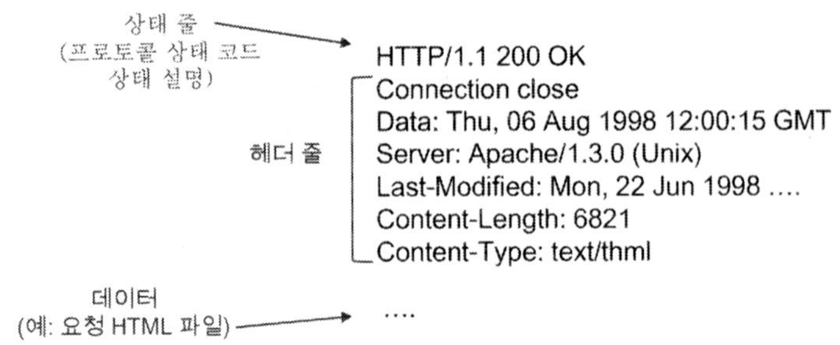

[그림 5-13] HTTP 요청 메시지 예

필드에 입력한 것을 포함한다. URL 방식은 GET 방식을 사용하고, 요청 라인의 URL 필드에 사용자가 폼 필드에 입력한 것을 포함한다.

HTTP 응답 메시지는 상태 라인, 헤더 라인, 개체 바디의 세 부분으로 구성되어 있다. 개체 바디는 클라이언트가 요청한 객체를 포함한다. 상태 라인은 버전 필드, 상태 코드, 해당 상태 메시지를 포함한다. 헤더 라인의 종류와 의미는 다음과 같다([그림 5-13]).

- Connection close : 클라이언트에게 메시지를 보낸 후 TCP 연결을 해제
- Date : HTTP 응답이 서버에 의해 생성되고 보낸 날짜와 시간
- Server : 메시지를 생성한 웹 서버
- Last-Modified : 객체가 생성되거나 마지막으로 수정된 시간과 날짜
- Content-Length : 객체의 총 바이트 수
- Content-Type : 객체의 타입(HTML 텍스트, 이미지, 오디오 등)

HTTP 응답 상태 코드 클라이언트 요청에 대한 서버의 처리 결과를 요약하여 나타내는 정보로 코드의 종류와 의미는 다음과 같다.

- 200 OK : 요청이 성공되었고, 해당 정보를 응답으로 보냄
- 301 Moved Permanently : 요청객체가 영구적으로 이동되었음을 나타내며, 새로운 URL은 응답 메시지의 Location: 헤더에 명시됨
- 400 Bad Request : 서버가 요청을 이해할 수 없다는 일반 오류 코드
- 404 Not Found : 요청 문서가 서버에 존재하지 않음
- 505 HTTP Version Not Supported : 요청 HTTP 프로토콜 버전을 서버가 지원하지 않음

많은 주요 웹 사이트가 쿠키를 사용한다. 쿠키 기술의 4가지 요소는 (1) HTTP 응답 메시지 쿠키 헤더 라인, (2) HTTP 요청 메시지 쿠키 헤더 라인, (3) 사용자의 브라우

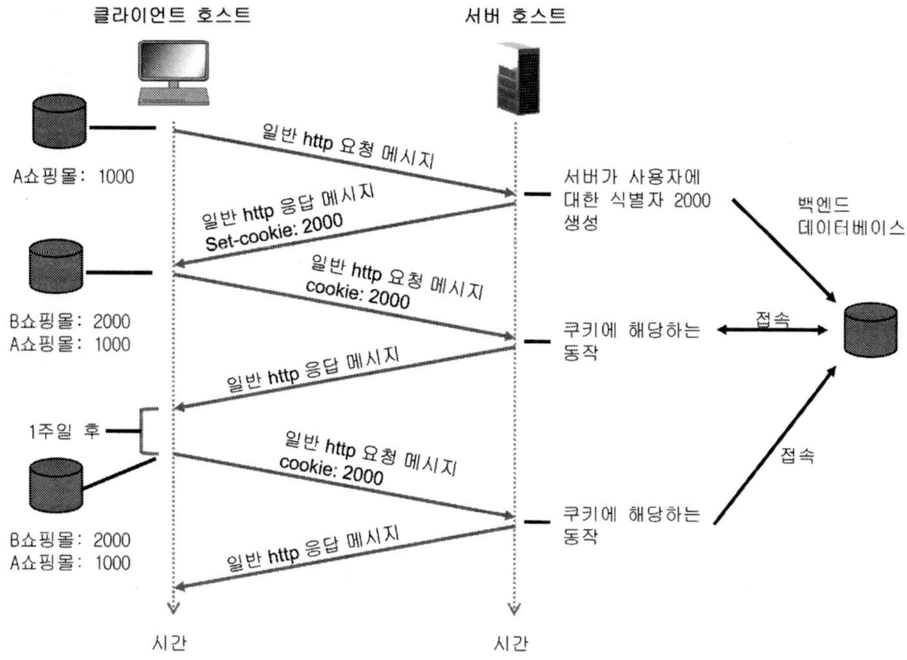

[그림 5-14] Cookie 사용의 예

저에 의해 관리된 사용자의 호스트를 지속시키는 쿠키 파일, (4) 웹 사이트의 후단 데이터베이스이다. 쿠키 사용 예로 Susan이 같은 PC로 항상 인터넷을 접속한다고 가정해보자. 그녀는 처음으로 전자상거래를 위해 사이트에 접속했고 그 사이트는 쿠키를 사용한다. 웹 서버 안으로 요청이 들어올 때, 그 웹 사이트는 유일한 식별 번호를 만들고, 만들어진 후단 데이터베이스 안에 순서에 맞게 그 식별번호를 넣어준다.

웹 사이트에 처음으로 HTTP 요청을 하면 서버가 HTTP 응답에 Set-cookie: 식별번호를 포함한 헤더를 포함하여 웹 브라우저에 응답하게 된다. 웹 브라우저는 Cookie: 식별 번호를 첨부하여 HTTP 요청을 하면 서버는 일반적인 HTTP 응답을 한다. 그 사이트에 일주일 후에 다시 접속하면 웹 브라우저는 Cookie: 식별번호 헤더 라인에 넣어 요청 메시지를 보내고, 서버는 일반적인 HTTP 응답을 한다([그림 5-14]).

쿠키는 사용자 인증, 쇼핑 카드, 제품 추천, 그리고 사용자가 웹 기반 전자메일 응용으로 로그인 하였을 때 사용자 세션 시간 동안 사용자를 식별하는 용도로 사용된다. 쿠키는 사이트가 여러분의 정보를 수집할 수 있도록 허용할 수 있으며, 사이트에 이름과 이메일 주소를 제공할 수도 있다. 검색 엔진은 더 많은 정보를 수집하기 위해 리다이렉션과 쿠키들을 사용하기도 하며, 광고 회사들은 사이트를 통해 개인 정보를 획득한다.

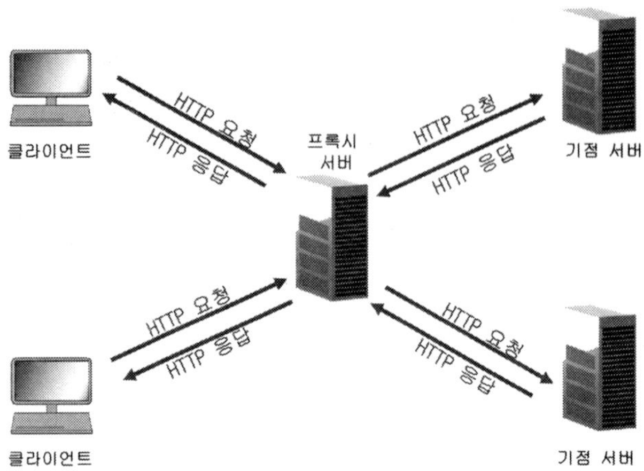

[그림 5-15] 프록시 서버

클라이언트(웹 브라우저)와 웹 서버 간의 HTTP 메시지 교환 과정에서 사용자 경험(user experience)과 네트워크 부하 완화에 많은 효과를 나타내는 방법으로 웹 캐시(프록시 서버)가 사용된다. 사용자는 웹 캐시를 통해 웹 서버에 접근하도록 브라우저를 설정하고, 브라우저는 모든 HTTP 요청을 웹 캐시로 보낸다. 웹 캐시에 요청한 객체가 있으면 객체를 클라이언트에게 보내며, 그렇지 않은 경우에는 웹 캐시가 기점 서버(origin server)에 객체를 요청하고 객체를 수신하여 저장함과 동시에 객체의 사본을 클라이언트에게 보낸다([그림 5-15]).

따라서 웹 캐시는 동시에 클라이언트와 서버로서 동작한다. 전형적으로 웹 캐시는 ISP(대학교, 회사, 주거용 ISP)에 의해 설치된다. 웹 캐싱의 주요 효과로는 클라이언트 요청에 대한 응답 시간의 단축, 인터넷에 연결되어 있는 접속 회선 상의 웹 트래픽의 감소 등이 있다.

HTTP는 클라이언트가 브라우저로부터 수신하는 객체들 중 최신 객체만 선택적으로 캐싱할 수 있도록 하고 있는데, 이것을 조건부 GET(Conditional GET)이라고 한다. 클라이언트가 HTTP 요청 메시지에 If-modified-since: 헤더 라인을 넣어 서버에게 조건부 GET으로 갱신 조사를 수행하고자 요청을 보낼 겨우, 서버는 그 객체가 명시된 날짜 이후 수정된 경우에만 그 객체를 전송한다. 즉, If-modified-since: 헤더 라인에 명시된 시간 이후에 요청된 객체가 변경되었다면 서버는 200의 상태 라인과 함께 변경된 객체가 포함된 응답 메시지를 전송하지만, 변경되지 않았다면 웹 서버는 클라이언트에게 요청 객체가 포함되지 않은 응답 메시지를 전송한다. 이 응답 메시지는 304 Not Modified 상태 라인을 갖게 되며, 이는 클라이언트에게 캐시에 저장되어 있는 객체의 캐복사본을 사용해도 좋다는 것을 의미한다([그림 5-16]).

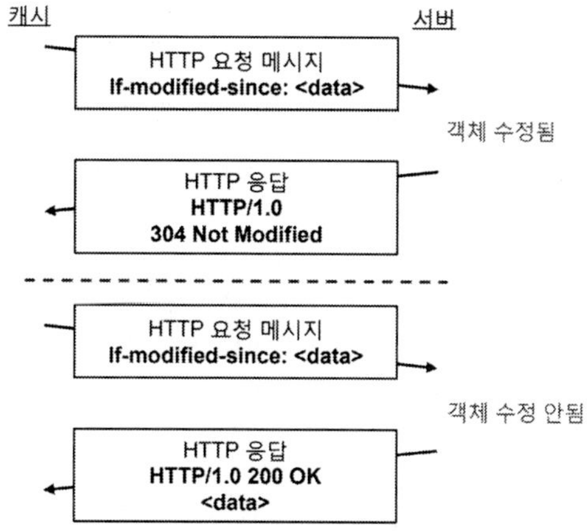

[그림 5-16]

5.3 전송계층 서비스와 프로토콜

전송 계층은 호스트간의 논리적인 통신을 제공하는 네트워크 계층의 서비스를 기반으로 하여 호스트 내의 각 프로세스간의 논리적인 통신을 가능하게 한다. 이를 일상생활에서의 행동에 비유하면 다음과 같다. 한 가정에 부모와 두 명의 아이들이 살고 있다고 가정해보면, 이들이 살고 있는 집은 호스트로, 아이들은 프로세스로 비유할 수 있다. 일반적으로 택배 서비스에 의해 물건이 집까지 배송된다면 부모가 이를 수취하여 이름을 확인하고 두 명의 아이들 중 한명에게 전달한다. 이 예에서 볼 수 있듯이 물건의 전달이 완료되기 위해서는 가정 내에서의 전달을 담당하는 부모의 역할이 필요하며 이를 전송계층 서비스에 비유할 수 있다. 택배 서비스는 각 가정에 물건을 배달하는 시스템이며 네트워크 계층 프로토콜이라고 할 수 있다.

5.1절에서 소개한 바와 같이 인터넷의 대표적인 전송 계층 프로토콜은 TCP와 UDP이다. TCP는 프로세스 간의 신뢰적이며 순차적인 전송 서비스를 제공한다. 이에 반해, UDP는 네트워크 계층의 IP(인터넷 프로토콜)가 제공하는 최선형(best-effort) 서비스에 호스트 내 프로세스까지의 전달 기능만을 추가 제공한다. TCP의 신뢰적, 순차적 전송 서비스는 혼잡 제어, 흐름 제어, 연결 설정과 같은 기능 요소들에 의해 실현되며, 자세한 내용은 5.3.2절에서 설명한다. TCP의 신뢰적, 순차적 전송 서비스는 전송 지연 및 대역폭에 대한 보장을 제공하지 못하므로, 인터넷은 전화와 같이 전송 지연 및 대역폭 제공에 대한 보장 서비스를 요구하는 응용에는 부적절하다고 할 수 있다([그림 5-17]).

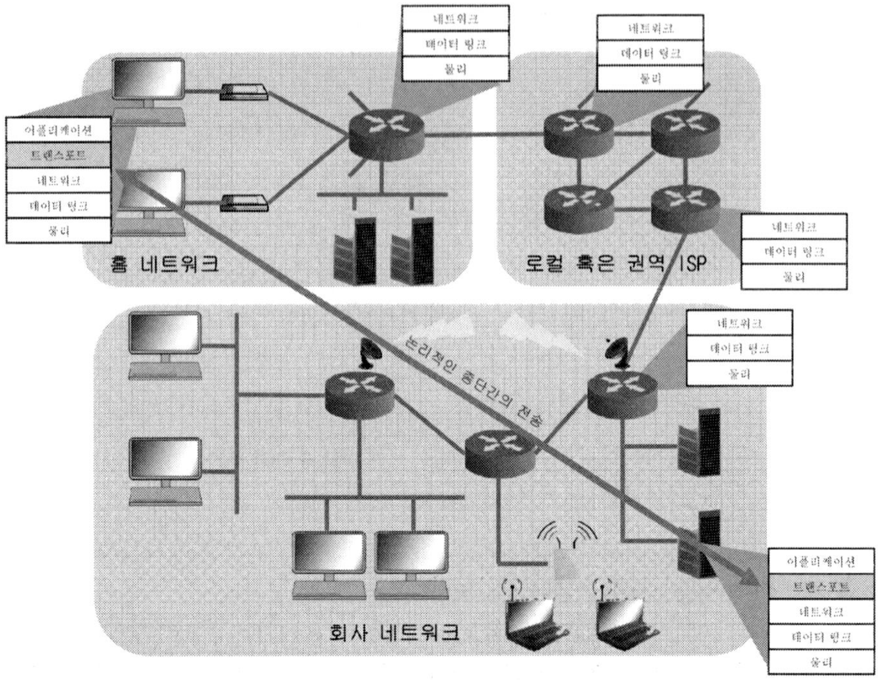

[그림 5-17] 전송계층의 논리적인 종단간 전송

5.3.1 UDP(User Datagram Protocol)[6]

UDP는 최선형 서비스를 제공하는 프로토콜로서 도착하는 세그먼트들을 그대로 응용계층으로 전달하므로 세그먼트 중에 손실이 발생하거나 순서가 바뀔 수 있다. UDP는 비연결성 프로토콜이기 때문에 송신자와 수신자간의 연결설정 과정을 필요로 하지 않으며, 각 UDP 세그먼트는 독립적으로 처리된다. 즉, UDP 프로토콜의 기본 처리 단위는 세그먼트이다. UDP는 IP가 제공하는 최선형 서비스 이외의 추가 기능 없이 기본 기능만 제공한다. 따라서 양단 호스트에서 상태 관리를 유지할 필요가 없고, 연결 설정이나 혼잡 제어 등도 필요로 하지 않을 뿐만 아니라 세그먼트 헤더의 크기도 작다.

UDP는 스트리밍 멀티미디어 응용과 같이 어느 정도의 데이터 손실에도 동작에 크게 영향을 미치지 않는 응용에 주로 사용된다. 예를 들면, 동영상의 경우 약간의 데이터 손실은 코덱의 오류 보정 기능으로 인해 사람들이 잘 인식하지 못할 정도로 화질에 크게 영향을 미치지 못한다. UDP 세그먼트의 각 헤더 필드의 내용은 다음과 같다.

- 기원지 포트 번호: 세그먼트 송신 응용의 포트 번호, 즉 식별자

• 목적지 포트 번호: 세그먼트 수신 응용의 포트 번호
• 길이: 헤더를 포함하는 세그먼트의 총 바이트 수
• 검사합(checksum): 세그먼트의 비트 오류 검출 데이터로 16 비트 1's complement 덧셈 결과를 포함

5.3.2 TCP(Transmission Control Protocol)

TCP는 계속하여 진화해 왔으며 RFC 793[7], RFC 1122[8], RFC 1323[9], RFC 2018[10], RFC 2581[11] 등의 표준 규격으로 제정되었다. TCP는 연결 지향 서비스를 제공하는 프로토콜로서, 응용 프로세스가 데이터송신을 시작하기 전에 수신 응용 프로세스와 핸드셰이크 수행을 통해 연결 설정을 선행해야 한다. 즉, 신뢰적 데이터 전송을 보장하기 위한 상태 변수들의 초기값을 설정하기 위하여 동기화 세그먼트들을 교환해야 한다. TCP 연결은 전 이중(full duplex) 데이터 전송을 제공한다. 즉, 호스트 A와 호스트 B사이에 TCP 연결이 있다면 응용 계층 데이터는 B에서 A로 전송되는 동시에 A에서 B로 전송될 수 있다. TCP는 하나의 송신자와 하나의 수신자 사이의 점대점(point-to-point) 연결만을 설정하므로 멀티캐스팅을 지원하지 않는다.

TCP는 동시 전송 세그먼트의 수를 결정하는 변수인 윈도우 크기를 조정함으로써 전송 속도를 조절할 수 있다. 이 윈도우 크기는 수신자 버퍼의 현재 남은 공간을 나타내며, 수신자는 이 변수값을 송신자에게 전달함으로써 송신자가 수신자의 버퍼가 넘치지 않을 만큼만 세그먼트를 전송하도록 한다. [그림 5-18]은 흐름 제어를 버퍼와 연관하여 설명한 그림이다.

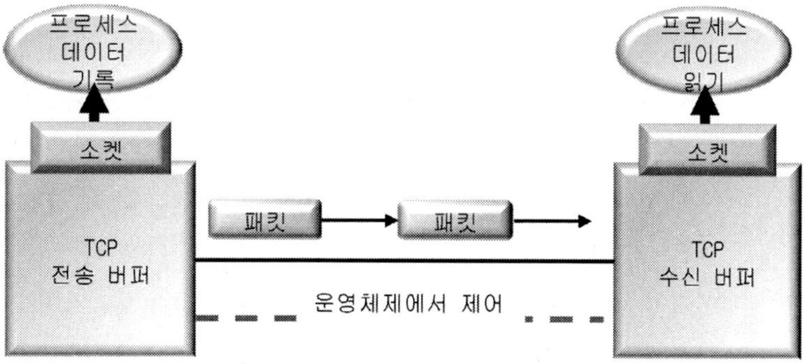

[그림 5-18] TCP의 흐름제어를 위한 버퍼 사용

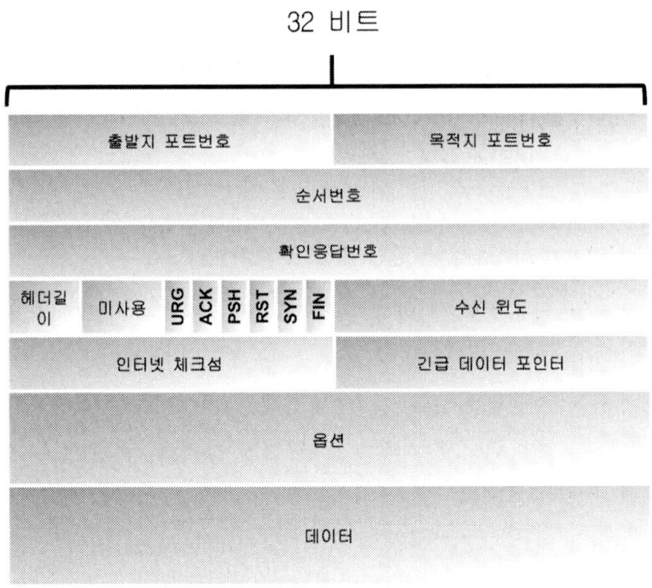

[그림 5-19] TCP 세그먼트 구조

TCP 세그먼트는 헤더 필드와 데이터 필드로 구성되어 있으며, 데이터 필드에는 응용 데이터가 실린다. TCP 세그먼트 헤드에는 근원지와 목적지 포트번호가 포함되며, 검사합 필드도 포함된다. 그외 다른 필드들은 다음과 같다([그림 5-19]).

- 순서 번호(sequence number)/확인응답 번호(Acknowledgment number): 신뢰적인 데이터 전송 서비스 제공을 위해서 TCP 송신자와 수신자에 의해서 사용됨(32비트)
- 수신 윈도우: 흐름 제어에 사용됨(16비트)
- 길이 필드: 32비트 워드단위로 TCP 헤더의 길이를 나타냄(4비트)
- 옵션 필드: 송신자와 수신자가 MSS(Maximum Segment Size)를 협상하거나 윈도우 확장 요소 즉, 윈도우 비트를 16비트에서 32비트로 확장하는데 이용됨.
- 플래그 필드: ACK 비트는 확인 응답필드에 있는 값이 유용함을 가리키며, RST, SYN 그리고 FIN 비트는 연결 설정과 해제에 사용된다. PSH 비트는 수신자가 데이터를 상위 계층에 즉시 전달해야 한다는 것을 가리키며, URG 비트는 이 세그먼트에서 송신자 상위 계층 개체가 '긴급'으로 표시하는 데이터임을 가리킨다.

TCP 신뢰적 데이터 전송에서 수신자는 누적 확인응답(cumulative acknowledgement) 방식으로 송신자에게 전송 성공 또는 실패 여부를 알려 주며, 송신자는 타임아웃 이벤트와 중복 확인응답(duplicate ACK)을 통하여 세그먼트의 손실 여부를 감

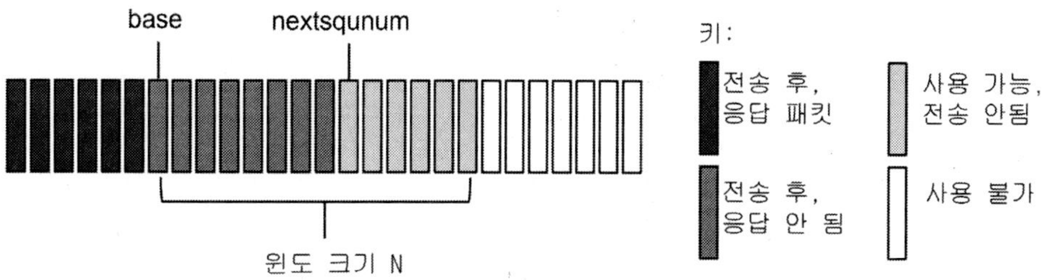

[그림 5-20] TCP의 신뢰적인 데이터 전송을 위한 위도우 사이즈 관리

지한다. 세그먼트의 손실 발생시 송신자는 재전송을 통해 전송 손실을 복구한다. 이를 위해 TCP 송신자는 한 개의 재전송 타이머를 사용한다.

TCP는 슬라이딩 윈도우 방식을 따른다. TCP 송신자는 한 번에 윈도우 사이즈 N 만큼의 세그먼트 전송이 가능하다. TCP 윈도우는 전송이 완료되었으나 확인 응답을 수신하지 못한 세그먼트들과 아직 전송이 이루어지지 않은 세그먼트들을 포함하며, ACK를 수신하면 해당 세그먼트 이후의 세그먼트들만을 포함하는 위치로 이동한다([그림 5-20]).

TCP의 흐름 제어에 대해서 살펴보도록 한다. TCP 수신자가 세그먼트들을 수신할 때, TCP는 우선 데이터를 수신 버퍼에 저장한다. 버퍼에 저장된 데이터는 응용 프로세스에 의해 소모되는데, 그 속도가 TCP 송신자의 전송 속도보다 느린 경우, TCP 수신자 버퍼에서 오버플로가 발생할 수도 있다. 이를 방지하기 위한 기법이 흐름 제어이다([그림 5-21]).

TCP 흐름 제어는 수신자 버퍼 내의 여유공간, 즉 RcvWindow 값을 송신자에게 알려주어(TCP 헤더의 window 필드 이용) TCP window size와 RcvWindow 값 중에서

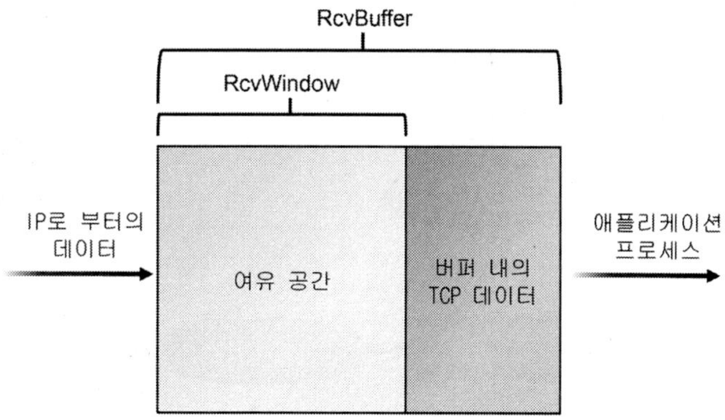

[그림 5-21] TCP의 흐름제어

작은 값을 송신자가 한 번에 전송할 수 있는 데이터 양으로 설정함으로써 전송 속도를 조절할 수 있도록 한다.

TCP 연결을 기반으로 하는 클라이언트와 서버는 연결 설정, 데이터 전송, 연결 종료 등의 TCP 상태 변이 과정을 거치며 상호 작용을 하며, 그 내용이 약간 다르다. 일반적으로 클라이언트는 CLOSED 상태에서 시작하며, 새로운 TCP 연결을 초기화하고, 클라이언트의 TCP가 서버의 TCP에게 SYN 세그먼트를 송신한다. SYN 세그먼트를 송신한 이후에 SYN_SENT 상태로 들어가며, 서버로부터 SYNACK 세그먼트를 수신할 때까지 대기한다. SYNACK 세그먼트를 수신하면 ESTABLISHED 상태로 들어가며, 서버와 데이터를 송/수신할 수 있게 된다. 클라이언트가 연결 종료를 시작하게 되면, FIN 세그먼트를 서버에게 전송하고, FIN_WAIT_1 상태로 들어간다. 서버로부터 ACK가 수신되면 FIN_WAIT_2 상태로 들어가며, 서버로부터 FIN 세그먼트를 수신하면 TIME_WAIT 상태로 들어간다. 30초 대기 후에 연결을 종료하고, 클라이언트 측의 모든 자원들이 해제된다([그림 5-22]).

서버 역시도 CLOSED 상태에서 시작하며, 서버를 시작하기 위해서 응용은 listen 소켓을 생성하고 LISTEN 상태로 들어간다. 이때 클라이언트로부터 SYN 세그먼트를 수신하면 SYN_RCVD 상태로 들어가며, 클라이언트에게 ACK를 전송한다. ACK를 전송한 이후에 ESTABLISHED 상태로 들어가고, 클라이언트와 데이터를 송/수신한다.

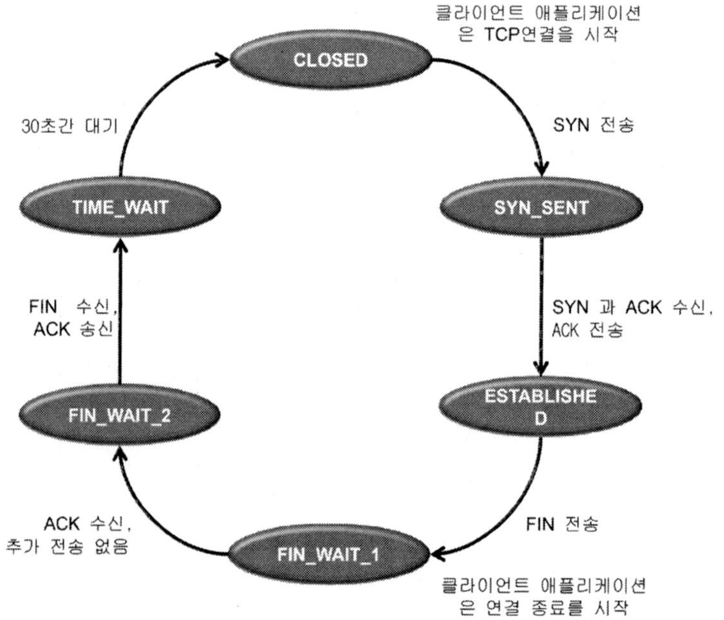

[그림 5-22] TCP 클라이언트 lifecycle

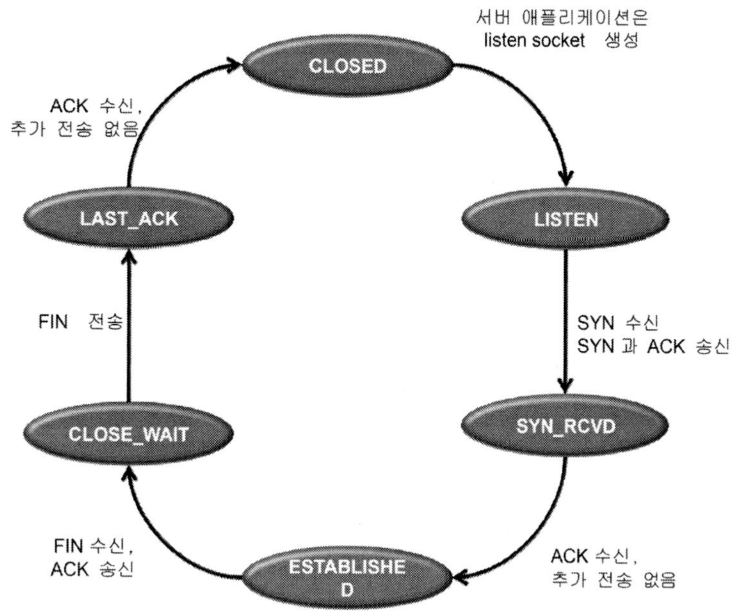

[그림 5-23] TCP 서버 lifecycle

클라이언트로부터 FIN 세그먼트를 수신하면 ACK를 송신하고, CLOSE_WAIT 상태로 들어간다. CLOSE_WAIT 상태에서 클라이언트에게 FIN 세그먼트를 전송하고 LAST_ACK 상태로 들어간다. 이때, ACK를 수신하면 아무것도 송신하지 않고 연결을 종료한다([그림 5-23]).

혼잡은 일반적으로 네트워크를 다룰 때 너무 많은 근원지가 너무 많은 데이터를 높은 전송률로 보내려 하기 때문에 발생하는 것이다. 또한 송수신자 간에 흐름 제어가 서로 다르기 때문에 발생하기도 하는데, 이런 혼잡이 발생하면 라우터의 버퍼 오버플로로 인해 패킷을 잃어버리거나 라우터 버퍼의 큐잉이 지연됨으로써 긴 지연을 가지는 현상을 보여 준다. 혼잡 제어는 네트워킹의 기본적으로 중요한 문제의 상위 열 개 목록에 포함되므로 매우 중요한 문제이다.

기본적인 TCP 혼잡 제어의 기법은 가법적 증가, 승법적 감소(AIMD : Additive-Increase, Multiplicative-Decrease)라고 할 수 있다. TCP는 손실이 발생할 때까지 사용 가능한 대역폭을 탐지하면서 윈도우 사이즈를 증가시키는 방법으로 전송률을 높인다. 이때 증가 시에는 손실이 발생할 때까지 매 RTT마다 혼잡 윈도우를 1MSS (Maximum Segment Size)씩 증가시키고, 손실이 발생하여 감소할 때에는 현재 값의 반으로 떨어지는 과정을 거치는데 이런 과정이 반복되면 [그림 5-24]의 그래프처럼 톱니 모양의 패턴을 보인다.

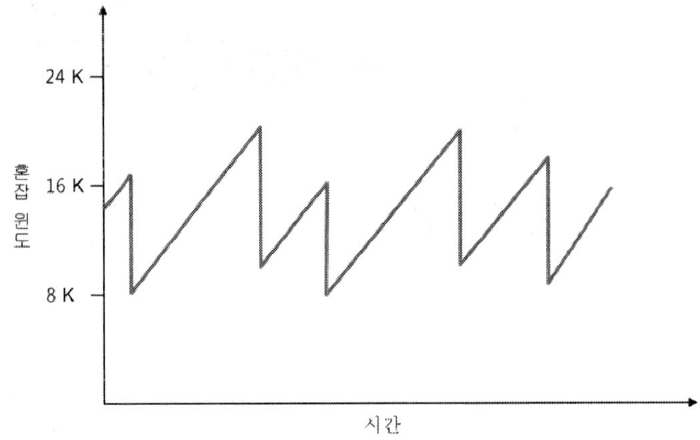

[그림 5-24] TCP 혼잡 제어 기법 AIMD

슬로우 스타트는 초기 연결 설정 이후 첫 번째 손실이 감지될 때까지 하나의 세그먼트로부터 시작하여 매 RTT 마다 CongWin(혼잡제어 윈도우 크기)을 두 배씩 증가시켜 전송하는 지수적 증가방식을 따른다. 즉, 슬로우 스타트는 초기 전송률은 느리지만 지수적으로 매우 빠르게 증가하는 특징을 가진다([그림 5-25]). 슬로우 스타트에서의 CongWin의 지수적 증가는 그 값이 임계값(ssthresh)과 같아질 때까지 계속되며, 그 이후에는 가법적 증가(혼잡 회피) 모드로 전환한다.

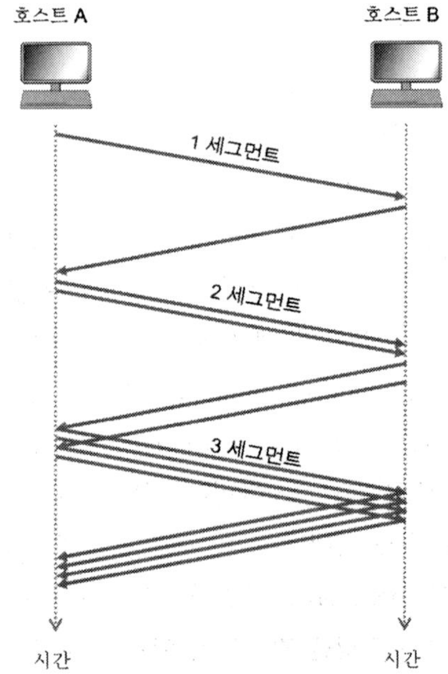

[그림 5-25] TCP의 슬로우 스타트

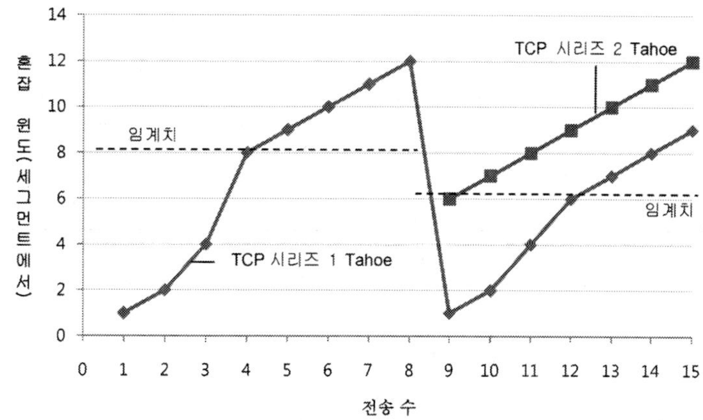

[그림 5-26] TCP의 혼잡제어를 위한 타임아웃 이벤트 기법

가법적 증가 상태에서 타임아웃이 발생하면 TCP 송신자는 다시 슬로우 스타트 모드로 전환하여 1MSS로 CongWin 값을 감소시키고 임계값은 최종 CongWin 값의 절반으로 감소시킨다. 즉, 임계값은 직전의 타임아웃 이벤트가 발생한 순간의 CongWin 값의 절반으로 유지된다. 세 개의 중복 ACK가 발생할 경우 임계값은 CongWin/2로 설정되고 CongWin는 임계값으로 설정된다. 즉, CongWin가 절반으로 감소한다. 이후 TCP는 혼잡 회피 모드로 동작한다. [그림 5-26]은 TCP 혼잡제어 동작의 한 예를 나타낸 그림이다. 이 예에서 임계값의 초기치는 8로 설정되어 있었기 때문에 CongWin이 지수적으로 증가하다가 12에 이르러 타임아웃이 발생하여 슬로우 스타트 단계로 들어간 뒤 다시 지수적으로 증가한다. 그 후 12의 절반인 6에 닿자 선형적 증가로 바뀌는 것을 볼 수 있다.

5.4 네트워크 계층

5.4.1 네트워크 계층의 역할

네트워크 계층은 세그먼트를 송신 호스트부터 수신 호스트로 전송한다. 송신 측은 각 세그먼트를 데이터그램으로 캡슐화한다. 수신 측은 각 세그먼트를 트랜스포트 계층으로 전달한다. 이때 추출화(decapsulation)과정을 거친다. 모든 호스트 및 라우터에는 네트워크 계층 프로토콜이 존재한다. 라우터는 자신을 통해 통과하는 모든 IP 데이터그램의 헤더 필드를 검사하여 목적지까지 전송한다([그림 5-27]).

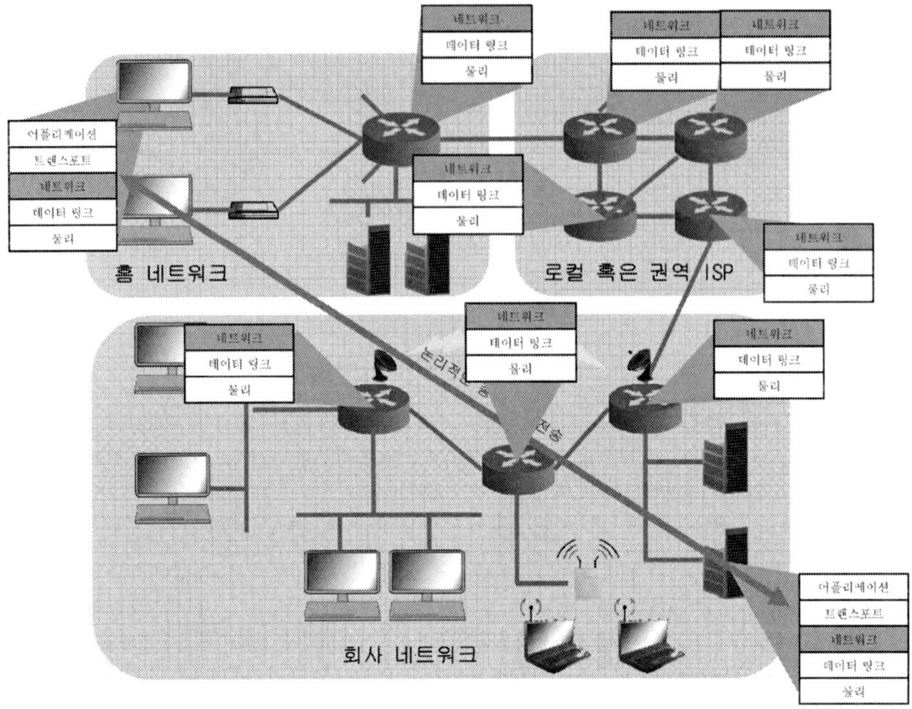

[그림 5-27] 네트워크 구성요소의 네트워크 계층 프로토콜

포워딩은 패킷이 라우터의 입력 링크로 도달했을 때, 그 패킷을 적절한 출력 링크로 이동시키는 것이다. 라우팅은 근원지로부터 목적지까지 패킷이 지나가는 경로를 결정하는 것이다. 경로를 계산하는 알고리즘을 라우팅 알고리즘이라 한다. 운전에 비유하면, 라우팅은 근원지로부터 목적지로 가는 여행 계획 과정이라고 볼 수 있고, 포워딩은 여행 중에 한 교차로를 지나는 과정이라고 볼 수 있다. 다음 [그림 5-28]은 라우팅 알고리즘에 의해 결정된 포워딩 테이블 값의 한 예를 보여준다. 이 포워딩 테이블은 라우터에 도착하는 패킷이 다음 라우터로 가기 위한 링크를 결정할 때 사용된다. 라우터는 도착한 패킷 헤더의 값과 포워딩 테이블에서의 동일한 값을 찾아 어느 링크로 전송할지 결정한다.

데이터그램 네트워크는 네트워크 계층에서 연결 설정(call setup)을 하지 않고, 라우터는 종단간의 연결에 관한 상태 정보를 유지하지 않는다. 여기서 말하는 연결은 네트워크 수준에서 말하는 "연결" 개념이 아니다. 라우터는 패킷의 목적지 호스트 주소를 이용하여 포워딩하며, 같은 근원지와 목적지 쌍을 갖는 패킷들이라도 다른 경로로 전송될 수도 있다([그림 5-29]).

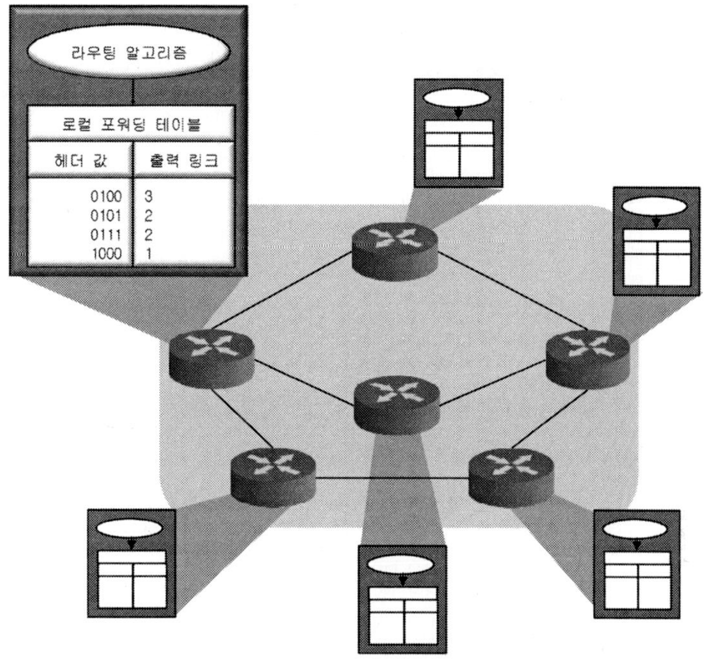

[그림 5-28] 라우팅 알고리즘에 의한 포워딩 예

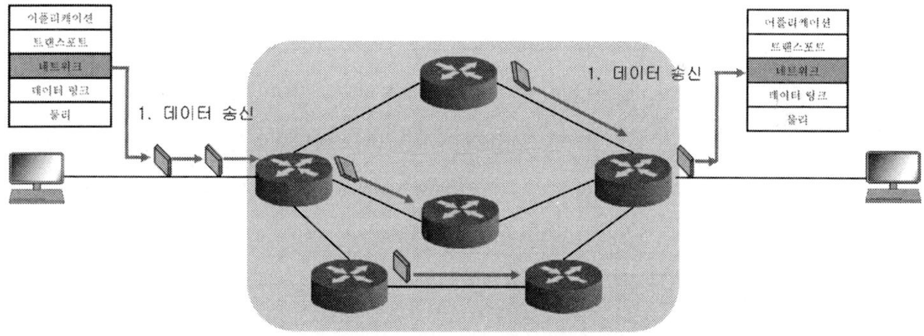

[그림 5-29] 데이터그램 네트워크

각 패킷은 목적지 주소를 가지고 있고, 각 스위치는 다음 홉으로 포워딩하기 위한 목적지의 포워딩 테이블을 가지고 있다.

[그림 5-30]은 인터넷 네트워크 계층의 내부를 나타낸다. 인터넷 네트워크 계층은 크게 라우팅 프로토콜, IP 프로토콜 그리고 ICMP 프로토콜로 나눌 수 있다. 포워딩 테이블을 사용하여 경로를 결정하는 라우팅 프로토콜에는 대표적으로 RIP, OSPF, BGP가 있다.

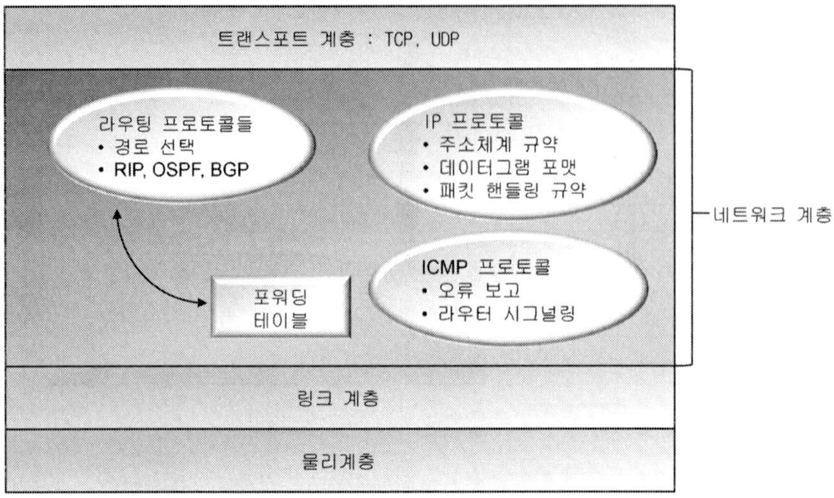

[그림 5-30] 네트워크 계층의 구조

5.4.2 IP(Internet Protocol)

다음 그림은 IPv4 데이터그램 형식을 나타낸다([그림 5-31]).

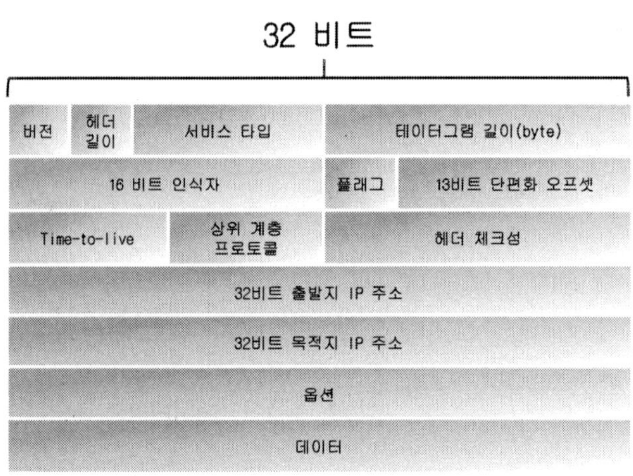

[그림 5-31] IPv4 데이터그램의 포맷

IP는 네트워크에서 데이터그램을 두 호스트 간에 서로 주고 받기 위한 프로토콜로서 주소의 표현방식, 데이터그램의 포맷, 패킷처리방식 등을 정의하고 있다[12].

- Version 필드는 IP 프로토콜 버전을 명시한다.
- Header length 필드는 헤더 길이를 명시한다.

- Type of service 필드는 데이터의 "종류"를 명시한다.
- Datagram length 필드는 데이터그램의 전체 길이를 명시한다.
- 16-bit Identifier 필드, Flags 필드, 그리고 13-bit Fragmentation offset 필드는 IP 단편화와 재결합에 관련되어 있다.
- Time-to-live 필드는 남은 최대 홉 수를 명시하며, 이 필드 값은 각 라우터가 데이터그램을 처리할 때마다 감소한다.
- Upper-layer protocol 필드는 데이터(페이로드)를 전달할 상위 계층 프로토콜을 명시한다.
- Header checksum 필드는 비트 에러를 찾는데 도움을 주는 검사합 값을 명시한다.
- 32-bit Source IP address 필드는 근원지 IP 주소를 명시한다.
- 32-bit Destination IP address 필드는 목적지 IP 주소를 명시한다.
- Options 필드는 타임스탬프나, 방문한 라우터 기록이나, 방문할 라우터 목록 등을 명시하는데 쓰인다. 이 필드는 거의 사용되지 않는다.

데이터그램이 TCP 세그먼트를 전송한다면 오버헤드가 얼마나 될까? 단편화되지 않는 각 데이터그램은 계층 메시지에 따라 40바이트의 헤더(TCP 헤더 20바이트 + IP 헤더 20바이트)를 전송한다.

IP 주소는 호스트와 라우터 인터페이스에 대한 32비트 식별자이다. 호스트/라우터와 물리적 링크 사이의 경계를 인터페이스라 한다. 라우터는 전형적으로 여러 개의 인터페이스를 갖고, 호스트는 전형적으로 하나의 인터페이스를 가진다. 또한 IP주소는 이런 각 인터페이스와 연관되어 있다([그림 5-32]).

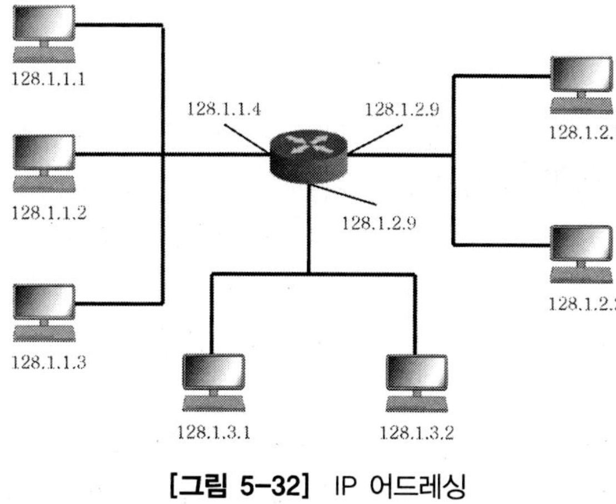

[그림 5-32] IP 어드레싱

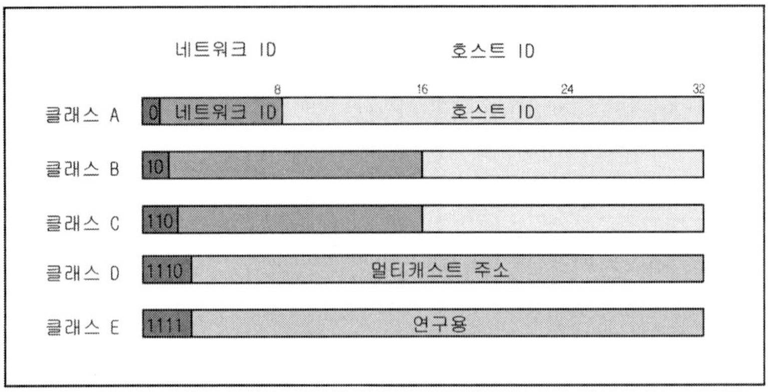

[그림 5-33] IP 주소 클래스

클래스A는 가장 상위 비트가 0이고 그 뒤 7개의 비트가 네트워크 ID이며, 나머지 24bit가 호스트 ID를 나타낸다. 클래스B는 두개의 상위비트가 10이고 그 뒤 14bit가 네트워크 ID를 나머지 16bit가 호스트 ID를 나타낸다. 클래스 C는 세 개의 상위비트가 110이고 그 뒤 21bit는 네트워크 ID, 나머지 8bit는 호스트 ID를 각각 나타낸다. 클래스 D는 1110의 상위비트를 가지며, 나머지는 멀티캐스트 주소로 이루어져 있다. 클래스 E는 1111의 상위비트를 가지고, 나머지는 연구 기관에서 각종 실험이나 연구를 위해 예약되었다([그림 5-33]). 다음은 특수한 목적으로 사용되는 IP 주소이다. 127.0.0.1은 로컬 호스트이다. 루프백(loopback) 주소라도 한다. 네트워크 주소는 호스트 비트들이 모두 0으로 설정된다. 브로드 캐스트 주소는 호스트 비트들이 모두 1로 설정된다.

5.4.3 라우팅

포워딩은 입력링크 인터페이스에서 출력 링크 인터페이스까지 데이터그램을 전송하는 것이며, 라우팅은 네트워크 전반에 걸쳐 근원지에서 목적지까지 데이터그램의 종단들 사이의 경로를 결정하는 것이다. 각 라우터는 포워딩 테이블을 가지고 있고 라우터는 도착하는 패킷 헤더의 필드 값을 조사하여 패킷을 포워딩 한다. [그림 5-34]에서 보는 것과 같이 입력된 패킷의 헤더 필드 값이 0111이므로 라우터는 자신의 포워딩 테이블을 보고 이 패킷에 매칭된 출력 링크 인터페이스를 결정하여 이 패킷을 인터페이스 2로 전달하게 된다.

LS 알고리즘에서는 n개의 노드와 E개의 링크가 있다면 $O(nE)$개의 LS 메시지를 보내야 한다. DV 알고리즘에서는 각 노드가 직접 연결된 이웃과 한 개의 DV 메시지를

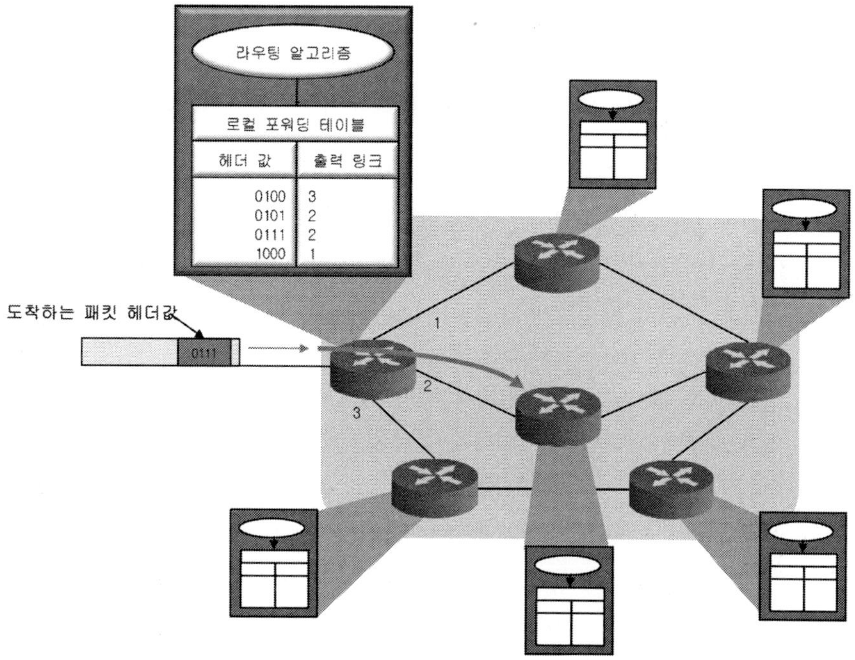

[그림 5-34] 라우팅 알고리즘에 의한 포워딩

교환한다. 알고리즘 수렴 시간은 다양한 요소에 의존한다. 수렴 속도 측면에서 LS 알고리즘의 복잡도는 $O(n^2)$이다. DV 알고리즘은 정확한 예측이 어려우며, 라우팅 루프가 발생하여 카운트-투-인피니티 문제가 발생하는 등 다양한 요소에 의하여 좌우된다.

인트라 AS 라우팅 프로토콜은 내부 게이트웨이 프로토콜(IGP; Interior Gateway Protocol)로도 알려져 있다. 가장 일반적인 인트라-AS 라우팅 프로토콜로는 RIP (Routing Information Protocol)[13][14], OSPF(Open Shortest Path First)[15], IGRP(Interior Gateway Routing Protocol)가 있다.

BGP(Border Gateway Protocol)는 오늘날 인터넷의 사실상(defacto) 표준 인터-AS 라우팅 프로토콜이다. BGP는 각 AS에게 다음의 방법을 제공한다[16][17].

- 이웃 AS들로부터 서브넷 도달성 정보를 얻는다.
- AS 내부의 모든 라우터에게 도달성 정보를 전파한다.
- 도달성 정보와 AS 정책에 근거하여 서브넷으로의 "좋은" 경로를 결정한다.

BGP는 서브넷으로 하여금 인터넷에게 "나는 여기 있다."라고 자신의 존재를 광고하도록 한다.

5.5 멀티미디어 스트리밍 기술

5.5.1 스트리밍 미디어의 주요 특징

스트리밍 미디어(Streaming media)는 인터넷을 통해 실시간으로 또는 사용자의 주문사항에 따라 일반적으로 서버로부터 전송되고 클라이언트에 의해 재생된다. 스트리밍 미디어의 수신, 디코딩 등의 미디어 처리, 재생 등의 과정은 동시성 및 즉시성을 가져야 한다.

스트리밍 미디어 구조는 아날로그 신호를 디지털 코드화 및 압축과정을 거치는 인코딩 과정과 미디어 데이터를 전송하는 과정, 그리고 미디어 서비스를 제공하는 서버와 스트리밍 미디어를 받아보는 클라이언트로 구성되어 있다. 스트리밍 미디어의 종류에는 미디어의 전달 방식에 따라, 미디어 파일로 구성된 데이터를 서버에 보관하고 사용자의 요청에 따라 전체 파일을 제공해주는 파일 서비스(FTP)와 영상을 HTTP 등과 같은 웹서버에 연결하여 사용자의 요청 발생시 특정 위치의 영상을 제공하는 다운로드 서버, 스트리밍 미디어 서비스를 통하여 실시간으로 영상을 웹에서 보여주는 비디오 서버로 분류할 수 있다.

5.5.2 스트리밍 미디어의 동작

사용자와 인코더 간에는 특정 코덱을 통한 압축 및 압축해제가 이루어지고 서버와 인코더 간에는 특정 서비스 미디어 파일 포맷 형식 제공 및 사용이 이루어진다. 여기서 서버가 제공하는 특정 미디어 파일 포맷 형식에 따라 코덱의 종류와 서비스의 질이 결정되어진다. 서버와 사용자간에는 스트리밍 프로토콜을 통한 커뮤니케이션이 이루어지며, 위의 세 가지가 멀티미디어 스트림을 제공하기 위한 가장 기본적인 구성 요소이다.

일반적으로 사용자는 서버가 제공하는 미디어 파일에 대한 요청 메시지를 웹서버로 보낸다. 웹서버는 사용자 요청을 미디어 서버에게 전달해주면, 미디어 서버는 미디어 파일을 최종 사용자의 컴퓨터에 스트림을 통하여 전송한다. 사용자는 미디어 서버로부터 전송된 미디어 파일을 디코더를 통하여 압축을 해제한 후 영상을 재생하게 된다([그림 5-35]).

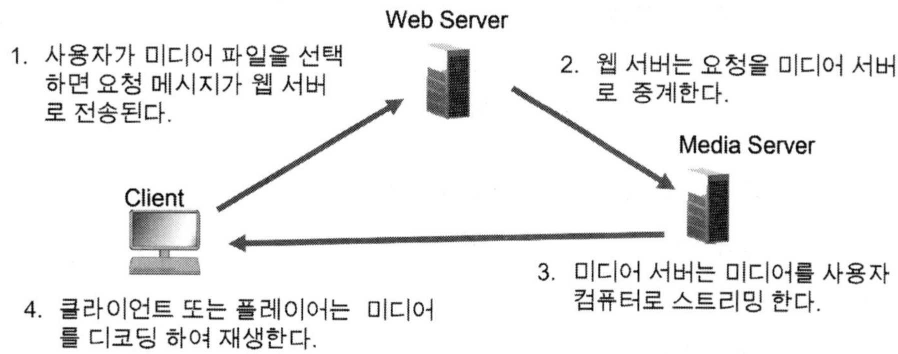

[그림 5-35] 스트리밍 동작

5.5.3 스트리밍 미디어의 구조

(1) 미디어 서버

미디어 서버는 미디어 서비스를 제공하는 프로세스로 일반적으로 PHP, java, HTML 등의 언어들로 구현된 응용 서버 소프트웨어 컴퓨터 소프트웨어 및 하드웨어 플랫폼으로 구성된다. 대표적인 서버 소프트웨어로는 애플의 퀵타임(Quick Time), 마이크로소프트 윈도우 미디어(Window Media), 어도비 플래시(Flash) 등이 있으며, 서로 다른 미디어 포맷을 정의하고 있어 이들 형식에 따라 콘텐츠의 제작 및 저장이 이루어져야 한다. 이와 같은 미디어 서버의 기능은 스트리밍 서비스를 제공하는데 있어 꼭 필요한 것은 아니며, 일반 웹 서버도 기능 수행이 가능하다. 따라서 다량의 스트리밍 미디어 콘텐츠를 확보하고 대규모의 스트리밍 미디어 서비스를 제공하는 경우에 전용 미디어 서버가 필요하다고 할 수 있다.

(2) 미디어 플레이어

미디어 플레이어는 일반적으로 자바 클라이언트 또는 플러인 클라이언트의 두 가지의 형태로 구현된다. 자바 클라이언트 방식은 서버로부터 다운로드 받아 설치된 자바 애플릿에 의해 기능이 수행된다. 자바 클라이언트는 특정 OS에 종속되지 않는 가상 머신을 기반으로 동작하므로 어떠한 환경에서도 미디어를 재생할 수 있는 장점이 있다. 그러나 플러그인 방식이 다양한 미디어 제어 기능을 제공할 수 있는데 비해 자바 클라이언트 방식은 그렇지 못한 단점이 있다.

플러그인 클라이언트 방식은 웹브라우저에 추가기능을 제공하는 형태로 동작하며 주로 윈도우 애플리케이션 등에서 사용되어지는 형태이다. 일반적으로 플러그인 클라이언트는 브라우저를 통해 다운로드 또는 스트리밍의 형태로 서비스가 제공된다.

(3) 인터넷 기반의 스트리밍 미디어 구조

인터넷에서 멀티미디어 스트리밍 서비스를 제공하기 위한 시스템의 구조는 대표적으로 세 가지가 있다.

(1) **파일 다운로드**: 가장 단순한 방식으로 웹 서버에 저장된 오디오/비디오 파일을 HTTP 객체로서 브라우저로 전송하는 형태이며, 미디어 파일 전체가 수신된 이후에 재생이 가능하다([그림 5-36]).

(2) **HTTP 스트리밍**: 단순 다운로드가 아닌 스트리밍 서비스의 형태로 오디오/비디오 파일이 웹 서버에 저장되어 있고, 브라우저 요청시 HTTP를 이용해 전송된다. 웹 브라우저는 미디어의 스트리밍 전송 이전에 GET 명령을 이용하여 미디어 파일의 메타 데이터를 수신하고, 미디어 플레이어를 구동시켜 메타 파일을 넘겨줌으로써 미디어 플레이어가 웹 서버에 접속하여 스트리밍 데이터를 수신할 수 있도록 한다([그림 5-37]).

(3) **스트리밍 서버 기반 실시간 스트리밍**: 이 구조는 프리젠테이션 서술 파일의 전송은 HTTP를 이용하지만 미디어 데이터는 HTTP가 아닌 별도의 전용 실시간 스트리밍 프로토콜을 이용하여 전송하는 한다. 전용 서버 및 미디어 플레이어가 사용되며, 스트리밍 프로토콜은 일반적으로 UDP를 기반으로 한다([그림 5-38]).

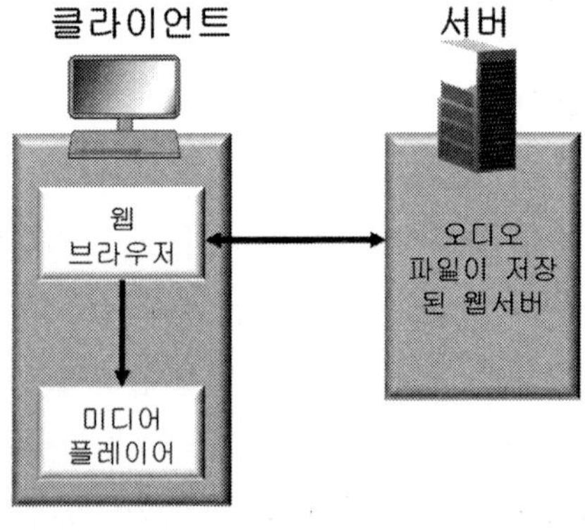

[그림 5-36] 미디어 파일 다운로드 구조

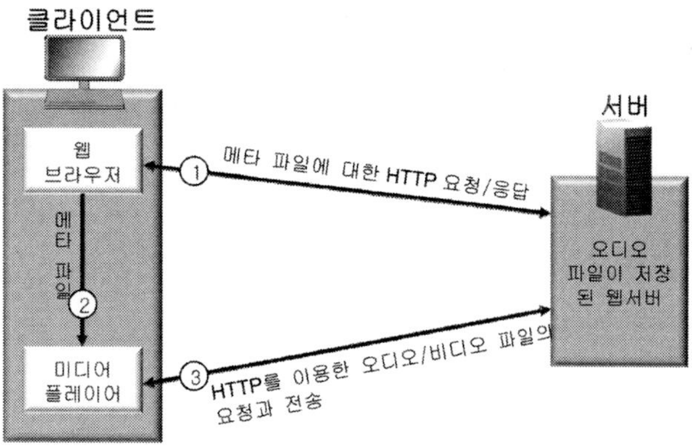

[그림 5-37] HTTP 스트리밍 구조

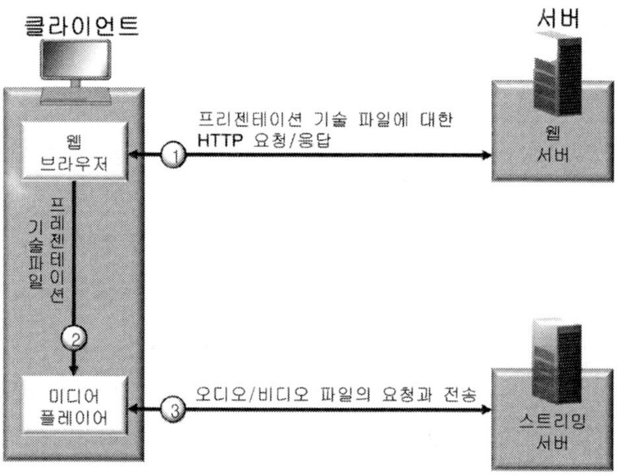

[그림 5-38] 스트리밍 서버 기반 스트리밍 구조

5.5.4 멀티미디어 스트리밍의 기술적 이슈

멀티미디어 스트리밍과 관련된 기술은 서비스의 특성상 다음과 같은 기술적 이슈들이 고려되어야 한다.

(1) 유니캐스트 vs. 멀티캐스트

한 대의 서버로 다수의 클라이언트가 연결되어 스트리밍 서비스를 제공받는 형태의 서비스를 제공하는 방법으로 유니캐스트와 멀티캐스트의 두 가지 방식이 있다. 유니캐스트 방식은 각 클라이어트가 미디어 서버와 독립적인 유니캐스트 통신을 수행하는 형태로 서버는 각각의 클라이언트에게 별도의 자원을 할당하고 데이터를 전송

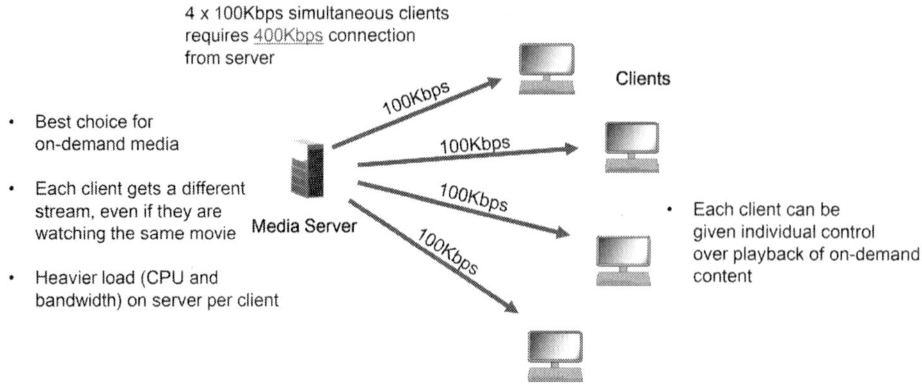

[그림 5-39] 유니캐스트 방식의 예

한다. 따라서 클라이언트 당 소비되는 부하가 높은 편이며, 동일한 콘텐츠 전송 시에도 서로 다른 스트림이 전송되므로 중복 패킷들이 네트워크를 통과하는 비효율성이 존재한다. 유니캐스트 방식은 각 클라이언트에게 독립적인 제어 권한을 부여하며 저장된 매체를 기반으로 하는 주문형 미디어 서비스에 최적인 형태라고 할 수 있다([그림 5-39]).

멀티캐스트 방식은 네트워크가 제공하는 멀티캐스트 프로토콜을 이용하는 방식으로 서버는 동시 접속 중인 다수의 클라이언트에게 하나의 데이터 스트림만을 전송한다. 따라서 접속 클라이언트들은 동일한 내용을 재생하게 되며, 플레이어는 제한된 제어만을 허용한다. 서버의 부하는 접속 클라이언트의 대수에 상관없이 일정하게 유지되며 네트워크의 유니캐스트 방식에 비하여 대역폭 소비도 적다. 멀티캐스트 방식은 사전 방송 스케줄이 가능한 미디어 서비스에 적합한 전송 방식이라 할 수 있다([그림 5-40], [그림 5-41]).

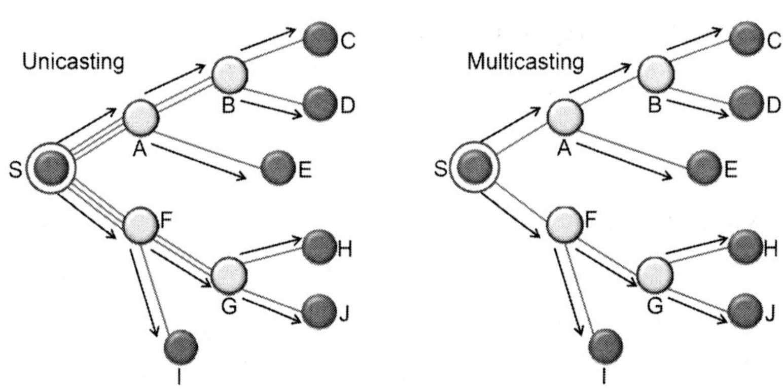

[그림 5-40] 유니캐스팅과 멀티캐스팅

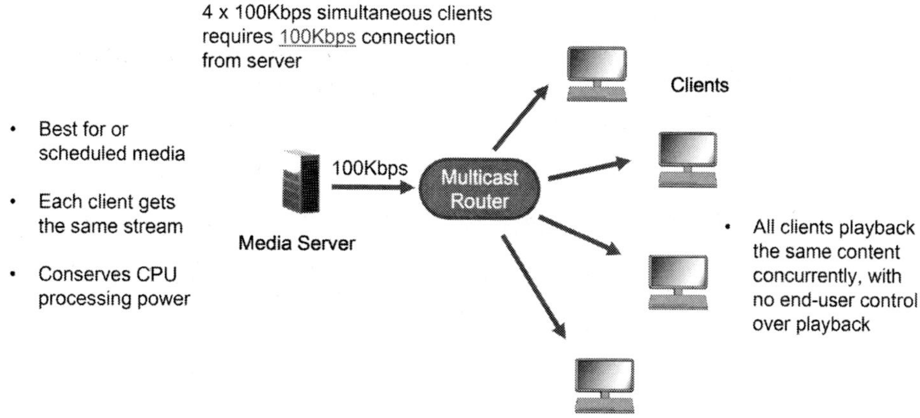

[그림 5-41] 멀티캐스팅 방식의 예

5.6 QoS 기술

스트리밍 서비스의 질(QoS)을 결정하는 주요 파라미터로는 전송 대역폭, 지연시간, 패킷 손실 및 오류, 지터(jitter) 등이 있다. 전송 대역폭은 데이터 전송속도를 의미하며 QoS를 위해 적용 가능한 가장 일반적인 방법은 네트워크 오버프로비저닝(overprovisioning)으로 필요이상의 충분한 대역폭을 제공하는 것이다. 그러나 이 방법은 미디어 코덱이 요구하는 전송속도, 패킷 헤더의 크기, 제어 트래픽의 양 등의 다양한 변수에 영향을 받아 정확한 예측이 어렵기 때문에 여유 대역폭의 크기를 결정하는 것이 쉽지 않다. [표 5-2]는 스트리밍 관련 멀티미디어 서비스의 데이터 전송 요구 속도를 정리한 것이다.

전송지연 시간은 하나의 데이터 블록을 송신자로부터 수신자까지 전달하는데 걸리는 시간으로 그 값이 과대할 경우 패킷 손실의 경우와 마찬가지로 응용의 원활한 동작에 문제가 될 수 있다. 지연시간이 과도하게 길어질 경우, 일반적으로 해당 패킷은 네트워크상에서 또는 클라이언트에서 버려진다. 패킷 손실 및 에러는 패킷화된 데이터의 종단 컴퓨터 간 전송 과정에서 발생하는 전송 에러 및 손실을 의미하는 것으로 주로 대역폭 혹은 버퍼의 크기가 충분하지 않음으로 인하여 발생한다. 지터는 지연시간의 변화량을 의미하며, 큐의 길이뿐만 아니라 궁극적으로는 원활한 오디오/비디오 재생에 영향을 미친다.

[표 5-2] 각 응용서비스의 데이터 전송 요구 속도

Application	Speed requirement
Telephone	16 kbps
Audio	32 kbps
CD-quality audio	128-192 kbps
Digital music(QoS)	64-640 kbps
H.261	64 kbps - 2 Mbps
H.263	< 64 kbps
DVI video	1.2-1.5 Mbps
MPEG-1 video	1.2-1.5 Mbps
MPEG-2 video	4-60 Mbps
HDTV (compressed)	> 20 Mbps
HDTV (uncompressed)	> 1 Gbps
MPEG-4 video-on-demand(QoS)	250-750 kbps
Videoconferencing(QoS)	384 kbps - 2 Mbps

5.6.1 클라이언트 QoS 기법

(1) 고정 재생 지연

고정 지연 기법은 데이터 패킷이 생성 시간의 q초 이후 클라이언트가 재생을 시도하도록 하는 방법이다. 즉, t초에 데이터 덩어리에 타임스탬프가 찍혔다면, 클라이언트는 데이터 덩어리가 $t+q$초까지는 도착한다고 가정하고 $t+q$초에 데이터 덩어리를 재생한다. 예정 재생시간이 지난 후에 도착하는 패킷은 폐기되며 손실된 것으로 처리한다. 이때 q의 길이가 길수록 패킷 손실은 줄어들지만 사용자가 재생 시작까지 오래 기다려야 하는 단점이 있다. 일반적으로 q의 길이는 밀리초 단위이다. [그림 5-42]는 토크스퍼트(talk spurt)에 대한 패킷 생성 시점과 재생 시점의 관계를 보여준다. 가장 왼쪽에 있는 계단식 그래프에 보이는 것처럼 송신자는 패킷을 일정 간격, 즉 20밀리초로 생성한다. 이 토크스퍼트의 첫 번째 패킷은 시간 r에 수신된다. 그러나 그림에 나온 것처럼 네트워크 지터로 인해 패킷은 일정한 시간 간격으로 도착하지 않는다.

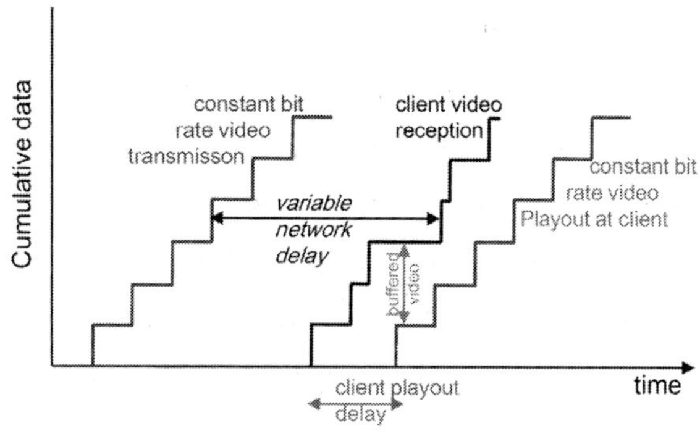

[그림 5-42] 재생 지연과 패킷 손실의 관계

첫 번째 고정 재생 의 경우, 재생 지연을 $p-r$로 설정한 것으로 네 번째 패킷이 자신의 예정된 재생 시간까지 도착하지 못하기 때문에 수신자는 그 패킷을 손실된 것으로 간주한다. 두 번째 고정 재생의 경우, 재생 지연을 $p'-r$로 설정한 것이며, 이 경우에는 모든 패킷이 예정된 재생 시간 전에 도착하기 때문에 손실이 발생하지 않는다.

(2) 적응적 재생 지연

고정 재생 지연에서는 초기 재생 지연을 크게 하면, 대부분의 패킷은 예정 시간 안에 도착하며, 따라서 손실이 거의 발생하지 않는다. 그러나 인터넷 폰과 같은 대화형 서비스에서는 참을 수 있을 정도의 지연이라 하더라도 성가실 수 있다. 따라서 몇 퍼센트 이하의 적은 손실을 요구하는 제약사항을 만족시키는 한도 내에서 재생 지연을 최소화하는 것이 이상적이다. 이러한 손실이득을 다루는 자연스런 방법은 네트워크 지연과 네트워크 지연 변이를 측정하고, 이에 따라 각 토크스퍼트의 시작 지점에서 재생 지연을 적절히 조절하는 것이다. 토크스퍼트의 시작점에서 재생지연을 상황에 따라 적응시킴으로써 송신자의 침묵 기간을 단축 또는 확장시킬 수 있다.

5.6.2 멀티미디어 스트리밍 서비스

(1) 주문형 비디오(VOD) 서비스

주문형 비디오는 서버로부터 미리 녹화된 스트림 미디어 콘텐츠를 제공받는 시스템으로 언제든지 개개인의 주문형 미디어 서비스를 제공받을 수 있으며, 대다수의 사용자가 같은 프로그램을 통하여 연결된다. 주문형 비디오에서는 다수의 사용자에게 같은 프로그램 콘텐츠를 스트리밍하는 경우가 있다.

(2) 인터넷 TV(IPTV) 서비스

IPTV는 광대역 멀티미디어 서비스로 일반적으로 IP 프로토콜을 사용하여 인터넷 환경에서 구축되며, MPEG-2나 MPEG-4 코덱을 사용하여 압축된다. IPTV 서비스는 일반적으로 폐쇄적인 네트워크로 구성된 서비스 제공 업체에 의해 제공되며, 원활한 데이터 전송을 위해 일반 인터넷 데이터의 전송을 담당하는 네트워크와 분리된 구조의 프리미엄급 네트워크가 이용된다. 미디어 전달 방법은 1대1 연결 방식의 유니캐스트와 1대다 연결 방식의 멀티캐스트를 사용한다.

(3) P2P-TV

P2P-TV는 P2P 네트워크에서 실시간으로 비디오 스트림을 재배포할 수 있도록 설계되었다. 즉, 분산 인터넷 TV 시스템으로 볼 수 있다. 서버는 주로 개개인의 스트리밍 미디어를 연결 해주는 매개체 역할을 담당하고 클라이언트가 직접 미디어를 제공하거나 사용하는 개념이다.

5.6.3 멀티미디어 서비스를 위한 프로토콜

멀티미디어 스트리밍 서비스를 위한 대표적인 프로토콜로 RTP(Real-Time Protocol), RTCP(Real-Time Control Protocol), RTSP(Real-Time Stream Protocol) 등이 있으며, 본 절에서는 이들에 대한 자세한 설명을 다룬다.

(1) RTSP

RTSP는 클라이언트-서버 간의 상호작용을 위한 응용 계층 프로토콜로서 RFC 2326[18] 표준 규격으로 정의되어 있으며, 주로 미디어 재생 시 되감기(rewind), 빠르게 진행(fast forward), 일시 정지(pause), 재시작(resume), 위치변경(repositioning) 등의 사용자 제어를 구현하는 것을 목적으로 하고 있다. 즉, RTSP는 기능상 RTP와 구분되며, 명칭과는 달리 미디어 네트워크 상에서의 데이터의 스트리밍 방법 자체에 대한 내용을 포함하고 있지 않으므로 주의가 필요하다. RTP 메시지는 out-of-band 프로토콜로 미디어 스트림 프로토콜과는 별도의 포트 번호(554)를 사용한다. [그림 5-43]은 RTSP 기반의 미디어 스트리밍 서비스의 일반적인 동작을 요약한 것이다.

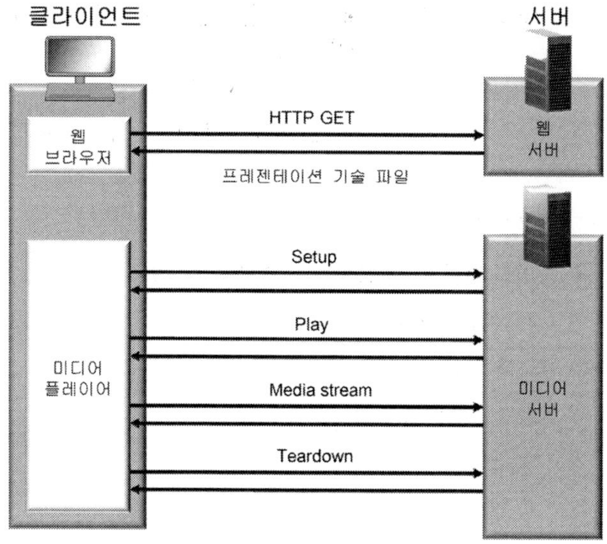

[그림 5-43] RSTP 프로토콜 동작

(2) RTP

RTP는 RFC 3550[19] 표준 규격으로, 오디오 비디오 데이터 전송을 목적으로 하며 탑재 데이터(payload)의 타입을 나타내는 식별자, 패킷 시퀀스 번호, 타임스탬프 등을 포함하는 패킷 구조를 규정하고 있다. RTP는 호스트 시스템에서 동작하며 UDP 패킷에 실려 전송된다. 따라서 RTP를 UDP의 확장 전송계층 프로토콜로 보는 시각도 존재한다. 실제로 RTP는 라이브러리 형태로 응용 계층에 인터페이스를 제공한다([그림 5-44], [그림 5-45]).

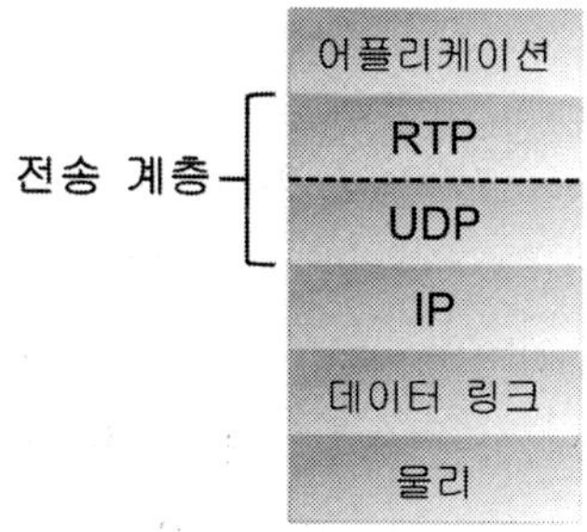

[그림 5-44]

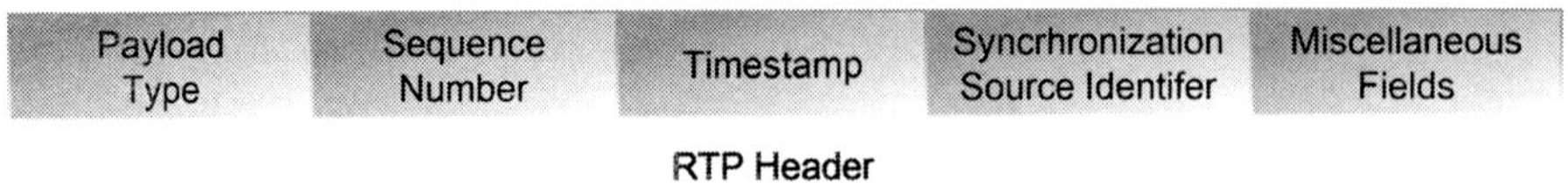

[그림 5-45] RTP 헤더 포맷

RTP 패킷 헤더를 구성하는 필드는 다음과 같다.

- **탑재 데이터 종류(7 비트)**: 탑재 데이터의 인코딩 방식

  0: PCM mu-law, 64kbps

  3: GSM, 13kbps

  7: LPC, 2.4kbps

  26: Motion JPEG

  31: H.261

  33: MPEG2 video
- **시퀀스 번호(16비트)**: 각각의 RTP 패킷에 순차적으로 부여하는 번호로서 패킷 손실 탐지 및 복구에 사용됨
- **타임 스탬프(32비트)**: RTP 데이터 패킷의 첫 번째 바이트의 샘플링 시간을 나타내는 숫자로 매 샘플링 시간 마다 순차적으로 1씩 증가함
- **SSRC(Synchronization Source ID, 32비트)**: RTP 스트림의 근원지를 나타내는 식별자로 하나의 RTP 세션에 포함되는 각각의 스트림을 구분하는데 사용됨

(3) RTCP

RTCP는 RTP와 연계되어 동작하는 프로토콜로서 하나의 RTP 세션에 포함된 각 참여자가 주기적으로 상대방에게 제어 패킷을 전송하기 위하여 사용된다[20]. RTCP 패킷은 응용의 원활한 동작에 필요한 통계정보, 예를 들면 송신 패킷 개수, 손실 패킷 개수, 지터 등을 포함한다. 또한 송신자의 전송 동작을 조절하기 위한 수신자의 피드백 정보를 실어 나르는 데에도 사용된다.

멀티캐스트 기반의 RTP 세션에서 RTP와 RTCP 패킷은 동일한 멀티캐스트 주소를 사용하며 서로 상이한 포트 번호를 사용하여 상호 간에 구분이 가능하다. 과도한 RTCP 패킷의 생성을 억제하기 위하여 각각의 멀티캐스트 세션 참여자는 참여자의 수에 반비례하여 패킷 생성량을 조절한다. RTCP 패킷에는 세 가지 종류가 있으며 패킷에 포함되는 주요 정보는 다음과 같다.

- **수신자 리포트 패킷**: 패킷 손실률, 마지막 수신 패킷 시퀀스 번호, 평균 지터

• **송신자 리포트 패킷**: RTP 스트림의 SSRC, 현재 시간, 송신 패킷 개수, 총 송신 바이트 수

• **근원지 서술 패킷**: 송신자의 이메일 주소, 송신자 성명, RTP 스트림의 SSRC

[그림 5-46]은 RTSP, RTP, RTCP와 관련 인터넷 프로토콜과의 계층구조 상의 관계를 나타낸 것이다.

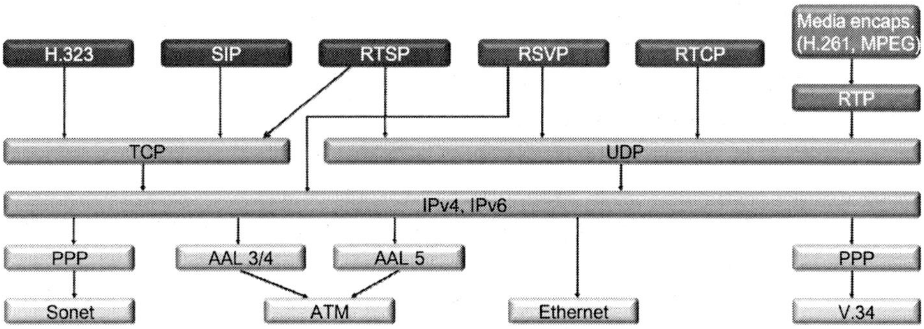

[그림 5-46]

참고문헌

[1] J.F. Kurose and K.W. Rose, Computer Networking: A Top-Down Approach Featuring the Internet, Addison-Wesley, 5th Ed. 2011.

[2] W. R. Stevens, Unix Network Programming, Volume 1: Networking APIs-Socket and XTI, 2nd edition, Prentice-Hall, Englewood Cliffs, NJ. 1997.

[3] T. Berners-Lee, R. Cailliau, A. Luotonen, H. Frystyk Nielsen, and A. Secret, "The World-Wide Web", Communications of the ACM, Vol. 37, No.8 Aug. 1994. Pages 7682.

[4] T. Berners-Lee, R. Fielding, H. Frystyk, "Hypertext Transfer Protocol HTTP/1.0", RFC 1945, May, 1996. http://www.rfc-editor.org/rfc/rfc1945.txt

[5] R. Fielding, J. Gettys, J. Mogul, H. Frystyk, and T. Berners-Lee, "Hypertext Transfer Protocol HTTP/1.1", RFC 2068, Jan. 1997. http://www. rfc-editor.org/rfc/rfc2068.txt

[6] J. Postel, "User Datagram Protocol", RFC 768, Aug. 1980. http://www.rfc- editor.org/rfc/rfc768.txt

[7] J. Postel, "Transmission Control Protocol", RFC 793, Sept. 1981. http:// www.rfc-editor.org/rfc/rfc793.txt

[8] R. Braden, "Requirements for Internet Hosts Communication Layers", RFC 1122, Oct. 1989. http://www.rfc-editor.org/rfc/rfc1122.txt

[9] V. Jacobson, S. Braden, and D. Borman, "TCP Extensions for High Performance", RFC 1323, May 1992. http://www.rfc-editor.org/rfc/rfc1323.txt

[10] M. Mathis, J. Mahdavi, S. Floyd, and A. Romanow, "TCP Selective Acknowledgment Options", RFC 2018, Oct. 1996. http://www.rfc-editor. org/rfc/rfc2018.txt

[11] M. Allman, V. Paxson, W. Stevens, "TCP Congestion Control", RFC 2581, Apr. 1999. http://www.rfc-editor.org/rfc/rfc2581.txt

[12] J. Postel, "Internet Protocol: DARPA Internet Program Protocol Specification", RFC 791, Sept. 1981. http://www.rfc-editor.org/rfc/rfc791.txt

[13] C. L. Hendrick, "Routing Information Protocol", RFC 1058, June, 1988. http://www.rfc-editor.org/rfc/rfc1058.txt

[14] G. Malkin, "RIP Version 2", RFC 2453, Nov. 1998. http://www.rfc-editor. org/rfc/rfc2453.txt

[15] J. Moy, "OSPF Version 2", RFC 2328, Apr. 1998. http://www.rfc-editor. org/rfc/rfc2328.txt

[16] Y. Rekhter and P. Gross, "Application of the Border Gateway Protocol in the Internet", RFC 1772, Mar. 1995. http://www.rfc-editor.org/rfc/ rfc1772. txt

[17] P. Traina, "Experience with the BGP-4 protocol", RFC 1773, Mar 1995 http://www.rfc-editor.org/rfc/rfc1773.txt

[18] H. Schulzrinne, A.Rao, R.Lanphier, "Real Time Streaming Protocol(RTSP)", RFC 2326, Apr. 1998. http://www.rfc-editor.org/rfc/rfc2326.txt

[19] H. Schulzrinne, S.Casner, R.Frederich, V.Jacobson, "RTP: A Transport Protocol for Real-Time Applications", RFC 3550, July 2004. http://www. rfc-editor.org/rfc/rfc3550.txt

[20] H. Schulzrinne, S. Casner, R. Frederick, V. Jacobson "RTP: A Transport Protocol for Real-Time Applications", RFC 1889, Jan. 1996. http://www. rfc-editor.org/rfc/rfc1889.txt

찾아보기

■ ㅈ

■ ㅊ

■ ㅋ

■ ㅌ

■ ㅍ

■ ㅎ

저자 약력

■ 이혁준

1987년 미시건 대학교(앤아버) 컴퓨터과학과 학사
1989년 시라큐스 대학교 전산학 석사
1993년 시라큐스 대학교 전산학 박사
1994년~1996년 삼성전자 멀티미디어연구소 선임연구원
1996년~현재 광운대학교 컴퓨터공학과 교수
2003년~2004년 럿거스 대학 WINLAB Visiting Scholar
2007년 UC Irvine Visiting Scholar
hlee@kw.ac.kr
http://mclab.kw.ac.kr

■ 박지호

1993년 성균관대학교 전자공학과 학사
1995년 성균관대학교 전자공학과 석사
2002년 워싱턴대학교 전기전자공학과 박사
2002년~2010년 삼성전자 DMC연구소 연구원
2011년~성균관대학교 정보통신공학부 교수
jihopark@skku.edu

■ 윤경로

1987년 연세대학교 전자전산기공학과 학사
1989년 미시건 대학교 (앤아버) 전기전산공학과 석사
1999년 시라큐스 대학교 전산학 박사
1999년~2003년 LG전자 전자기술원 책임연구원 (그룹장)
2008년~2009년 UC Irvine Visiting Scholar
2003년~건국대학교 컴퓨터공학부 교수
yoonk@konkuk.ac.kr
http://mbm.konkuk.ac.kr

■ 이주화

1995년 한신대학교 수학과 학사
2009년~현재 쿠도커뮤니케이션 연구소 소장
juhwa72@cudo.co.kr
http://www.cudo.co.kr

■ 한종기

1992년 KAIST 전기 및 전자공학과 학사
1994년 KAIST 전기 및 전자공학과 석사
1999년 KAIST 전기 및 전자공학과 박사
1999년~2001년 삼성전자 DM 연구소 책임 연구원
2008년~2009년 UC San Diego Visiting Scholar
2001년~세종대학교 정보통신공학과 교수
hjk@sejong.ac.kr
http://msp.sejong.ac.kr

본 교재출판은 지식경제부 및 IDEC 플랫폼 센터의 지원으로 수행하였음

정가 13,000원

스마트 TV-CPTN

2013년 2월 20일 초판 인쇄
2013년 2월 27일 초판 발행

저 자 : 이혁준·박지호·윤경로·이주화·한종기
발행자 : 우명찬·송 준
발행처 : 홍릉과학출판사
주 소 : ㊐ 142-885 서울시 강북구 인수동 455-60
등 록 : 1976년 10월 21일 제5-66호
전 화 : 999-2274~5, 996-8341, 903-7037
팩 스 : 905-6729
ISBN : 978-89-97570-55-3

hongpub@hongpub.co.kr
www.hongpub.co.kr

저자와의 협의하에 인지생략

※ 낙장 및 파본은 본사나 구입처에서 교환하여 드립니다.
※ 판권 소유에 위배되는 사항(인쇄, 복제, 제본)은 법에 저촉됩니다.